Handschriften des Altägyptischen Totenbuches

Band 9

Irmtraut Munro

Der Totenbuch-Papyrus des Hor aus der frühen Ptolemäerzeit

(pCologny Bodmer-Stiftung CV
+ pCincinnati Art Museum 1947.369
+ pDenver Art Museum 1954.61)

Harrassowitz Verlag · Wiesbaden

Handschriften des Altägyptischen Totenbuches

Herausgegeben von
Ursula Rößler-Köhler

Band 9

2006

Harrassowitz Verlag · Wiesbaden

Irmtraut Munro

Das Totenbuch-Papyrus des Hor aus der frühen Ptolemäerzeit

(pCologny Bodmer-Stiftung CV
+ pCincinnati Art Museum 1947.369
+ pDenver Art Museum 1954.61)

2006

Harrassowitz Verlag · Wiesbaden

Bibliografische Information Der Deutschen Bibliothek:
Die Deutsche Bibliothek verzeichnet diese Publikation in der Deutschen Nationalbibliografie; detaillierte bibliografische Daten sind im Internet über http://dnb.ddb.de abrufbar.

Bibliographic information published by Die Deutsche Bibliothek:
Die Deutsche Bibliothek lists this publication in the Deutsche Nationalbibliografie; detailed bibliographic data is available in the internet at http://dnb.ddb.de.e-mail: cip@dbf.ddb.de

Informationen zum Verlagsprogramm finden Sie unter http://www.harrassowitz-verlag.de

Gedruckt auf alterungsbeständigem Papier.
Druck und Verarbeitung: Hubert & Co, Göttingen
Printed in Germany

ISBN 3-447-05376-3 ab 1.1.2007 978-3-447-05376-1

Für Luise
10.8.2004

Inhaltsverzeichnis

Allgemeine Abkürzungen

(außer den im Lexikon der Ägyptologie gebräuchlichen allgemeinen Abkürzungen)

A.d.O.	Anbetung des Osiris	od.	oder
Bez.	Bezeichnung	od. ä.	oder ähnlich
dat.	dativisch	Par./par.	Parallele/parallel
Det.	Determinativ	pass.	passivisch
Forts.	Fortsetzung	perf.	perfektivisch
Fragm./fragm.	Fragment/fragmenta-risch	Pl./pl.	Plural/pluralisch
		Präp.	Präposition
fut.	futurisch	präs.	präsentisch
gen.	genitivisch	prosp.	prospektivisch
Hierat./hierat.	Hieratisch/hieratisch	Ps.part.	Pseudopartizip
hierogl.	hieroglyphisch	Sgl./sgl.	Singular/singularisch
Imp.	Imperativ	sp.	spät
imperf.	imperfektivisch	Taf.	Tafel
Inf.	Infinitiv	TG	Totengericht
Kol.	Kolumne	unpers.	unpersönlich
Mä./mä.	Mittelägyptisch/ mittelägyptisch	V	Vignette
		Var.	Variante
mask.	maskulin	Z.	Zeile/Zeilen
Nä./nä.	Neuägyptisch/neuägyptisch		

Verzeichnis der Kurztitel

Außer der im Lexikon der Ägyptologie verwendeten abgekürzten Zitierung von Zeitschriften, Reihen u. Monographien gelten hier folgende Kurztitel für häufig gebrauchte Literatur:

T.G. Allen, BD Documents	T.G. Allen, The Egyptian Book of the Dead Documents in the Oriental Institute Museum at the University of Chicago (OIP 82, Chicago 1960)
T.G. Allen, Tb	T.G. Allen, The Book of the Dead or Going Forth by Day (SAOC 37, Chicago 1974)
J. Assmann, Mutirdis	J. Assmann, Das Grab der Mutirdis (Grabung im Asasif 1963-70, Bd. VI, AV 13, Mainz 1977)
W. Clarysse, Prosopographia Ptolemaica IX	W. Clarisse, Prosopographia Ptolemaica IX, Addenda et corrigenda au volume III (1956), (Studia Hellenistica 25, Leuven 1981)
A. Gasse, pPacherientaihet	A. Gasse, Le Livre des Morts de Pacherientaihet au Museo Gregoriano Egizio (Monumenti, Musei e Gallerie Pontificie, Vatikanstadt 2001)
J. Gesellensetter, Sechet-Iaru	J. Gesellensetter, Das Sechet-Iaru. Untersuchungen zur Vignette des Kapitels 110 im Ägyptischen Totenbuch, Dissertation Würzburg 1997 (Würzburg 2002, Internet-Publikation: http://opus.bibliothek.uni-wuerzburg.de/opus/volltexte/2002/375)
HAT	Handschriften des Altägyptischen Totenbuches (Wiesbaden 1995 ff.)
LGG	D. Budde/P. Dils/L. Goldbrunner/Chr. Leitz/D. Mendel, Lexikon der ägyptischen Götter und Götterbezeichnungen (OLA 110-116, 129, Chr. Leitz (Hg.), Leuven 2002-2003)
B. Lüscher, SAT 2	B. Lüscher, Untersuchungen zu Totenbuch-Spruch 151 (SAT 2, Wiesbaden 1998)
H. Milde, Vignettes	H. Milde, The Vignettes in the Book of the Dead of Neferrenpet (Egyptologische Uitgaven 7, Leiden 1991)
I. Munro, Untersuchungen	I. Munro, Untersuchungen zu den Totenbuch-Papyri der 18. Dynastie. Kriterien ihrer Datierung (Studies in Egyptology, London/New York 1987)
I. Munro, Totenbuch-Handschriften Cairo	I. Munro, Die Totenbuch-Handschriften der 18. Dynastie im Ägyptischen Museum Cairo (ÄA 54, Wiesbaden 1994)

I. Munro, pPa-nedjem II.	I. Munro, Der Totenbuch-Papyrus des Hohenpriesters Pa-nedjem II. (pLondon BM10793/pCampbell). Mit einem Beitrag von U. Rößler-Köhler (HAT 4, Wiesbaden 1997)
A. Niwiński, Studies	A. Niwiński, Studies on the Illustrated Theban Funerary Papyri of the 11th and 10th Centuries B.C. (OBO 86, Freiburg/Schweiz u. Göttingen 1989)
SAT	Studien zum Altägyptischen Totenbuch (Wiesbaden 1998 ff.)
Chr. Seeber, TG	Chr. Seeber, Untersuchungen zur Darstellung des Totengerichts im Alten Ägypten (MÄS 35, Berlin/ München 1976)
Valeurs phonétiques	F. Daumas et al., Valeurs phonétiques des signes hiéroglyphiques d'époque Gréco-Romaine 1-4 (Mont-pellier, 1988-1995)
U. Verhoeven, Jachtesnacht	U. Verhoeven, Das saitische Totenbuch der Iahtesnacht: P. Colon. Aeg. 10207 (PTA 41, 1-3, Bonn 1993)
U. Verhoeven, pNespasefj	U. Verhoeven, Das Totenbuch des Monthpriesters Nespasefy aus der Zeit Psammetichs I. (HAT 5, Wiesbaden 1999)

Verzeichnis der als Parallelen benutzten Quellen der 18. u. 19. Dynastie, der 3. Zwischenzeit und der Spätzeit / Ptolemäerzeit

18. u. 19. Dynastie

pJwjꜣ, I. Munro, Die Totenbuch-Handschriften der 18. Dynastie im Ägyptischen Museum Cairo (ÄA 54, Wiesbaden 1994), 49-88 u. Taf. 46-72, Frontispiz; Th.M. Davis, The Funeral Papyrus of Iouiya (1908)

pJmn-ḥtp Cc, I. Munro, op. cit., 93-126, Taf. 74-99, Photo-Taf. 23-45 u. Farb-Taf. 1

pMꜣi-ḥr-pri, I. Munro, op. cit., 143-185, Taf. 116-135, Photo-Taf. 55-61 u. Farb-Taf. 2

pNw, G. Lapp, The Papyrus of Nu, Catalogue of the Books of the Dead in the British Museum, Vol. 1 (London 1997)

pNfr-wbn-f, S. Ratié, Le papyrus de Neferoubenef (Louvre III 93), (BdE 43, Kairo 1968)

pNfr-rnpt, H. Milde, The Vignettes in the Book of the Dead of Neferrenpet (Egyptologische Uitgaven 7, Leiden 1991)

3. Zwischenzeit

pKairo J.E. 95838/pGꜣt-sšn, E. Naville, Papyrus funéraires de la XXIe dynastie, Bd. II, Le papyrus hiéroglyphique de Katseshni au Musée du Caire (Paris 1914), Taf. I-LXV

pLondon BM 10041, A. Niwiński, Studies on the Illustrated Theban Funerary Papyri of the 11th and 10th Centuries B.C. (OBO 86, Freiburg/Schweiz und Göttingen 1989), 332-333, Taf. 20a-b

pLondon BM 10554/pGreenfield, E.A.W. Budge, The Greenfield Papyrus in the British Museum (London 1912)

pPa-nedjem II., I. Munro, Der Totenbuch-Papyrus des Hohenpriesters Pa-nedjem II. (pLondon BM 10793/pCampbell), (HAT 3, Wiesbaden 1996)

Spätzeit/Ptolemäerzeit

pBerlin P. 3039, unpubliziert, Photos Tb-Archiv Bonn

pBerlin P. 3046, unpubliziert, Photos Staatliche Museen Berlin

pBerlin P. 3058, unpubliziert, Photos Tb-Archiv Bonn

pBerlin P. 10478, unpubliziert, Photos Staatliche Museen Berlin

pBonn L 1647, I. Munro, Ein Ritualbuch für Goldamulette und Totenbuch des Month-em-hat (SAT 7, Wiesbaden 2003)

pDetroit 1988.10, A. Eggebrecht, Das alte Ägypten: 3000 Jahre Geschichte und Kultur des Pharaonenreiches (München 1984), 337; D. Meeks/C. Favard-Meeks, Daily Life of the Egyptian Gods (Ithaca, N.Y., 1966), fig. 16; M. Mosher Jr., Theban and Memphite Book of the Dead Traditions in the Late Period, in: JARCE 29 (1992), 143-172, bes. 148 fig. 3; W.H. Peck, The Papyrus of Nesmin, An Egyptian Book of the Dead. Masterpieces: Greek, Roman, Egyptian, Ancient Near Eastern (New York, Exhibition Catalogue 1984), 15; http:/dia.org/bulletin/papyrus; Bulletin of the Detroit Institute of Arts 74, no. 1/2 (2000), 20-31

pDublin 1670, unpubliziert, Photos Tb-Archiv Bonn

pKairo CG 40029 / J.E. 95837, unpubliziert, Photos Tb-Archiv Bonn

pKairo J.E. 32887, unpubliziert, Photos Tb-Archiv Bonn

pKairo J.E. 95708 (S.R. IV 640), F. Haekal, Another version of the Book of the Dead (chap. 128-134) from Papyrus Cairo Museum S. R. 640, in: ASAE 63 (Fs Selim Hassan II), (1979), 51-78

pKairo J.E. 95710, unpubliziert, Photos Tb-Archiv Bonn

pKairo J.E. 95717, unpubliziert, Photos Tb-Archiv Bonn

pKairo J.E. 95857, unpubliziert, Photos Tb-Archiv Bonn

pKairo J.E. 95859, unpubliziert, Photos Tb-Archiv Bonn

pKairo J.E. 95862 / pKairo CG 40024, unpubliziert, Photos Tb-Archiv Bonn

pKairo J.E. 95867, unpubliziert, Photos Tb-Archiv Bonn

pKairo J.E. 95868, unpubliziert, Photos Tb-Archiv Bonn

pKrakau XI 1503-1506, 1508-1511, M. Barwik, Du nouveau sur le papyrus de Pacherenmin au Musée Czartoryski à Cracovie, in: RdE 46 (1995), 3-7, Taf. 1; D. Gorzelany, Die ägyptische Sammlung des Czartoryski Museums in Krakau, in: Kemet Jg. 12, Heft 2 (2003), 41-45, bes. 43-44

pLausanne 3389, A. Wiese, Antikenmuseum Basel und Sammlung Ludwig. Die ägyptische Abteilung (Mainz 2001), 202, Nr. 142 (b)-(d), Photos Antikenmuseum Basel und Sammlung Ludwig (Standort)

pLeiden T 16, Leben und Tod im Alten Ägypten (Katalog Hamm, Leiden/Hamm 1999), Nr. 132, 66-67, Abb. 132a-b; Life and Death under the Pharaos (Katalog Atlanta, Atlanta 1999), Nr. 182, 114-115, Fig. 182, 1 und 2; Photos Rijksmuseum van Oudheden

pLeiden T 19, unpubliziert, Photos Rijksmuseum van Oudheden

pLondon BM 9911, R.S. Bianchi et al., Cleopatra's Egypt – The Age of the Ptolemies (Katalog Brooklyn Museum, New York 1988), 236f. Nr. 127, Taf. 33a; Kleopatra. Ägypten um die Zeitenwende (Katalog München, Mainz 1989), 292, Nr. 121; R.O. Faulkner, The Ancient Egyptian Book of the Dead (Hg. C. Andrews, London 1985, Austin/Texas 2001), 105

pLondon BM 9912, M. Mosher Jr., The Papyrus of Hor (Catalogue of the Books of the Dead in the British Museum Vol. II, London 2001), Taf. 30 u. Photos Tb-Archiv Bonn

pLondon BM 9915, unpubliziert, Photos Tb-Archiv Bonn

pLondon BM 9944, M. Mosher Jr., The Papyrus of Hor (Catalogue of the Books of the Dead in the British Museum Vol. II, London 2001), Taf. 29 u. Photos Tb-Archiv Bonn

pLondon BM 9946, R.O. Faulkner, The Ancient Egyptian Book of the Dead (Hg. C. Andrews, London 1985, Austin/Texas 2001), 160 u. Photos Tb-Archiv Bonn

pLondon BM 10017, B. de Rachewiltz, Il Libro dei Morti degli antichi egiziani (Mailand 1958), Taf. 7 u. Photos Tb-Archiv Bonn

pLondon BM 10097, P. Munro, Die spätägyptischen Totenstelen (ÄF 25, Glückstadt 1973), Taf. 14, Abb. 51 u. Photos Tb-Archiv Bonn

pLondon BM 10098, C. Andrews, Amulets of Ancient Egypt (London 1994), 8, Fig. 2; A. Dodson/S. Ikram, The Mummy in Ancient Egypt (London 1998), 138, Fig. 151; R.O. Faulkner, The Ancient Egyptian Book of the Dead (Hg. C. Andrews, London 1985, Austin/Texas 2001), 154

pLondon BM 10257, R.O. Faulkner, The Ancient Egyptian Book of the Dead (Hg. C. Andrews, London 1985, Austin/Texas 2001), 41, 59, 83, 87, 92, 100, 108, 117, 120, 121, 123, 130, 163, 164; M.A. Stadler, Ist Weisheit weiblich?, in: Antike Welt 3 (2004), 11, Abb. 5 u. Photos Tb-Archiv Bonn

pLondon BM 10315, unpubliziert, Photos Tb-Archiv Bonn

pLondon BM 10479, R.O. Faulkner, The Ancient Egyptian Book of the Dead (Hg. C. Andrews, London 1985, Austin/Texas 2001), 30f., 42, 106f., 122, 131, 143, 150, 159; M. Mosher Jr., The Papyrus of Hor (Catalogue of the Books of the Dead in the British Museum Vol. II, London 2001); G. Pinch, Magic in Ancient Egypt (London 1994), 66, fig. 31

pLondon BM 10539 + 10700 + 10733, unpubliziert, Photos Tb-Archiv Bonn

pLondon BM 10558, R.O. Faulkner, The Ancient Egyptian Book of the Dead (Hg. C. Andrews, London 1985, Austin/Texas 2001), 61; G. Pinch, Magic in Ancient Egypt (London 1994), 104 Abb. 54; St. Quirke, Ancient Egyptian Religion (London 1992), 66, Fig. 37

pLyon H 1579, unpubliziert, Photos Musée des Beaux Arts

pMoskau I, 1b, 1023B, unpubliziert, Photos Tb-Archiv Bonn

pNew York Amherst 23, unpubliziert, Photos Pierpont Morgan Library

pNew York Amherst 34, unpubliziert, Photos Pierpont Morgan Library

pNew York MMA 35.9.20, Th. Logan, Varia metropolitana II, in: GM 27 (1978), 33-34, Taf.; U. Rößler-Köhler, Zum Problem der Spatien in altägyptischen Texten: Versuch einer Systematik von Spatientypen, in: ASAE 70 (1984-1985) 388ff., Taf. 1 u. Photos MMA

pParis BN 1-19, J.M. Cadet, Copie figurée d'un rouleau de papyrus trouvé à Thèbes, dans un tombeau des rois (Paris/Straßburg 1805), Facsimile; G. Neret, Description de l'Egypte II (Nachdruck Köln 1994), Taf. 72-75; I. Rosellini, Monumenti dell'Egitto e della Nubia II (Pisa 1834, Nachdruck Genf 1977), Taf. 135,2 u. Photos BN

pParis BN 24-32, unpubliziert, Photos BN

pParis BN 94-95, 112-117, M. Dewachter, Pour les yeux d'Isis (Katalog Carcassonne/Roanne/Rouen, Paris 1998), 115, Nr. 119, Abb. p. 96-97; G. Neret, Description de l'Egypte II (Nachdruck Köln 1994), Taf. 66-71; Malmaison et l'Egypte. Musée national des châteaux de Malmaison et Bois-Préau 15 avril-31 juillet 1998 (Manchecourt 1998), 116-117, Nr. 14

pParis BN 118-127, unpubliziert, Photos BN

pParis Louvre N. 3079, J.-C. Goyon, Le cérémonial de glorification d'Osiris du papyrus du Louvre I. 3079, in: BIFAO 65 (1967), 89-156, Taf. 18-20; id., Le cérémonial pour faire sortir Sokaris, in: RdE 20 (1968), 63-96, Taf. 4; M. Mosher Jr., Theban and Memphite Book of the Dead Traditions in the Late Period, in: JARCE 29 (1992), 143-172, bes. 146, Fig. 1; E. de Rougé, Rituel funéraire des anciens Egyptiens (Paris 1861-1876), Taf. 5-20 u. Photos Tb-Archiv Bonn

pParis Louvre N. 3081, P. Barguet, Le Livre des Morts des anciens Egyptiens (LAPO 1, Paris 1967), Vignetten Tb 17, 19, 21, 24, 54, 57, 59, 63A, 112, 113, 114, 152, 162; J.-L. de Cenival, Le livre pour sortir le jour. Le Livre des Morts des anciens Egyptiens (Le Bouscat 1992), 38f., 42f., 48, 52f., 54, 75, 80f., 84 u. Photos Tb-Archiv Bonn

pParis Louvre N. 3094, A. Charron (Hg.), La mort n'est pas une fin. Pratiques funéraires en Egypte d'Alexandre à Cléopâtre, (Katalog Arles 2002), 152-171, Nr. 73 mit Taf. u. Photos Tb-Archiv Bonn

pParis Louvre N. 3096, J.-L. de Cenival, Le livre pour sortir le jour. Le Livre des Morts des anciens Egyptiens (Le Bouscat 1992), Abb. p. 24 u. 25; Chr. Ziegler, Un Ptah-Sokar-Osiris au nom d'Ankhpakhered, fils de Nesmin, in: N. Grimal/A. Kamel/C. May-Sheikholeslami (Hg.), (Fs Fayza Haikal, BdE 138, Kairo 2003), 315-324, Fig. 10 u. Photos Tb-Archiv Bonn

pParis Louvre N. 3129, P. Barguet, Le Livre des Morts des anciens Egyptiens (LAPO 1, Paris 1967), Vignetten Tb 15, 42, 44, 50, 144, 163, 164, 165

pSt. Petersburg 2566, unpubliziert, Photos Tb-Archiv Bonn

pSt. Petersburg 3531, V. Pavlov/M.E. Matie, Pamjatniki iskusstva Drevnego Egipta v musejach sojusa (Moskau 1958), 108, Abb. 108; B. Piotrovsky, Egyptian Antiquities in the Hermitage (Leningrad 1974), Nr. 135 mit Abb. u. Photos Tb-Archiv Bonn

pTurin 1791, R. Lepsius, Das Todtenbuch der Ägypter nach dem Hieroglyphischen Papyrus in Turin (Leipzig 1842, Neudruck Osnabrück 1969)

pTurin 1792, unpubliziert, Photos Museo Egizio u. Maria Milagros Álvarez Sosa

pTurin 1794, E. Leospo (Hg.), Io vivrò per sempre. Storia di un sacerdote nell'antico Egitto (Katalog Palazzo Ducale, 1. 4.-6. 6. 1999, Genua 1999), 5, 8, 9, 12, 22; G. Rosati, Libro dei Morti: i papiri torinesi de Tachered e Isiemachbit (Testi del Vicino Oriente antico 1, Letteratura egiziana classica 2, Brescia 1991)

pTurin 1808, A.M. Donadoni Roveri, Das Alte Ägypten – Die religiösen Vorstellungen (Mailand 1988), 196, Nr. 269; A. Roccati, Das Ägyptische Museum Turin (Rom 1991), 47 mit Abb. ab

pTurin 1831, unpubliziert, Photos Museo Egizio u. Maria Milagros Álvarez Sosa

pTurin 1833, S. Donadoni, Testi religiosi egizi classici delle religione, Le religione orientali (Turin 1977), 260; E. Zoffili, Kleidung und Schmuck im Alten Ägypten (Frankfurt am Main/Berlin 1992), 180 u. Photos Museo Egizio u. Maria Milagros Álvarez Sosa

pVatikan 38598, A. Gasse, Les papyrus hiératiques et hiéroglyphiques du Museo Gregoriano Egizio (Vatikanstadt 1993), 65f., Nr. 54, Taf. 43-44 u. Photos Museo Gregoriano Egizio

pVatikan 38611, A. Gasse, Les papyrus hiératiques et hiéroglyphiques du Museo Gregoriano Egizio (Vatikanstadt 1993), 63f., Nr. 53, Taf. 42 u. Photos Museo Gregoriano Egizio

pVatikan 48832, A. Gasse, Le Livre des Morts de Pacherientaihet au Museo Gregoriano Egizio (Monumenti, Musei e gallerie pontificie, Museo Gregoriano Egizio, Aegyptiaca Gregoriana Vol. IV, Vatikanstadt 2001)

pJachtesnacht / pKöln P. Colon. Aeg. 10207, U. Verhoeven, Das saitische Totenbuch der Iahtesnacht: P. Colon. Aeg. 10207 (PTA 41, Bd. 1-3, Bonn 1993)

pMilbank / OIM 10486, T.G. Allen, The Egyptian Book of the Dead Documents in the Oriental Institute Museum at the University of Chicago (OIP 82, Chicago 1960), 39-60, Taf. LII-XCVI

pNes-pa-sefj, U. Verhoeven, Das Totenbuch des Monthpriesters Nespasefy aus der Zeit Psammetichs I., pKairo JE 95714 + pAlbany 1900.3.1, pKairo JE 95649, pMarseille 91/2/1 (ehem. Slg. Brunner) + pMarseille 291 (HAT 5, Wiesbaden 1999)

pRyerson / pChicago OIM 9787, T.G. Allen, The Egyptian Book of the Dead Documents in the Oriental Institute Museum at the University of Chicago (OIP 82, Chicago 1960), 16-39, Taf. 13-50

Vorwort

Die vorliegende Publikation ist im Rahmen des Bonner Totenbuch-Projekts entstanden, das seit Januar 2004 von der Nordrhein-Westfälischen Akademie der Wissenschaften finanziert wird. Für ihre Unterstützung und die Gewährung eines Druckkostenzuschusses möchte ich ihr an dieser Stelle meinen Dank aussprechen.

Für die Publikationserlaubnis und die Bereitstellung von Photos danke ich der Direktion des Art Museums, Cincinnati, der Direktion der Bibliotheca Bodmeriana, Cologny, und des Art Museums, Denver.
Aus Ersparnisgründen wurde auf eine Textkollationierung der Fragmente des Art Museums in Cincinnati und Denver verzichtet. Die regelmäßigen Klebungen waren im Photo gut sichtbar und identisch mit dem Fragment in Cologny. Digitale Photographien der Partie in Denver, die dankenswerterweise Frau Chr. Regner, eine frühere Mitarbeiterin am Totenbuch-Projekt, aufgenommen hat, zeigten zudem auch gegenüber dem Farbspektrum der Partie von Cologny keine Abweichungen. Dagegen konnte die fast zehn Meter lange Partie des *pHor* in Cologny kollationiert werden, allerdings nur durch eine dicke Panzerglasscheibe.

Meinem verehrten Kollegen, Herrn Prof. H. De Meulenaere, bin ich für seine Bereitschaft dankbar, auf meine Anfrage seine umfangreiche weltweit geschätzte Spätzeit-Datei nach weiteren Denkmälern der Familie des Papyrusbesitzers *Hor* zu durchforsten, allerdings ohne positives Ergebnis.

Den Mitarbeitern des Verlages Otto Harrassowitz und der Druckerei Hubert & Co, Göttingen, sei für ihre verlegerische und drucktechnische Hilfe bei der Umsetzung meiner diversen Vorlagen in druckfertige Tafeln zur Dokumentierung des Papyrus gedankt.

Zuletzt gilt allen am Zustandekommen dieser Publikation beteiligten Kollegen am Totenbuch-Projekt mein besonderer Dank, vor allem Frau S. Stöhr für ihr sorgfältiges Korrekturlesen.
Besonders aber möchte ich dankend meinen Mann erwähnen, der mich bei der schwierigen Text-Kollationierung und beim digitalen Photographieren in Cologny unterstützt hat.

Bonn, im August 2005
Irmtraut Munro

Einleitung

Mit seinen ursprünglich mehr als 16 m Länge gehörte *pHor* zu den längeren und damit kostspieligeren Totenbuch-Rollen seiner Zeit. Der Papyrus ist zwar nicht vollständig erhalten, - etwa ein Drittel vom Anfang fehlt -, doch ist er bis auf kleine Ausbrüche bis zum Ende sehr gut erhalten. Selbst die Einzel-Partien von *pCincinnati* und *pDenver* konnten, fast ohne nennenswerte Verluste festzustellen, angeschlossen werden. Die Hoffnung, auch die Anfangs-Partien des Papyrus aufzufinden, hat sich leider nicht erfüllt. Aber auch ohne sie besitzt *pHor* genug Aussagefähigkeit.

Das Totenbuch-Archiv Bonn mit derzeit 830 Datensätzen auf bestimmte Kriterien befragt (Provenienz Theben, polychrome Vignetten, hieroglyphische Schrift) gibt nur ca. 20 Manuskripte mit den gleichen Kriterien an. Dies zeigt, daß wir es hier mit einer relativ kleinen Gruppe von Papyri gegenüber denen mit etwa gleicher Zeitstellung, aber hieratisch geschrieben und nur mit Strichzeichnungen versehen, zu tun haben und wir *pHor* als einen besonderen Vertreter seiner Zeit nicht hoch genug schätzen können.

pHor wird ein wichtiger Textzeuge für weitere Studien sein: Mit seinen vier kontemporären Handschriften wird keine vergleichende paläographische Studie auf ihn verzichten können.

pCologny Bodmer CV + pCincinnati 1947.369 + pDenver 1954.61

(Tafel 1-34, Photo-Tafel 1-29)

Standorte
Cincinnati, Art Museum
Cologny/Genf, Bodmer-Stiftung
Denver, Art Museum

Inv.-Nr.
1947.369 *(pCincinnati)*
CV *(pCologny/Genf)*
1954.61 *(pDenver)*

Herkunft
[Theben][1]

Datierung
[30. Dynastie bis frühe Ptolemäerzeit][2]

Erwerbung
pCincinnati: 1947 aus dem Erbe von Millard F. Shelt in den Bestand des Art Museums Cincinnati gekommen.
pCologny/Genf: 1952 Verkauf an Otto Fisher aus der Slg. M.A. Mansoor durch die Galerie Parke-Bernet (s. Bibliographie). Aufrollung im Kelsey Museum of Archaeology der Universität Michigan und Ausstellung des Papyrus von 1953-1960. Weiterverkauf an den Kunsthändler H.P. Kraus im Jahr 1960, Ankauf im Jahr 1961 durch Martin Bodmer[3].
pDenver: seit 1954 im Denver Art Museum durch Schenkung der M.A. Mansoor Söhne.

Material
Papyrus, hellbraun bis braun

Maße

pCincinnati:	
H. 34,3 cm	L. 41,9 cm
pDenver:	
H. 34 cm	L. 172,7 cm
pCologny:	
H. 34 cm	L. 995 cm
Zeilenbreite:	0,8-1,6/1,7 cm
H. des Schriftfeldes:	26,2 cm
H. der V:	5,3 cm
Einzelmaße der acht Partien:	
1. 144 cm	2. 131 cm
3. 128 cm	4. 116 cm
5. 136 cm	6. 119 cm
7. 119 cm	8. 102 cm
Abstand von der letzten Zeile bis Papyrusende:	35,5 cm

Klebungen:
Durchgängig sind Klebungen im Abstand von 14-15 cm feststellbar mit einer Überlappungsbreite an den Klebestellen von ca. 1,9 cm. Die Blätter überlappen immer in Textrichtung auf dem recto des nächsten Blattes.

---

1 aufgrund der Titel des Besitzers, des Vaters sowie des Titels der Mutter (s. auch unter Generelle Anmerkungen) und aufgrund des stilistischen Vergleichs und der Farbgebung (s. unter Allgemeine Anmerkungen zu den Vignetten)

2 s. unter Allgemeine Anmerkungen zu den Vignetten u. Generelle Anmerkungen

3 M. Valloggia, Les manuscrits hiératiques et hiéroglyphiques de la Bibliotheca Bodmeriana, in: [Sortir au jour]. Art égyptien de la Fondation Martin Bodmer (Cahiers de la Société d'Égyptologie 7, J.-L. Chappaz/ S. Vuilleumier (Hg.), Genf 2001) = Ausstellungskatalog Musée d'art et d'histoire (Genf 2001), 138

Beschreibung

Der Papyrus ist nicht vollständig erhalten: Es fehlt der Anfang mit etwa einem Drittel des Gesamtumfangs. Die ersten fragmentarischen Einzel-Partien (Fragm. *pDenver* und *pCincinnati*) mit insgesamt 2,15 m schließen mit kleinen Lücken jeweils direkt aneinander an. Zwei kleine lose Fragmente (bei *pCincinnati* dokumentiert) konnten den zugehörigen Textzeilen bei *pDenver* angefügt werden. Ohne nennenswerte Textverluste ist ebenfalls der Anschluß an die 9,95 m lange zugehörige Rolle *pCologny*. Die Ausbrüche und Fehlstellen nehmen im weiteren Verlauf zum Ende der Rolle mehr und mehr ab, so daß man von einem sehr guten Erhaltungszustand sprechen kann.

Im Bereich der Vignetten haben wohl kupferhaltige Farbmineralien teilweise ganze Malschichten innerhalb ihrer Konturlinien zerstört.

Der hierogl. Text von insgesamt 766 Zeilen mit seinen farbigen Vignetten befindet sich auf dem recto.

Im Zuge der im Jahre 2000 durchgeführten Restaurierung von *pCologny* wurde der Papyrus auf einen schwarzen Karton aufgezogen, die Schadstellen im Vignettenbereich mit einem hellblauen Flies unterlegt.

Formaler Aufbau und graphische Anordnung

Als Text- und Vignettenrahmen verläuft oben und unten im gleichen Abstand zum Papyrusrand eine schmale, unregelmäßig dicke Doppellinie. Ebenso ist das Ende des Papyrus durch eine Doppellinie gekennzeichnet. Unter der oberen Rahmung ist durchgehend eine Horizontalzeile zur Aufnahme von Spruchtiteln (z.B. von Tb 39, 40, 41, 42 u.a.) angebracht. Diese ist aber nur bis Tb 100 u. im späteren Verlauf bei Tb 141 genutzt. So ist z.B. der Spruchtitel von Tb 127 in der vertikalen Textzeile geschrieben, obwohl die dafür vorgesehene Horizontalzeile frei ist.

Hinter dem TG ist die obere Begrenzung kurz unterbrochen. Da sie im nächsten Spruch (Tb 126) wieder aufgenommen wurde, allerdings nicht in der gleichen Höhe, dazwischen sich auch eine Klebung befindet, kann man wohl zu Recht auf ursprünglich zwei nebeneinander produzierte und dann zusammengeklebte Partien schließen.

Horizontalzeile und untere Doppellinie begrenzen das eigentliche Schriftfeld, das entweder in voller Höhe vom Spruchtext, von einer großen Vignette od. von einer kleinformatigen Vignette (unter der Horizontalzeile) mit Spruchtext eingenommen werden kann. Für die senkrechten Zeilen sind oben (z.B. Z. 91, 92, 93) u. unten (Z. 27-31 u. 91, 95) Markierungen für die Zeilenziehung zu erkennen. Die durchgängig vertikale Zeilenausrichtung ist nur bei Tb 148 u. 152 nicht eingehalten.

Die Spruchanfänge können sowohl am Anfang der Zeile stehen[4] als auch mitten im Zeilenverlauf[5].

Eine Doppellinie grenzt mehrheitlich einen Spruch vom nächsten ab[6], die Sprüche können aber auch ohne abgrenzende Doppellinie wechseln[7]. Zwischen zwei Doppellinien können sogar mehrere Sprüche untergebracht sein[8], od. es kann auch eine Doppellinie innerhalb eines Spruchs angebracht sein[9]. An einigen Stellen scheint der Schreiber zu der Doppellinie eine zusätzliche senkrechte Linie gezeichnet zu haben, um damit die sehr unterschiedlich breiten Zeilenabstände auszugleichen[10]. Am linken Papyrusende sind ehemals über den jetzigen Text hinausgehend die obere Doppellinie, die Horizontalzeile u. vier waagerechte Zeilenlinien

---

[4] z.B. Tb 33 in Z. 11, Tb 36 in Z. 18, Tb 38B in Z. 21, Tb 39 in Z. 25, Tb 40 in Z. 39, Tb 41 in Z. 44, Tb 42 in Z. 49, Tb 99 in Z. 60, Tb 43 in Z. 71, Tb 44 in Z. 74, Tb 45 in Z. 77

[5] z.B. Tb 32 in Z. 3, Tb 34 in Z. 12, Tb 35 in Z. 14, Tb 37 in Z. 18, Tb 60 in Z. 99, Tb 103 in Z. 254, Tb 104 II in Z. 255

[6] z.B. Tb 32/33 in Z. 10/11, Tb 35/36 in Z. 17/18, Tb 38B/39 in Z. 24/25, Tb 42/99 in Z. 59/60 u.a.

[7] z.B. Tb 31/32 in Z. 2/3, Tb 33/34 in Z. 12/13, Tb 34/35 in Z. 13/14, Tb 41/42 in Z. 48/49, Tb 161/163 in Z. 711/712, Tb 164/165 in Z. 738/739

[8] z.B. Tb 33, 34 u. 35 od. Tb 36, 37 u. 38B od. Tb 106 I, 105 II u. 105 III

[9] z.B. Tb 39 in Z. 32/32, Tb 80 in Z. 121/121, Tb 72 in Z. 140/141, Tb 79 in Z. 160/161, Tb 91 in Z. 186/185/184/183

[10] z.B. Z. 2/3, Z. 95/96 u. Z. 120/121

ausgeführt gewesen und nachträglich ausgewischt worden.

Die generelle Leserichtung des Papyrus verläuft von rechts nach links, während die Hieroglyphen nach rechts gerichtet sind. Nur bei Tb 91 (Z. 186-183) und Tb 92 (Z. 196-187) verläuft die Leserichtung entgegengesetzt, nämlich von links nach rechts[11].

Farben für den Text

Die Handhabung der Farben für den Text zeigt gegenüber den gewohnten Konventionen nichts Ungewöhnliches. Der laufende Spruchtext wurde in schwarzer Rußtinte geschrieben, rote Tinte für Anfänge von Spruchtiteln, sowohl in der Horizontalzeile[12] als auch in vertikalen Zeilen[13] od. auch nur für Teile davon verwendet, was aber nicht regelmäßig geschieht. Ebenso nicht für einleitendes *ḏd mdw in*, für das es sowohl rubrizierte[14] als auch unrubrizierte Belege gibt[15]. Diese Ausnahmen scheinen nicht ein besonderes Merkmal von Schreiber 4 zu sein, denn in Z. 335 od. 343 rubriziert er die Texteinleitung.

Eine Besonderheit bildet die Schreibung *ḏd mdw in Wsir* in Z. 197, bei der der Augenumriß in roter Tinte, die Pupille in schwarzer Tinte erscheint. Rote Tinte kennzeichnet generell Vokative[16], besonders bei den Anrufungen der Totenrichter[17], den Fragenkatalog der Schiffsteile in Tb 99 und die in den Texten vorkommenden Begrüßungsformeln *inḏ/inḏ ḥr-ṯn/inḏ ḥr-ṯ*[18], dies wieder wird bei ein und demselben Schreiber nicht durchgängig gehandhabt[19]. Zwecks Hervorhebung sind ganze Textpassagen rubriziert[20], womit gleichermaßen die darin eingeschlossenen schwarzen Textelemente hervorgehoben sind. Rubren wurden außerdem zur Systematisierung der Toraufzählung (Tb 144, 146 u. 147) und der Aufzählung der heiligen Stätten (Tb 149) verwendet. Ebenso sind feindliche Wesen wie *ʿ3pp* rubriziert[21] od. zurückweisende Zurufe an feindliche Tiere[22].

Die Beischrift zum TG in schwarzer Rußtinte wurde auf farblich alternierenden (gelb u. hellblau) vertikalen Zeilen angebracht.

Vorkommen von Titeln, Namen, Prädikationen und Filiation

Titel des Tb-Besitzers:

Z. 18, 133, 148, 151, 187, 197, 212

Z. 44, 428, 695

Z. 358

Z. 25

Beischrift Tb 148

86 x, z.B. Z. 54, 71, 74, 77, 78, 81, 104, 105, 107, 111, 125, 146, 156, 158, 173, 204, 209, 234, 243, 265, 272 u.a.

Z. 142

Beischrift TG (2 x)

Z. 116

Z. 164

Z. 196

Z. 39

Z. 49

Z. 227, 257

Z. 61-64, 269

Z. 85

Z. 96, 99

Z. 121

11 eine plausible Erklärung dafür kann nicht abgegeben werden

12 z.B. Tb 92

13 z.B. Z. 14, 272

14 Z. 3, 11, 13, 14, 18, 39 u.a.

15 Z. 44, 60 (mittlere Horizontalzeile), 71, 74, 77, 81

16 Z. 11

17 die Anrufungen sind aber durchaus nicht regelmäßig rubriziert, s. Z. 13, 111, 186 u.a.

18 Z. 19, 133, 231, 457, 461, 483

19 s. Z. 470, 474, 478

20 Tb 141, Z. 388, 389 od. Nachschrift Tb 144, Z. 444-455

21 Z. 25, 35

22 Z. 5, 6, 8, 9

Z. 335

Z. 175

Z. 86

Z. 209

Z. 217

Z. 220

Z. 224

Z. 250

Z. 261

Name des Tb-Besitzers[23]:

Z. 11, 133, 164, 185, 186, 196, 197, 199, 202, 212, 214, 217

Z. 18, 19, 148, 187, 192, 220, 224, 227, 243, 250, 257, 261, 265, 269

Z. 173, 335, 442, 701

112 x, z.B. Z. 39, 44, 49, 55-56, 64-65, 71, 74, 77, 78, 81, 85, 86, 96, 99, 104 u.a.

Z. 25

Z. 175

Z. 194, 195, 272, 607, 613, 671 a

TG (2 x)

Prädikationen:

135 x, z.B. Z. 11, 19, 25, 44, 71 74 u.a.

Z. 438

Z. 39

Z. 272

Z. 49, 57-59, 66-68, 209, 220, 243, 261

Z. 250

Z. 604/605

Nennung des Tb-Besitzers immer mit der Bez. *Wsir*

nb im3ḫ Z. 125

nb im3ḫ ḫr Rꜥ nb nṯr.w Z. 71

Name mit Demonstrativum *pn*: Z. 104, 212, 214, 351, 377, 440, 613

Nennung der Mutter angefügt mit:

Z. 218, 221

Z. 96, 100

Z. 175

Z. 243

Z. 234, 252, 262, 269

Z. 257

Titel der Mutter:

Z. 96, 100, 175, 218, 221, 234, 252, 262, 269

Z. 218

Z. 96, 100

Z. 252

Z. 222, 234, 262

[23] Ranke, PN I, 245, 18; W. Clarysse, Prosopographia Ptolemaica IX, 129, Nr. 5903b

Name der Mutter[24]:

Z. 96/97, 100, 218, 222, 252, 257

Z. 243

Z. 262

Z. 269

Z. 175

Z. 262

Prädikationen:

Z. 97, 100, 218

Z. 234

Z. 252

Z. 221, 262

Nennung der Mutter immer ohne die Bez. *Wsir*

Nennung des Vater, angefügt mit:

Z. 68, 81, 100, 164, 175, 187, 218, 335, 368, 456

Z. 85, 96, 209, 220, 234, 243, 251, 257, 269, V Tb 148

Titel des Vaters:

Z. 164, 175, 187

Z. 455

Z. 209

Z. 85, 243

Z. 257

Z. 96, 100

Z. 218

Z. 221

Z. 251

Name des Vaters[25]:

Z. 69-70, 164, 175, 187, 218

Z. 81, 210, 221, 234, 243, 251, 257, 335, 368, 456, V Tb 148

Z. 85

Z. 96

Z. 100

Z. 269

Prädikationen:

Z. 81, 85, 96, 100, 164, 175, 210, 218, 234, 257, 269, 335, 456, V Tb 148

Z. 251

Z. 187

Z. 221

Nennung des Vaters immer ohne die Bez. *Wsir*

Nennung des Großvaters väterlicherseits, angeschlossen mit:

Z. 218

Titel des Großvaters:

Z. 218

Name des Großvaters:

Z. 218

[24] Ranke, PN I, 371, 7; W. Clarysse, Prosopographia Ptolemaica IX, 229, Nr. 7245d; zum Namen vgl. J.-C. Goyon, Le cérémonial de glorification d'Osiris du papyrus du Louvre I. 3079, in: BIFAO 65 (1967), 92, Anm. 5; Demot. Nb. Bd. I, Lieferung 14, 1060; H.J. Thissen, Die demotischen Graffiti von Medinet Habu (Dem. Stud. 10, Sommerhausen 1989), 94

[25] Ranke, PN I, 84, 23; W. Clarysse, Prosopographia Ptolemaica IX, 94, Nr. 5676b

Prädikation:

Z. 218

Genealogie:

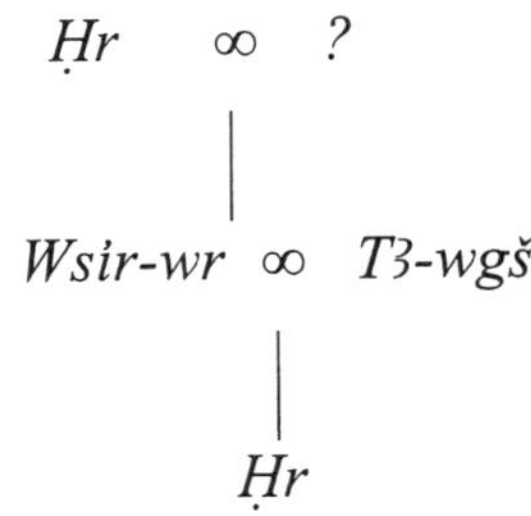

Schrift-Charakter

Mindestens vier verschiedene Schreiber waren an der Niederschrift dieses Papyrus beteiligt. Obwohl das Schriftbild auf den ersten Blick einen sehr einheitlichen Eindruck macht, sind doch die kleinen Unterschiede der einzelnen Schreiber klar zu erkennen[26]. Alle Schreiber haben Spruch-Einheiten abkopiert, es gibt also keinen Schreiber-Wechsel mitten in einem Tb.

Schreiber 4 kann als der Hauptschreiber des Papyrus gelten mit Z. 44-85, Z. 104-115, Z. 125-132, Z. 142-147, Z. 156-163, Z. 204-211, Z. 220-233, Z. 234-271, Z. 335-766 u. dem Text in der Horizontalzeile über Z. 388-396.

Schreiber 3 ist in Z. 39-43, Z. 96-103, Z. 121-124 u. Z. 148-155 tätig gewesen.

Schreiber 2 war für die Z. 25-38, Z. 86-95, Z. 116-120, Z. 272-334 u. die Horizontalzeile über Z. 86-96 verantwortlich.

Schreiber 1 hat den Text von Z. x+1-24, Z. 133-141, Z. 164-203, Z. 212-219 u. die Horizontalzeile über Z. 14-85 u. über Z. 97-219 geschrieben.

Ob einer dieser vier Schreiber auch die Beischrift im TG geschrieben hat oder diese ein fünfter Schreiber ausgeführt hat, kann nicht entschieden werden. Auffällig ist ein Schreiber-Wechsel schon nach geringem Schreibpensum, nach vier, fünf od. acht Zeilen. Ein plausibler Grund läßt sich dafür nicht nennen.

Die Schreiber haben ein festgelegtes Text- u. Vignettenfeld vorgefunden mit Begrenzungen, Horizontalzeile u. Doppellinien. Das Textfeld für den jeweiligen Spruch unterteilten sie dann selbst in Vertikalzeilen. Bei nicht genau berechneter Zeilenbreite ergaben sich dann zu schmale Zeilen, die als Leerzeile unbeschrieben blieben (Z. 242). Bei zu großem Textvolumen ist das vorgegebene Layout durchbrochen u. seitlich jeweils eine Textzeile zugefügt worden (Schreiber 4 in Z. 141 u. 147). Die Schreiber waren bemüht, den vorgegebenen Platz zwischen den Doppellinien auszufüllen, so fügen sie bei Platzüberfluß einen ganzzeiligen Namenszusatz an (Schreiber 4 in Z. 85 u. Schreiber 1 in Z. 175). Die Schriftgröße bei den einzelnen Schreibern ist unterschiedlich.

Die wichtigsten Charakterisierungsmerkmale der einzelnen Schreiber sind folgende:

Schreiber 1

Sein Hauptmerkmal ist die Schreibung von M17[27] ausschließlich mit einem geschlossenen Zeichenkörper, G 17 entweder mit kleinem rundem Kopf u. einer kaum über die Standlinie reichenden Rückenlinie (Z. 181, 187) od. mit geschlossenem schmalem Körper (Z. 166, 183). Sein Personen-Det. A 1 zeigt kurze, gerundete Knie, der hintere Arm ist rundlich abgebogen u. setzt oft nicht direkt an der Körperlinie an. Die Pl.-striche sind gegenüber den übrigen Schreibern eher kurz, dafür aber dick. Er ist der einzige Schreiber, in dessen Passagen ein N 35 mit kleinen Querstrichen (zur Andeutung der Wasserlinie) auftaucht (Z. 5, 136, 138, 139 u. 181). Am Ende der Zeilen sind seine Zeichen vielfach kleiner (z.B. Z. 5-10 od. 14). Sowohl stark vereinfachte Zeichen (z.B. F 13) als auch detailliert ausgeführte Zeichen mit reicher Innenzeichnung (L 1 in Z. 201, E 34 u. D 46 in Z. 196 od. 202, Aa 20 in Z. 183 u. 185) lassen die Passagen von Schreiber 1 als eine weniger genormte und gleichmäßige Schrift erscheinen.

[26] eine Zeichenliste der Schreiber 1-4 findet sich am Ende dieses Abschnitts; leider fanden sich nicht Beispiele für jedes Zeichen bei allen vier Schreibern

[27] vgl. A. Gardiner, EG, sign-list

Schreiber 2

Als auffälligstes Unterscheidungsmerkmal verrät diesen Schreiber die bei G 43 überwiegend ausgeführte Binnenlinie u. eine lange durchgezogene Sitzlinie des Personen-Det. A 1. Durchgängig ist M 17 mit einem geschlossenen Zeichenkörper geschrieben.

Seine Schrift ist durch eine sehr sorgfältige und akkurate Pinselführung mit feinster Innenzeichnung geprägt (Q 3 u. V 31 in Z. 95, Kennzeichnung von Iris u. Pupille bei D 4 in Z. 92, L 1 in Z. 89 u. 90). Trotz seiner Akkuratesse hat auch Schreiber 2 bei Platzmangel am Ende des Spruchs od. der Zeile die Zeichen stark verkleinert, z.B. in Z. 26, 31, 38, 272, 277 u. 288.

Schreiber 3

Er schreibt viele Zeichen nahezu identisch wie Schreiber 2 (E 34, M 17 u. G 1). G 5, das zwar sehr ähnlich ist, unterscheidet sich aber doch durch die fein gestreiften langen Beinfedern, der Vogelkopf ist etwas deutlicher abgesetzt. Aufgrund des G 17 (Ausnahmen in Z. 40 u. 41) mit schmalem, am Schwanz spitz zulaufendem Körper od. in zweifacher Linie endend (Z. 43), V 31 mit dem Henkel nicht als Schlaufe od. als Strich nach unten, sondern als runder herabhängender Klöppel ausgeführt, sind sämtliche Passagen dieses Schreibers ihm sicher zuzuweisen.

Er steht Schreiber 2 in seiner Schrift nicht an Sorgfalt u. Regelmäßigkeit nach, u. doch verkleinert auch er gelegentlich am Ende der Zeilen die Zeichengröße (Z. 96, 98, 153).

Schreiber 4

Als Hauptschreiber prägt er das Schriftbild entscheidend. Er hält als einziger der vier Schreiber für seine Abschrift keine Standardgröße ein, sondern paßt seine Zeichen variabel dem verfügbaren Platz an.

Am deutlichsten unterscheidet er sich von den drei übrigen Kopisten durch das Personen-Det. A 1 mit spitzen, hoch hinaufreichenden Knien (ebenfalls bei A 2) u. einem spitz angewinkelten Arm. A 53 zeigt bei ihm im Gegensatz zu Schreiber 1 u. 2 die Andeutung des Körpers nur etwa in Gesäßhöhe. D 2 ist in drei abweichenden Formen vertreten: Einmal stehen die Ohren als Henkel ab, dann sind sie als zwei schräg gestellte Striche angefügt, u. drittens werden sie als durch den Kopf gehender langer waagerechter Strich wiedergegeben. Ebenso sind drei unterschiedliche G 1 und G 17 zu beobachten. M 17 ist bei Schreiber 4 überwiegend in einer dem Hierat. nahen Form wiedergegeben (bei keinem der übrigen Schreiber belegt), aber auch die Schreibung mit geschlossenem Zeichenkörper ist bei ihm zu finden.

In ein und derselben Zeile können auch häufig gebrauchte Zeichen (wie V 31) unterschiedlich sein. Schreiber 4 hat besonders im hinteren Bereich der Rolle oft die untere Begrenzung mißachtet und den unteren Rand überschrieben (Z. 473, 487, 491, 685, 686, 694), durchgängig sind bei ihm auch häufig verkleinerte gedrängte Schriftzeichen am unteren Zeilenende festzustellen (z.B. Z. 71, 158, 162, 163, 481, 501, 522, 617, 618).

Es sind Unterschiede bei diesem Schreiber in der Schriftgröße sogar innerhalb der Niederschrift eines einzigen Spruchs festzustellen[28], was auf die Wiederaufnahme seiner Kopiertätigkeit nach einer Pause hindeuten dürfte[29].

Auch die Sorgfältigkeit seiner Schrift verändert sich in manchen Passagen: Im Bereich von Tb 149 (Z. 621-628) ist die Schrift nachlässiger und unregelmäßiger, noch auffälliger in der Passage Z. 744-747, die man fast einem zusätzlichen Schreiber zuordnen möchte, zumal auch der Strich der Binse dicker und unregelmäßiger erscheint. Unseres Erachtens wird aber das voraussehbare Ende der Abschrift den Schreiber zu einer eiligeren und streckenweise fahrigeren Handschrift getrieben haben. Es scheint wenig sinnvoll, kurz vor Beendigung der Rolle, einen ganz neuen, fünften Schreiber einzuführen.

---

28 bes. innerhalb von Tb 145 (Z. 482/489), aber auch zwischen Tb 140 u. 141 (Z. 387/388), zwischen Tb 145 u. Tb 146 (Z. 539/540), zwischen Tb 146 u. Tb 147 (Z. 570/571)

29 das Arbeitspensum könnte aus der Kopie von Z. 456 bis Z. 482 bestanden haben

Zeichenliste der Schreiber 1-4[30]

	Schreiber 1	Schreiber 2	Schreiber 3	Schreiber 4
A 1	Z. 184, Z. 213, Z. 178	Z. 273, Z. 276, Z. 286	Z. 149, Z. 155	Z. 229, Z. 207, Z. 210, Z. 227, Z. 443, Z. 544, Z. 552
A 2	Z. 23	Z. 275	Z. 148	Z. 485
A 7	Z. 198	Z. 31	Z. 40	Z. 108, Z. 114
A 17	Ø	Z. 284	Z. 41	Z. 157
A 19	Z. 164	Ø	Z. 96	Z. 221, Z. 610
A 40	Z. 165, Z. 167	Z. 273	Z. 150	Z. 144, Z. 258, Z. 476
A 52	Z. 184	Z. 282	Ø	Z. 238, Z. 522, Z. 697

[30] Zeichenliste nach A. Gardiner, EG, sign-list

	Schreiber 1	Schreiber 2	Schreiber 3	Schreiber 4
A 53	 Z. 135	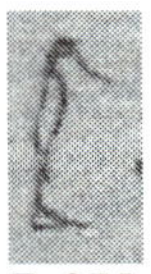 Z. 275	Ø	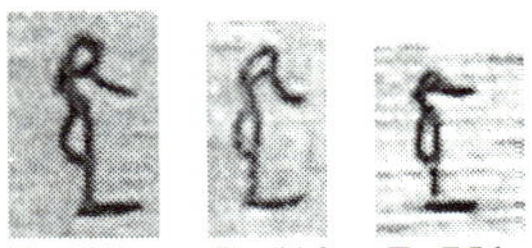 Z. 493, Z. 610, Z. 751
D 1	Ø	 Z. 278	 Z. 155	 Z. 744
D 2	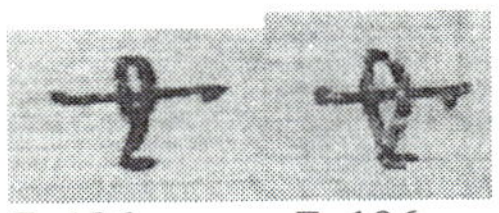 Z. 186, Z. 196	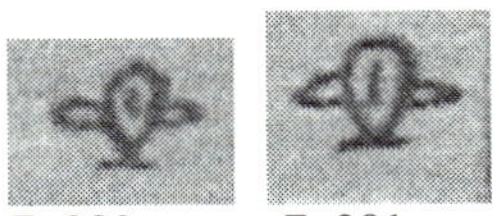 Z. 280, Z. 281	 Z. 148	 Z. 143, 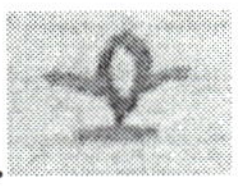 Z. 161,  Z. 237,  Z. 258,  Z. 477
D 40	 Z. 167	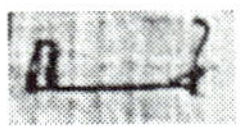 Z. 277	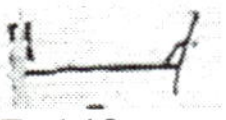 Z. 149	 Z. 143, Z. 157
D 46	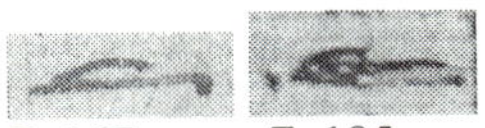 Z. 167, Z. 195	 Z. 284	 Z. 155	 Z. 162
D 58	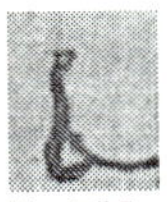 Z. 165	 Z. 282	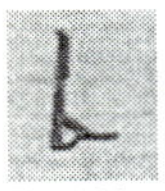 Z. 152	 Z. 220, Z. 477,  Z. 736, Z. 739
D 60	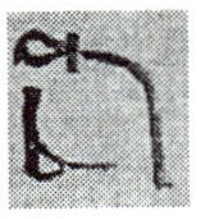 Z. 182	 Z. 287	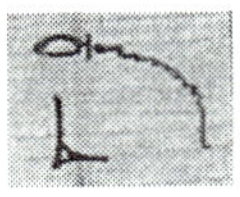 Z. 149	 Z. 464
E 23	Z. 21	 Z. 286	Ø	 Z. 716
E 34	 Z. 196	 Z. 286	 Z. 41, Z. 98	 Z. 255, Z. 549

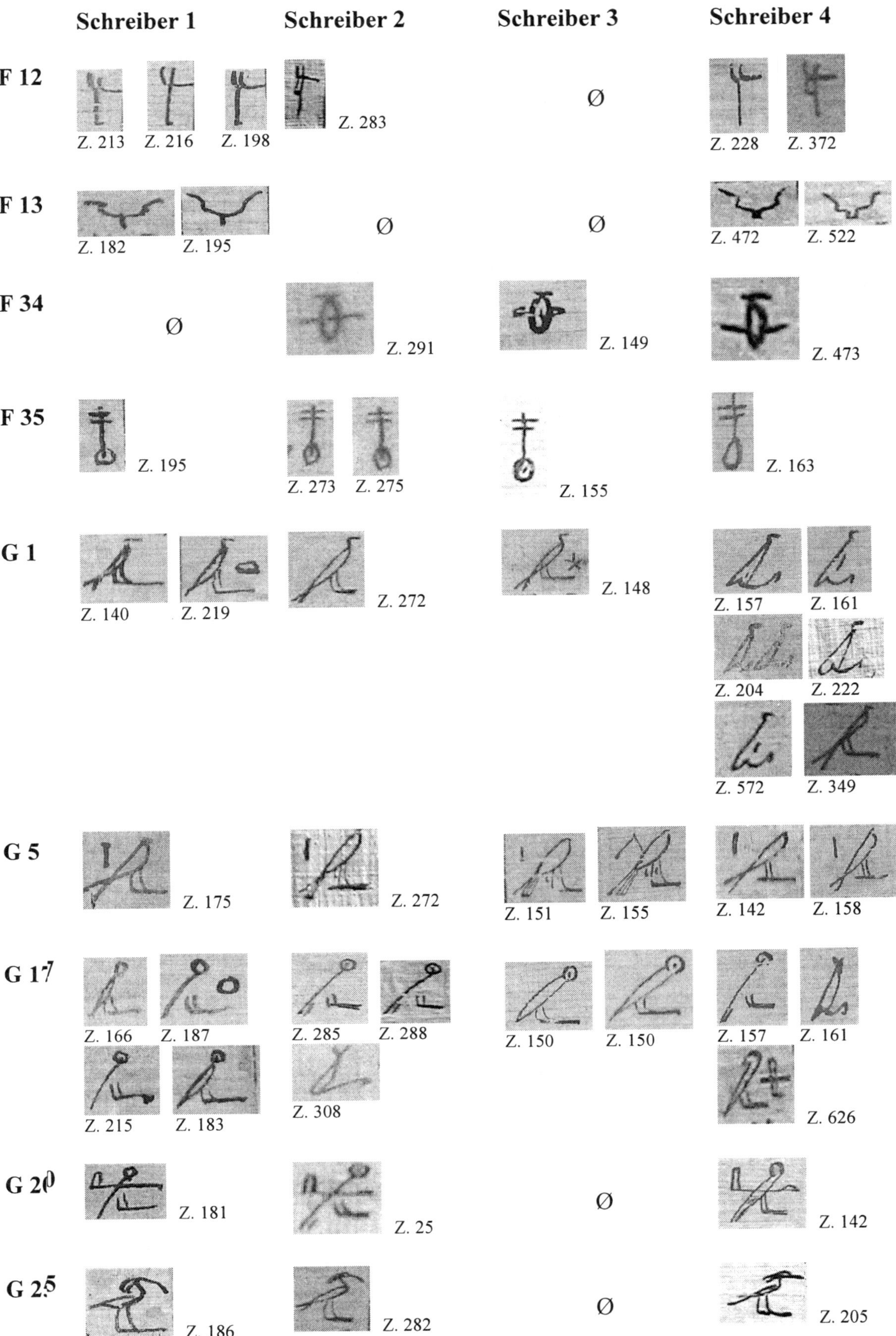

	Schreiber 1	Schreiber 2	Schreiber 3	Schreiber 4
F 12	Z. 213 Z. 216 Z. 198	Z. 283	Ø	Z. 228 Z. 372
F 13	Z. 182 Z. 195	Ø	Ø	Z. 472 Z. 522
F 34	Ø	Z. 291	Z. 149	Z. 473
F 35	Z. 195	Z. 273 Z. 275	Z. 155	Z. 163
G 1	Z. 140 Z. 219	Z. 272	Z. 148	Z. 157 Z. 161 Z. 204 Z. 222 Z. 572 Z. 349
G 5	Z. 175	Z. 272	Z. 151 Z. 155	Z. 142 Z. 158
G 17	Z. 166 Z. 187 Z. 215 Z. 183	Z. 285 Z. 288 Z. 308	Z. 150 Z. 150	Z. 157 Z. 161 Z. 626
G 20	Z. 181	Z. 25	Ø	Z. 142
G 25	Z. 186	Z. 282	Ø	Z. 205

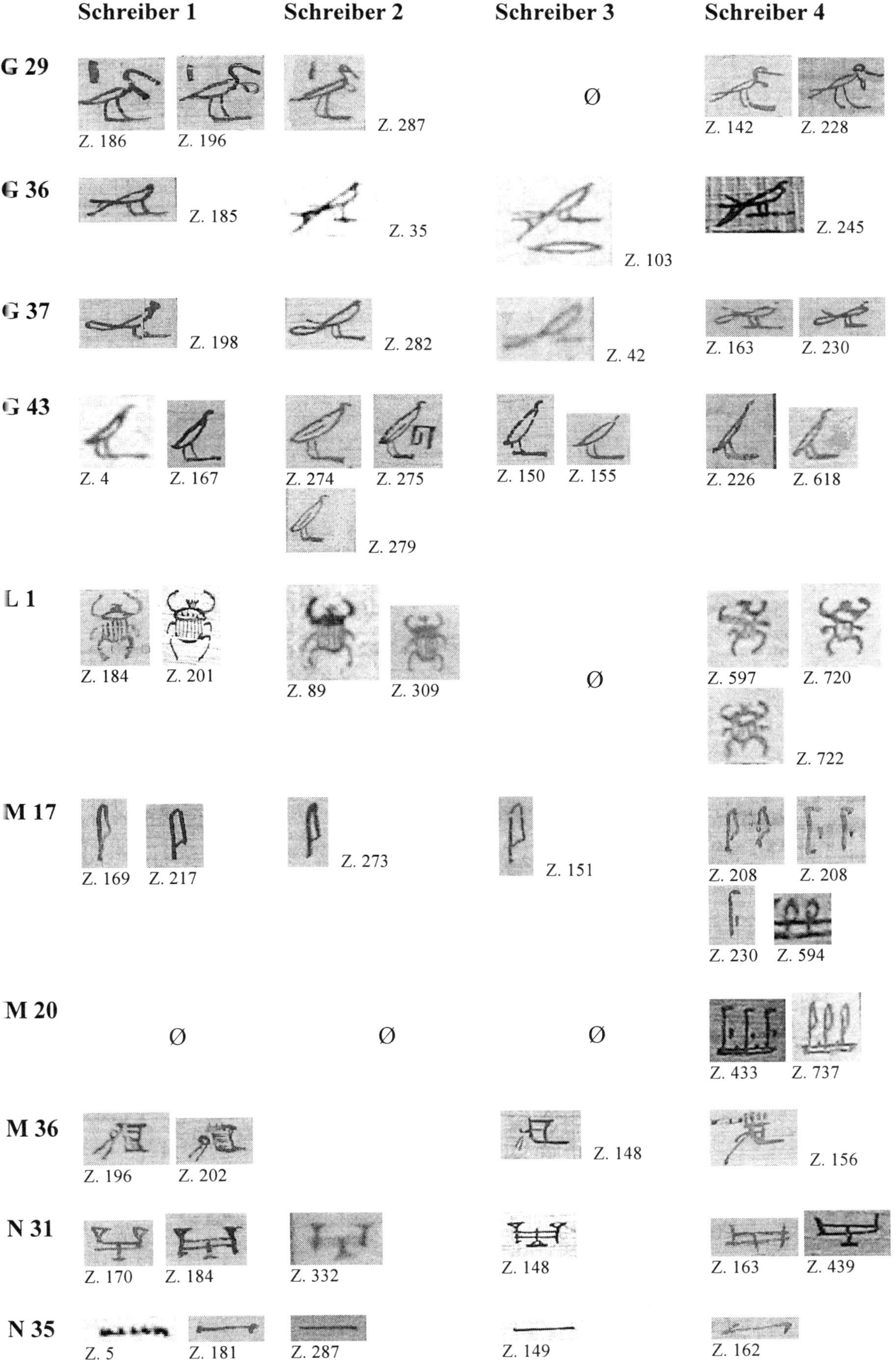

	Schreiber 1	Schreiber 2	Schreiber 3	Schreiber 4
G 29	Z. 186, Z. 196	Z. 287	Ø	Z. 142, Z. 228
G 36	Z. 185	Z. 35	Z. 103	Z. 245
G 37	Z. 198	Z. 282	Z. 42	Z. 163, Z. 230
G 43	Z. 4, Z. 167	Z. 274, Z. 275, Z. 279	Z. 150, Z. 155	Z. 226, Z. 618
L 1	Z. 184, Z. 201	Z. 89, Z. 309	Ø	Z. 597, Z. 720, Z. 722
M 17	Z. 169, Z. 217	Z. 273	Z. 151	Z. 208, Z. 208, Z. 230, Z. 594
M 20	Ø	Ø	Ø	Z. 433, Z. 737
M 36	Z. 196, Z. 202		Z. 148	Z. 156
N 31	Z. 170, Z. 184	Z. 332	Z. 148	Z. 163, Z. 439
N 35	Z. 5, Z. 181	Z. 287	Z. 149	Z. 162

	Schreiber 1	Schreiber 2	Schreiber 3	Schreiber 4
O 42		 Z. 91	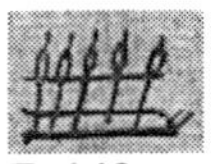 Z. 148	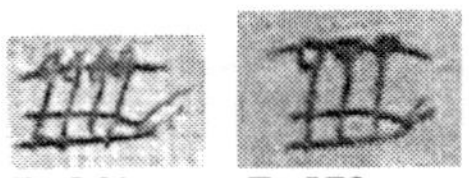 Z. 561 Z. 573
P 5	 Z. 21	 Z. 288	 Z. 97	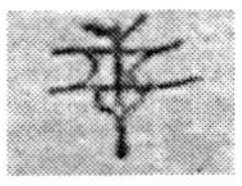 Z. 550
R 4	 Z. 174	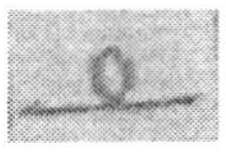 Z. 334	Ø	 Z. 246
S 24	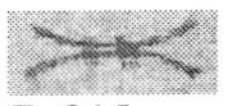 Z. 215		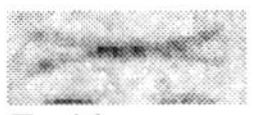 Z. 41	 Z. 554 Z. 619
T 12	 Z. 195	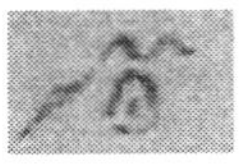 Z. 277	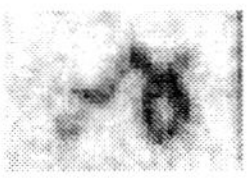 Z. 98	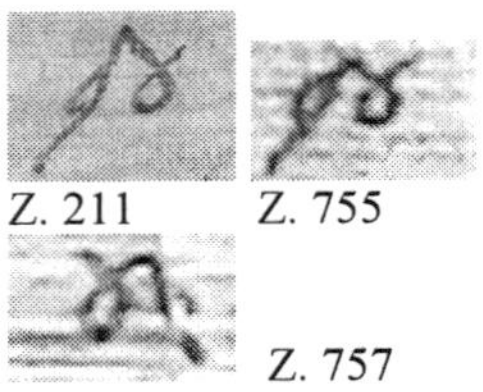 Z. 211 Z. 755 Z. 757
T 21	 Z. 215	Ø	Ø	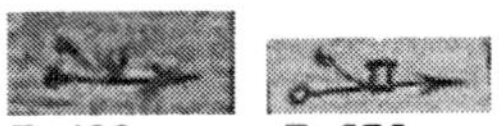 Z. 432 Z. 575
T 25		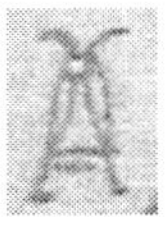 Z. 305	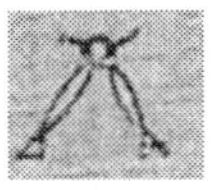 Z. 150	 Z. 147
U 1 - U 5	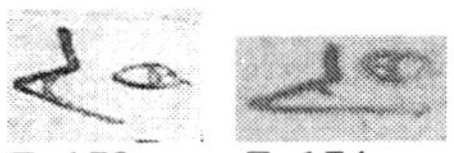 Z. 179 Z. 174	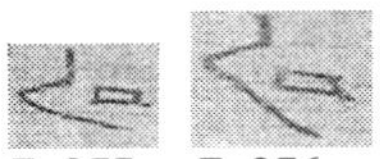 Z. 277 Z. 276	 Z. 39	 Z. 157
U 7	 Z. 19	 Z. 93 Z. 334	Ø	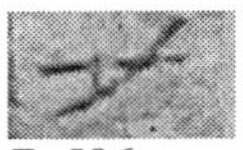 Z. 596
U 28	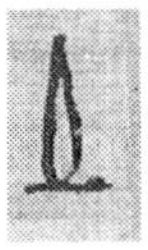 Z. 199	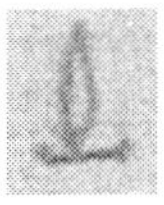 Z. 296	Ø	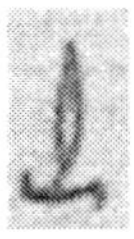 Z. 720
U 35	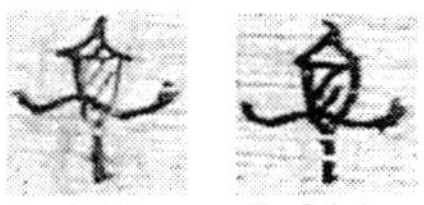 Z. 215 Z. 216	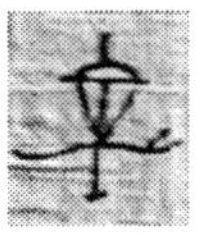 Z. 287	 Z. 41	 Z. 440 Z. 584 Z. 704

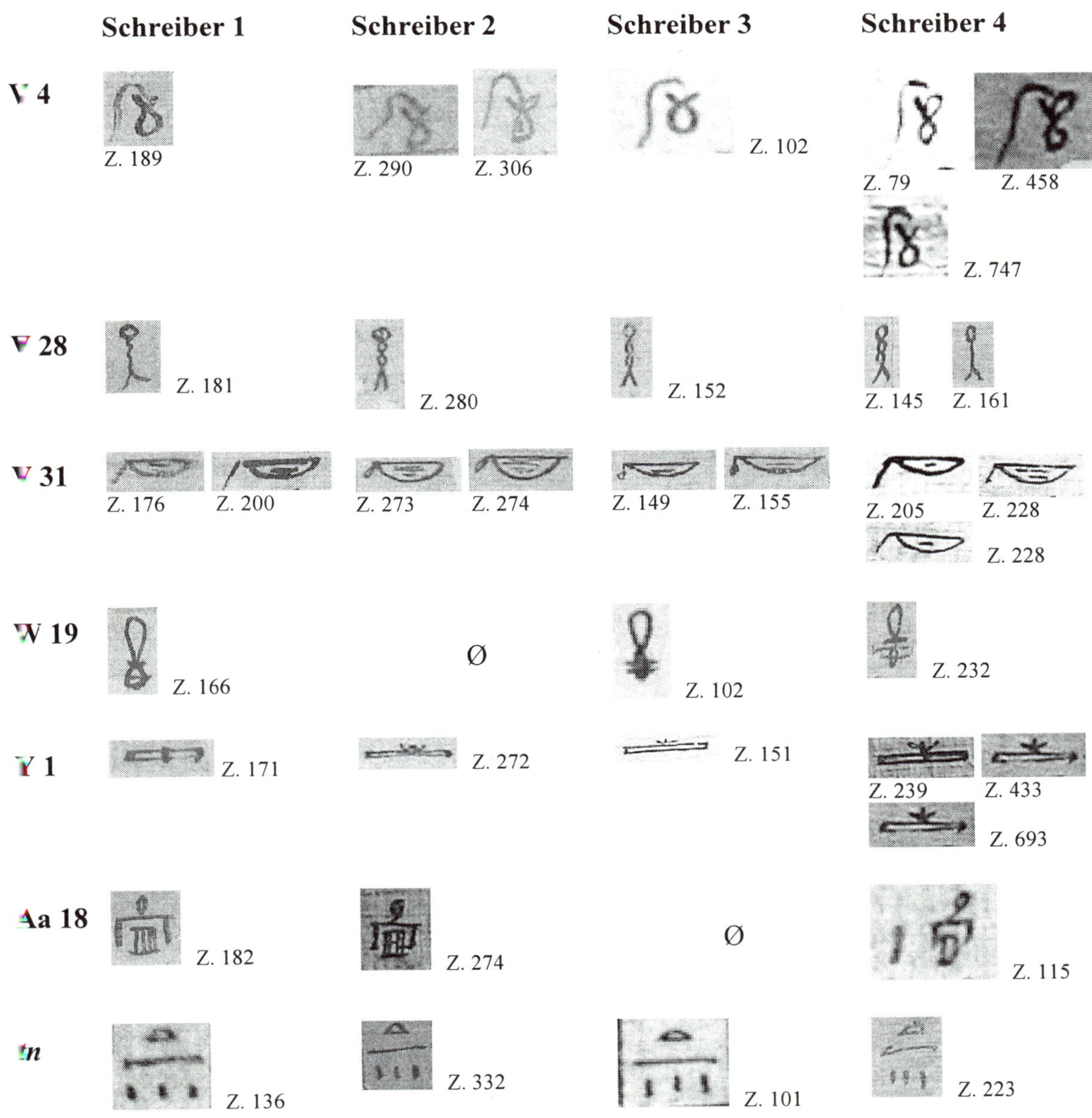

	Schreiber 1	Schreiber 2	Schreiber 3	Schreiber 4
V 4	Z. 189	Z. 290, Z. 306	Z. 102	Z. 79, Z. 458, Z. 747
V 28	Z. 181	Z. 280	Z. 152	Z. 145, Z. 161
V 31	Z. 176, Z. 200	Z. 273, Z. 274	Z. 149, Z. 155	Z. 205, Z. 228, Z. 228
W 19	Z. 166	Ø	Z. 102	Z. 232
Y 1	Z. 171	Z. 272	Z. 151	Z. 239, Z. 433, Z. 693
Aa 18	Z. 182	Z. 274	Ø	Z. 115
tn	Z. 136	Z. 332	Z. 101	Z. 223

Spruchgut und Sequenz

Verteilung der Tb[31]:

/// Tb 31 – 32V – 33V (?) – 34 – 35V (?) – 36V – 37 – 38B V – 39V – 40V – 41V – 42 – 99 – 43V – 44 – 45 + V44 – 46 – 50V – 85 I + V47 + V52 + V51 – 59V – 60 – 57V – 63 A/B V – 85 II + V63B – 80 + V64 – 71V – 72V – 73V – 75 I – 75 II V – 77V – 87V – 79V (Var.) – 89V – 86V – 91V – 92V – 93V – 94 + V98 od. V99 – 95 – 100V – 96 + V94 – 104 I V – 105 I + V108 – V110 – 101 + V112 – 102 I + V113 – 102 II + V114 – 103 – 104 II – 106 I + V115 – 105 II – 105 III – 106 II + V119 + V120 – 107 – 125A – 125B – 125C – TG – 126V – 127 + V129 + V130 –128 + V132 + V133 + V134 + V135 – 129V + V136 + V140 – 140 – V143 – 141 – 142 – 144V – 145V – 146V – 147V – 148V – V 148 – 149V – V150 – 152 – 151V – 152 (Forts.) V – 154V – 155V – 156V – 157V – 158V – 159V – 160V – 161V – 163V – 164V – 165V – 162V

Ungewöhnlich ist bei *pHor* mit seinem nach der sog. saitischen Rezension numerisch ansteigenden Spruchverlauf der Einschub von einzelnen Sprüchen (Tb 99 zwischen Tb 42 u. 43, Tb 85 I zwischen Tb 50 u. 59, Tb 85 II zwischen Tb 63A/B u. 80, Tb 80 vor Tb 71 u. 72, Tb 87 zwischen Tb 77 u. 79, Tb 100 zwischen Tb 95 u. 96), die selektive Auswahl des Spruchguts und das Fehlen der Sprüche zwischen Tb 107 u. Tb 125A.

Textanmerkungen

Anmerkungen Tb 31 (Z. 1-3)
(Fragm. *pDenver*), Schreiber 1
Taf. 1 u. Photo-Taf. 1
Benutzte Parallelen: *pTurin 1791, pJachtesnacht, pNes-pa-sefj, pKairo CG 40029, pKairo J.E. 95710, pRyerson, pVatikan 48832*

a) ausgelassen <*wnm/wnm.w* >, vgl. die Par.
b) fehlende Buchrolle, Haplographie
c) defektiv geschriebenes *ski* (Wb IV, 311f. "untergehen")

Anmerkungen Tb 32 (Z. 3-10)
(Fragm. *pDenver* + *pCincinnati*), Schreiber 1
Taf. 1 u. Photo-Taf. 1
Benutzte Parallelen: *pTurin 1791, pJachtesnacht, pNes-pa-sefj, pKairo CG 40029, pKairo J.E. 95710, pParis Louvre N. 3096, pRyerson, pVatikan 48832*

a) die Par. schreiben *ḫr*
b) für *sꜣq sw*
c) *t* zu *psḏ.t* gehörig
d) P 8 anstelle von S 43, passim
e) steht möglicherweise für die Zahl 8, vgl. *pTurin 1791*, als *n* umgesetzt (für Schreiber 1 häufige Schreibung, s. nächste Zeile)
f) Var.: *ỉw=ỉ rḫ.(.kwỉ) sn,* vgl. sämtliche Par.
g) zu emendieren in <*m rn=sn*>, vgl. die Par.
h) Suffix überflüssig
i) Schreibung für *ink*
j) <*msḥ*> ausgelassen
k) nach den verbliebenen Resten stand in der Lücke: *ỉḫm.w-wrd ỉw bw.t*
l) kurze Passage ausgelassen, aberratio oculi
m) zu emendieren in <*nn nsr.t=k r=ỉ*>
n) Zufügung eines *r*
o) Var.: *ỉm.ỉw/wnm.w ꜥfꜣ*, vgl. dazu U. Verhoeven, Jachtesnacht 1, 128, Anm. 3
p) Schreibung für *ink*
q) 1. Suffix 1. Sgl. ausgelassen
2. vgl. aber die Passage in Z. 5 u. 8
r) ob hier *ḏr* (Wb V, 595 "Feuer") gemeint ist (?), Var.: *ḥtỉ gꜣw* (Wb III, 182 "Rauch") bei den Par.
s) Suffix 2. Sgl. mask. ausgelassen
t) 1. Anschluß von Fragm. *pCincinnati*
2. als *sk* (Wb IV, 310f. "abwischen") zu lesen (?),
Var.: *sin* (Wb III, 425f. "abwischen") bei den Par.
u) Suffix 1. Sgl. ausgelassen
v) Wort unbekannter Bedeutung,
Var.: *ḫpꜣ* od. ä., (Wb III, 365 "Nabelschnur") bei *pTurin 1791, pJachtesnacht, pNes-pa-sefj, pKairo CG 40029, pKairo J.E. 95710*
w) verlesen für *bb.t* (Wb I, 455 "Pflanzenart"), vgl. die Par.
x) 1. <*ꜥnḫ*> ausgelassen

[31] vgl. auch den Index der vorkommenden Tb in numerischer Reihenfolge am Ende der Publikation

2. die folgende Zeichenkombination steht für <*mʿpfi*> od. ä., vgl. *pJachtesnacht*
y) Var.: *wnw.wt* bei *pTurin 1791, pKairo CG 40029, pKairo J.E. 95710*
wnw.t bei *pJachtesnacht* u. [*pNes-pa-sefj*]
z) Suffix 2. Sgl. mask. ausgelassen
a_1) <*msḥ*> ausgelassen
b_1) sinnvollerweise in <*nn ms=i sw*> zu emendieren, vgl. *pTurin 1791*
c_1) Schreibung für *ink*, s. Valeurs phonétiques, 626, Nr. 157 od. 161
d_1) Var.: *wꜣḏ ir.ti* bei *pTurin 1791, pJachtesnacht* u. *pKairo J.E. 95710*
swꜣḏ ir.ti bei *pKairo CG 40029*
e_1) kurze Passage ausgelassen, aberratio oculi
f_1) <*ʿpr.kwi*> ausgelassen, vgl. die Par.
g_1) Schreibung für *ḥkꜣ*, vgl. Valeurs phonétiques, 268, Nr. 295
h_1) für *skm.n=i* (Wb IV, 317) *qꜣ.n=i* (?)
i_1) Suffix 1 Sgl. ausgelassen
j_1) 1. *sḫ.t* als Austausch für *ḫnw*
2. vorzeitiger Abbruch des Spruchtextes

Anmerkungen Tb 33 (Z. 11-12)
(Fragm. *pCincinnati*), Schreiber 1
Taf. 1 u. Photo-Taf. 1
Benutzte Parallelen: *pTurin 1791, pJachtesnacht, pNes-pa-sefj, pKairo CG 40029, pKairo J.E. 95710, pRyerson, pVatikan 48832*
a) nach den Resten ist zu schließen auf: [*rꜣ*] *n ḫsf* [*ʿp*]*p m ḫꜣ.t-nṯr*
b) *Rrk* in defektiver Schreibung, Pl. unnötig
c) unsinniges A 2, zu tilgen
d) in <*iw*> *wšʿ* zu emendieren, vgl. die Par.
e) <*qs.w n.w*> ausgelassen, vgl. die Par.
f) Pl. überflüssig

Anmerkungen Tb 34 (Z. 12-14)
(Fragm. *pCincinnati*), Schreiber 1
Taf. 1 u. Photo-Taf. 1
Benutzte Parallelen: *pTurin 1791, pJachtesnacht, pNes-pa-sefj, pKairo CG 40029, pKairo J.E. 95710, pRyerson, pVatikan 48832*
a) sic: verlesen für *rꜣ*, s. Z. 14
b) für *rdi.t*
c) zu emendieren in <*psḥ.tw*>
d) unnötiges *t*
e) *tp* ausgelassen
f) A 2 zu tilgen
g) Pl.-Striche zuzufügen
h) Passage ausgelassen
i) Suffix 3. Sgl. mask. anstelle von *Wsir NN*
j) Schreibung für *mꜣfd.t* (Wb II, 29)

Anmerkungen Tb 35 (Z. 14-17)
(Fragm. *pCincinnati* + *pDenver*), Schreiber 1
Taf. 1 u. Photo-Taf. 1
Benutzte Parallelen: *pTurin 1791, pJachtesnacht, pNes-pa-sefj, pKairo CG 40029, pKairo J.E. 95710, pRyerson, pVatikan 48832*
a) defektiv für *Wsir NN*
b) steht für Interjektion *i*
c) Schreibung für *ḫnm* (Wb III, 292 "erfreuen")
d) 1. <*t=f*> ausgelassen, vgl. *pTurin 1791*
2. Schreibung für *sḫd*
e) Fragm. *pCincinnati* u. Fragm. *pDenver* direkt anpassend
f) Det. zu Verb *sni* (Wb III, 454f. "vorbeigehen") gehörig
g) Name der Schlange hier *Sn*,
Var.: *Sk* bei *pTurin 1791* u. *pKairo J.E. 95710*
Nknk bei *pJachtesnacht*
Nksk bei *pNes-pa-sefj*
Nk bei *pVatikan 48832*
h) steht für *iꜣq.t* (Wb I, 34 "Lauch, Grünzeug")
i) Text bis Zeilenende verderbt,
Var.: *ḫr ir.ti Wr rḫti=f r=k psš mꜣʿ.t m wḏʿ ʿḥʿ.w* bei *pJachtesnacht* u. *pNes-pa-sefj*, davon die Textelemente *wr,* F 16 (2x) für G 49 (*rḫti*), vgl. Valeurs phonétiques, 263, Nr. 207, <*psš*> u. *m wḏʿ* erkennbar; die Textreste am Zeilenende könnten zu *mꜣʿ.t* vervollständigt werden

Anmerkungen Tb 36 (Z. 18)
(Fragm. *pDenver*), Schreiber 1
Taf. 1 u. Photo-Taf. 1
Benutzte Parallelen: *pTurin 1791, pJachtesnacht, pNes-pa-sefj, pKairo CG 40029, pKairo J.E. 95710, pParis Louvre N. 3096, pRyerson, pVatikan 48832*

a) Schreibung für *ḥri* (Wb III, 144f. "sich fernhalten")
b) Var.: *ṯbn* (Wb V, 364 "schnell sein") bei *pJachtesnacht, pNes-pa-sefj, pKairo J.E. 95710, pKairo CG 40029, pParis Louvre N. 3096, [pVatikan 48832]*
c) Var.: *šnw* bei allen unter b) genannten Par. u. *pTurin 1791*
d) kurze Passage ausgelassen

Anmerkungen Tb 37 (Z. 18-20)
(Fragm. *pDenver*), Schreiber 1
Taf. 1 u. Photo-Taf. 1
Benutzte Parallelen: *pTurin 1791, pJachtesnacht, pNes-pa-sefj, pKairo CG 40029, pKairo J.E. 95710, pRyerson*
a) wohl Forts. des Titels in verloren gegangener Horizontalzeile
b) *rḥ.ti* ausgelassen, vgl. *pTurin 1791, pJachtesnacht, pNes-pa-sefj*
c) s. Anm. g_1) Tb 32 (Z. 10)
d) Var.: *ink* bei den Par.
e) *ii r mꜣꜣ iti<=f> Wsir* zugefügt
f) Var.: Par. mit 1. Sgl. konstruiert
g) ausgelassen *<iti=f>*

Anmerkungen Tb 38 B (Z. 21-24)
(Fragm. *pDenver*), Schreiber 1
Taf. 1 u. Photo-Taf. 1
Benutzte Parallelen: *pTurin 1791, pJachtesnacht, pNes-pa-sefj, pKairo CG 40029, pKairo J.E. 95710, pRyerson, pVatikan 48832*
a) verlesen für *<n ʿnḫ m ṯʿw>*
b) 1. *<m>* ausgelassen
   2. Schreibung für *ꜣḫ-bit* (Wb I, 13 "Chemmis")
c) 1. als Sgl., Pl. bei den Par.
   2. verlesen für *<sḥ=sn>*
d) *bꜣbꜣ* (Wb I, 419 "Loch, Höhlung") bei den Par.
e) *pḫr.n=i* bei den Par.
f) 1. korrekt: *twii*
   2. Spatium wegen Textauslassung *<n.t wiꜣ n>*
g) hier als *sḏm.n=f*-Form
h) 1. zu *bgs* vgl. D. Jones, A Glossary of Ancient Egyptian Nautical Titles and Terms (London/New York 1988), 163, Nr. 49: "Deck"(?)
   2. *wiꜣ* als dir. Gen.
i) Schreibung für *šd*
j) 1. in *<šd=i>* zu emendieren
   2. Schreibung für *md.wt*
k) Var.: Präp. *n* bei den Par.
l) 1. Suffix 1. Sgl. ausgelassen
   2. Schreibung für *md.wt*
m) 1. kurze Passage ausgelassen
   2. steht für *<ḏʿr.n=i iti=i>*
n) Var.: *sḏm=f*-Form bei den Par.
o) hier als dir. Objekt konstruiert, Var.: *m ʿnḫ* bei den Par.
p) Suffix 1. Sgl. ausgelassen
q) nicht erklärbares Zufügen von *ir*, zu tilgen
r) hier als *sḏm.n=f*-Form u. in 3. Sgl. mask. umgesetzt
s) Var.: *m-ḫt mt mi Rʿ rʿ nb* bei den Par.

Anmerkungen Tb 39 (Z. 25-38)
(Fragm. *pDenver*), Schreiber 2
Taf. 2 u. Photo-Taf. 2
Benutzte Parallelen: *pTurin 1791, pJachtesnacht, pNes-pa-sefj, pKairo CG 40029, pKairo J.E. 95710, pParis Louvre N. 3096, pRyerson*
a) sic: hier kein Schlangen-Det.
b) sic: 3x N 25
c) Suffix zu tilgen
d) Schreibung für *mḥi=k* (es fehlt 1 Wasserlinie, A 15 für den im Wasser Schwimmenden ist vor das Suffix 2. Sgl. mask. zu setzen)
e) als *im.i* zu emendieren, ebenfalls bei *pParis Louvre N. 3096*
f) *n* wenig sinnvoll, zu tilgen, ebenso *bei pParis Louvre N. 3096*
g) in *<im.i sdꜣ=f>* zu emendieren, ebenso bei *pParis Louvre N. 3096*
h) die 18. Dyn.-Par. fügen *md.wt* zu
i) hier u. bei *pParis Louvre N. 3096* ohne *in*
j) identische Schreibung für *Mꜣfdt* hier u. bei *pParis Louvre N. 3096*
k) bedeutungsloser Strich
l) *mꜣʿ.t* defektiv geschrieben
m) Pl. zu tilgen

n) mit gleichem ungewöhnlichem Det. hier u. bei *pParis Louvre N. 3096*
o) Pl. zu tilgen hier, bei *pParis Louvre N. 3096* u. *pTurin 1791*
p) *iw Rꜥ rwi..* hier u. bei *pParis Louvre N. 3096*, Var.: *i rwi ..*bei *pTurin 1791* u. *pNes-pa-sefj*
i Rꜥ rwi.. bei *pJachtesnacht*
q) identische Schreibung für *tp-ꜥ.wi* hier u. bei *pParis Louvre N. 3096*
r) 1. Präp. *m* ausgelassen, hier u. bei *pParis Louvre N. 3096*
2. identische Schreibung für *nsp.w* hier u. bei *pParis Louvre N. 3096*
s) A 2 in A 1 zu emendieren
t) steht für *ꜥꜣpp*, od. *ꜥꜣpp* ideographisch geschrieben u. F 51 + *k* zu tilgen, s. *pParis Louvre N. 3096*
u) für *sw*, ebenso auch in Z. 34, vgl. *pNes-pa-sefj*
v) Suffix 3. Sgl. mask. zu ergänzen, vgl. die Par.
w) als *ḥri.t* zu lesen,
bei *pJachtesnacht, pNes-pa-sefj*
bei *pTurin 1791*
bei *pParis Louvre N. 3096*
x) Pl. zu emendieren in Sgl., ebenso in Z. 37
y) ausgelassen *r dp*
z) defektiv geschriebenes *bnr*
a1) als *ẖr.t* zu lesen, vgl. die Par.; nur *pParis Louvre N. 3096* mit identischer Passage
b1) ohne Negation hier u. bei *pParis Louvre N. 3096*
c1) Wort unbekannter Bedeutung, hier u. bei *pParis Louvre N. 3096* identisch geschrieben, Var.: *dꜣ* bei *pMs-m-nṯr*
dꜣii bei *pJachtesnacht*
d1) als *gs.w. wꜣ.wt* zu lesen, vgl. *pTurin 1791*
e1) vorzeitiger Abbruch des Spruchtextes

Anmerkungen Tb 40 (Z. 39-43)
(Fragm. *pDenver*), Schreiber 3
Taf. 2 u. Photo-Taf. 2
Benutzte Parallelen: *pTurin 1791, pJachtesnacht, pNes-pa-sefj, pKairo CG 40029, pKairo J.E. 95710, pRyerson*
a) *wi* ausgelassen
b) A 2 in A 1 zu emendieren
c) zu emendieren in <*m tr* >
d) <*nb*> *r*<*ꜣ*=*k*> ausgelassen, vgl. die Par.
e) Präp. *n* ausgelassen
f) 1. zu emendieren in N 33
2. Suffix 2. Sgl. mask. ausgelassen
g) steht für *ḥꜣ is*
h) Füllstrich, ohne Bedeutung
i) anstelle von <*in n.tiw*=*f iw*>, vgl. die Par.
j) zu vervollständigen in *ṯs* <*pẖr*>, vgl. die Par.
k) Zusatz eines Suffix 2. Sgl. mask. bei *pJachtesnacht, pKairo CG 40029* u. *pKairo J.E. 95710*
l) *rnn* (Wb II, 435) anstelle von *ẖrd*, vgl. die Par.
m) 1. Suffix 1. Sgl. zu tilgen
2. ausgelassen <*dm.t.n*=*f*>
n) Suffix 3. Sgl. mask. zu tilgen
o) Par. schreiben: *iw nhp.n*=*i tw m ṯꜣw...*
p) kurze Passage ausgelassen
q) ausgelassen <*nn isf.t*=*f*>, vgl. die Par.
r) defektiv geschriebenes *isf.t*
s) längere Passage ausgelassen
t) *wḏb* (Wb I, 408) anstelle von *wdi* (Wb I, 384ff.)
u) Var.: *nn wdi im*=*i* bei *pJachtesnacht, pKairo J.E. 95710*
nn wdi <=*i*> bei *pNes-pa-sefj*
nn wdi=*f ẖnn.w* bei *pTurin 1791*
nn ḫsf wdi im=*i* bei *pKairo CG 40029*
n(*n*) *wdi* <=*i* > *ẖnn.w* bei *pRyerson*
v) anstelle von *dd*
w) Schreibung defektiv für *ntf*

Anmerkungen Tb 41 (Z. 44-48)
(Fragm. *pDenver*), Scheiber 4
Taf. 2 u. Photo-Taf. 3
Benutzte Parallelen: *pTurin 1791, pJachtesnacht, pNes-pa-sefj, pKairo CG 40029, pKairo J.E. 95710, pParis Louvre N. 3096, pRyerson*
a) *rꜣ n di*(*.t*) *šꜥ*(*.t*) *r ꜥꜣpp* gegenüber den Par. *pTurin 1791, pJachtesnacht, pNes-pa-sefj* u. *pRyerson* (*rꜣ n ḫsf šꜥ.t in si m ẖr.t-nṯr*) veränderter Titel, vgl. auch U. Verhoeven, pNespasefj, 29, Kol. A 22, Anm. m
b) Var.: *Itmw* bei *pTurin 1791*

Ỉtmw tm bei *pJachtesnacht, pParis Louvre N. 3096, pRyerson*
c) lies: *wn(.w) n=f*, vgl. sämtliche Par.
d) als <*sn=f*> zu emendieren, vgl. sämtliche Par.
e) hier *bw.t*, als Austausch für *bs* (Wb I, 473)
f) sämtliche Par. schreiben *i iri-ꜥꜣ pfi/pwii n imn.t.t*
g) Suffix 3. Sgl. mask. in gen. *n* zu emendieren
h) Suffix 1. Sgl. zu tilgen
i) zu emendieren in <*wiꜣ*>
j) gegenüber den Par. Auslassung des Suffix 1. Sgl.
k) s. Anm. j); Präp. *r* zugefügt
l) A 2 in A 1 zu emendieren
m) in <*gꜣw ḥti.t*>(Wb V, 151) zu emendieren, vgl. die Par.; *gr* wahrscheinlich durch das Gegensatzpaar *mdw-gr* assoziiert
n) D 54 als Austausch für A 1
o) der kleine Punkt als *t* od. kleiner Kreis bei *mt* (?)
p) *pgꜣ* (Wb I, 562) hier u. bei *pParis Louvre N. 3096* mit S 42 geschrieben, Austausch von Nr. 450 u. Nr. 110 (Möller, Paläographie III)
q) *ꜥẖm* (Wb I, 225, 3) hier, bei *pTurin 1791 u. pParis N. 3096* im Austausch für *hꜣb*, vgl. *pJachtesnacht, pKairo CG 40029, pKairo J.E. 95710, pNes-pa-sefj, pRyerson*

Anmerkungen Tb 42 (Z. 49-59)
(Fragm. *pDenver*), Schreiber 4
Taf. 3 u. Photo-Taf. 3
Benutzte Parallelen: *pTurin 1791, pJachtesnacht, pNes-pa-sefj, pKairo CG 40029, pKairo J.E. 95710, pParis Louvre N. 3096, pRyerson*
a) keine Par. für diesen Titel bekannt, das Verb wohl zu *dmi* zu ergänzen
b) *m* im Austausch für *n*, vgl. sämtliche Par.
c) <*n*>ausgelassen, hier u. bei *pParis Louvre N. 3096*
d) Kombination *m + t* nach *ib* verlesenes hieratisches Zeichen Nr. 139 (Möller, Paläographie III)
e) Ersetzungsstrich für schwierige Zeichen (?)
f) fem. Gottes-Det.
g) *n* ausgelassen, vgl. auch U. Verhoeven, pNespasefj, 29, Anm. r
h) *t* + Beistrich hier u. bei *pParis Louvre N. 3096*, Var. bei U. Verhoeven, pNespasefj, 29, Anm. s
i) zu den Var. s. U. Verhoeven, pNespasefj, 29 f., Anm. t
j) hier ist auf *smnẖ* zu schließen, vgl. auch *pJachtesnacht* u. *pNes-pa-sefj*
k) *sfẖ* (Wb IV, 117) hier, bei *pParis Louvre N. 3096* u. *pJachtesnacht*
Var. *sf* bei *pTurin 1791, pNes-pa-sefj* u. *pRyerson*
l) vorzeitiger Abbruch des Textes vor der Gliedervergottung
m) die Glieder-Identifikationen sind in zwei Blöcken zu je acht gespaltenen Zeilen (Z. 82 a/b-89 a/b), der obere Block vor dem unteren zu lesen, vgl. die Abfolge der 18./19. Dyn. bei I. Munro, Untersuchungen, 168-172 u. 224-231
n) der Namenszusatz, mit *n* angeführt, gilt für alle acht Glieder des oberen Blocks
o) sonst mit *Ỉnpw* identifiziert
p) ungewöhnliche Schreibung für *ibḥ.w* (Wb I, 64)
q) nicht zu identifizierendes Det. für *šnꜥ* (Wb IV, 506), ebenso bei *pParis Louvre N. 3096*
r) ungewöhnliche Schreibung für *šnb.t* (Wb IV, 512)
s) ein Körperteil *ns* kommt in den gesamten Glieder-Identifikationen nicht vor, es könnte sich aber hier um *fnḏ* handeln, rückwärts gelesen, *s* anstelle von *n* od. nicht erklärbares *iwf*
t) 1. durch Doppelbelegung der letzten zwei unteren Spalten (Z. 58 b u. 59 b) sind insgesamt 18 Glieder-Identifikationen aufgezählt
   2. Abbruch des Textes von Tb 42

Anmerkungen Tb 99 (Z. 60-70)
(Fragm. *pDenver + pCincinnati*), Schreiber 4
Taf. 3 u. Photo-Taf. 3
Benutzte Parallelen: *pTurin 1791, pJachtesnacht, pNes-pa-sefj, pKairo CG 40029, pKairo J.E. 95717, pRyerson*

a) für Tb 99 ungewöhnlicher Titel: *r3 n nꜥi mni.t* ("Spruch, zum Landepflock zu fahren"); keine Par. bekannt
b) nur elf statt der üblichen 22 Anrufungen aufgezählt
c) Suffix 1 Sgl. bei allen Anrufungen ausgelassen
d) horizontal geschriebener Rezitationsvermerk für alle Anrufungen
e) *t* u. Pl. bei *kri* wohl zu ausgelassenem *rn=t* zu emendieren
f) fem. *t* zu tilgen, denn durch mask. Rückbezug ist eindeutig ein mask. Nomen (*ḫrp,* Wb III, 326) gemeint und nicht *ḫrp.t* (Wb III, 329)
g) als *ḫnd* zu lesen
h) als *ḥ3.t.t* (Wb III, 28 "Tau") zu lesen
i) als *ḥnsk.t* zu lesen, gleiche Schreibung bei *pJachtesnacht*
j) S 38 als Det. einer sp. Schreibung von *mni* (Wb II, 73)
k) als *k3.t wt* zu lesen
l) Suffix 1. Sgl. in Suffix 2. Sgl. fem. zu emendieren
m) als *ꜥ3.wt* zu lesen, V 28 wahrscheinlich aus S 29 verlesen,
Var.: *sꜥꜥ.wt* bei *pTurin 1791, pJachtesnacht* u. *pNes-pa-sefj* (*s* entstanden aus O 29)
n) fem. Rückbezug sollte eigentlich in Suffix 2. Sgl. mask. emendiert werden, vielleicht wurde *ḥpt.w* (Wb III, 72) als fem. Nomen angesehen, fem. Rückbezug ebenso bei *pTurin 1791* u. *pJachtesnacht*
o) *'Ini wr t3w* für *'Ini Wrt/Ini Wr* bei *pTurin 1791, pKairo CG 40029, pKairo J.E. 95717, pNw*
Var. *'Ini wr/ 'Ini wr.t* (mit P 5 als Det.) bei *pJachtesnacht* u. *pNes-pa-sefj*, ebenso bei den NR-Versionen
p) Wort unbekannter Bedeutung; hier sollte *ꜥ.t* (Wb I, 151) stehen, das dazugehörige *ḫr(.t)* steht unten in der Z., vgl. D. Jones, A Glossary of Ancient Egyptian Nautical Titles and Terms (Studies in Egyptology, London/New York 1988), 157, Nr. 23
q) *i3.t* mit N 25 als Det. hier u. bei *pTurin 1791, pJachtesnacht*, mit F 37 als Det. bei *pNes-pa-sefj, pKairo CG 40029, pKairo J.E. 95717* u. den NR-Versionen, mit N 30 als Det. bei *pRyerson*
r) Suffix 2. Sgl. fem. in 2. Sgl. mask. zu emendieren
s) als *ḥt3i.t* zu lesen, vielleicht aus *t3i.t* verlesen, D. Jones, op. cit., 177, Nr. 113 u. 193, Nr. 176
t) *pTurin 1791* u. *pJachtesnacht* fügen *ꜥ.wt* zu
u) hier fehlt *iri=i/iri.n=i*, s. *pJachtesnacht* u. *pNes-pa-sefj*
v) sic: als *Mr-wr* zu lesen
w) 1. als *md3b.t* zu lesen, aus *mdb.t* (*pTurin 1791, pJachtesnacht, pNes-pa-sefj* u. *pKairo J.E. 95717)* entstanden, *mtb.t* ebenso bei *pRyerson*
2. A 2 als unpassendes Det. für *md3b.t*, D. Jones, op. cit., 198, Nr. 6f.
x) Var.: *Swti* bei den Par.
y) 1. gegenüber den Par. unvollständiger Name
2. vorzeitiger Abbruch des Spruchtextes

Anmerkungen Tb 43 (Z. 71-73)
(Fragm. *pCincinnati*), Schreiber 4
Taf. 4 u. Photo-Taf. 4
Benutzte Parallelen: *pTurin 1791, pJachtesnacht, pNes-pa-sefj, pKairo CG 40029, pKairo J.E. 95710, pRyerson, pPa-nedjem II.*

a) Titel für Tb 43 od. 44 von allen übrigen Par. abweichend
b) ausgelassen *<n Wsir m-ꜥ=f nn nḥm.tw>*, vgl. *pTurin 1791, pJachtesnacht, pKairo CG 40029, pKairo J.E. 95710, pRyerson* u. *pPa-nedjem II.*
c) 1. als *m3ꜥ.kwi* zu lesen, vgl. die Par.
2. als *<im>=f* zu lesen, vgl. *pTurin 1791*
d) überflüssiges *n* zu tilgen

Anmerkungen Tb 44 (Z. 74-76)
(Fragm. *pCincinnati*), Schreiber 4
Taf. 4 u. Photo-Taf. 4
Benutzte Parallelen: *pTurin 1791, pJachtesnacht, pNes-pa-sefj, pKairo CG 40029, pKairo J.E. 95710, pRyerson*

a) sic: lies *tpḥ.t*
b) als *iḫm.w-sk.w* zu lesen
c) *ḥ3ti* hier u. bei *pRyerson*,
Var.: *wsr.t* bei den übrigen Par.

d) *hnw=f* bei *pTurin 1791* (als 2. Var.) u. *pRyerson*,
Var.: *ḥr s.t =f* bei *pTurin 1791* (als 1. Var.), *pJachtesnacht, pNes-pa-sefj, pKairo CG 40029, pKairo J.E. 95710*
e) vorzeitiger Abbruch des Spruchtextes

Anmerkungen Tb 45 (Z. 77-79)
(Fragm. *pCincinnati + pDenver*), Schreiber 4
Taf. 4 u. Photo-Taf. 4
Benutzte Parallelen: *pTurin 1791, pJachtesnacht, pNes-pa-sefj, pKairo CG 40029, pKairo J.E. 95710, pRyerson*

a) für Tb 45 od. 46 ungewöhnlicher Titel, in ähnlicher Form bei Tb 104 belegt
b) A 1 anstelle von A 7
c) als <*m-m*> zu emendieren
d) *n* für *m*
e) als *ꜥ.wt* zu lesen, vgl. die Par.
f) sinnvoller wäre ein Suffix 3. Sgl. fem., *sw* ebenso bei *pTurin 1791* u. *pJachtesnacht*
g) für *dꜣ* (Wb V, 414 "entkommen")
h) als *bn* (Wb I, 456 "entrinnen") zu emendieren
i) <*n*> ausgelassen, vgl. die Par.
j) 1. als *ḥwꜣꜣ.t* (Wb III, 51) zu lesen, sinnvollste Var.: *nn ḥwꜣ=f* bei *pNes-pa-sefj, pKairo CG 40029, pKairo J.E. 95710* u. *pRyerson*
   2. *m* geschrieben wie Aa 11, vgl. M.Th. Derchain-Urtel, Epigraphische Untersuchungen zur griechisch-römischen Zeit in Ägypten (ÄAT 43, Wiesbaden 1999), 130

Anmerkungen Tb 46 (Z. 80)
(Fragm. *pDenver*), Schreiber 4
Taf. 4 u. Photo-Taf. 4
Benutzte Parallelen: *pTurin 1791, pJachtesnacht, pNes-pa-sefj, pKairo CG 40029, pKairo J.E. 95710, pRyerson*

a) 1. Zufügung von *sp 2* bei den Par.
   2. <*m*> ausgelassen, dafür *m* nach *ḏ.t=f* zu tilgen
b) vorzeitiger Abbruch des Textes, dabei unvollständige Schreibung von *ḥnmm.t*

Anmerkungen Tb 50 (Z. 81-85)
(Fragm. *pDenver*), Schreiber 4
Taf. 4 u. Photo-Taf. 4
Benutzte Parallelen: *pTurin 1791, pJachtesnacht, pNes-pa-sefj, pKairo CG 40029, pKairo J.E. 95710, pRyerson, pPa-nedjem II., pNw*

a) sinnvollerweise sollte <*ṯs.t*> zu ergänzen sein, vgl. *pTurin 1791* u. die folgenden par. Passagen von *pJachtesnacht* u. *pNes-pa-sefj*, vgl. auch CT VI, 261 d
b) zu emendieren in <*in Rꜥ*>, *pTurin 1791, pNes-pa-sefj, pKairo CG 40029, pKairo J.E. 95710* od. *pNw*, vgl. auch die Verschreibungen bei *pJachtesnacht* u. *pRyerson*
c) *im* ebenfalls bei *pRyerson*, in <*iw*> zu emendieren, vgl. *pTurin 1791, pJachtesnacht, pNes-pa-sefj, pKairo CG 40029, pKairo J.E. 95710, pPa-nedjem II.* od. *pNw*
d) als <*ḫpr*> zu emendieren, vgl. sämtliche Par.
e) einige 18. Dyn.-Versionen fügen *wi* zu
f) kleines Fragment von *pCincinnati* direkt einzupassen
g) <*ṯs*> ausgelassen, vgl. *pTurin 1791, pJachtesnacht, pPa-nedjem II.*; die sonst par. Passage hier ohne *iw*, auch bei *pTurin 1791, pJachtesnacht, pNes-pa-sefj, pKairo CG 40029* u. *pKairo J.E. 95710*
h) nach Par. der 3. ZwZt (*pPa-nedjem II., pKairo J.E. 95838, pLondon BM 10554), pTurin 1791, pJachtesnacht* u. *pNes-pa-sefj* als *mꜣꜥ.t* zu lesen; sp. Versionen ohne Negierung
i) doppeltes *m* bei *ꜥḫm.w* zu tilgen
j) Lesung *ink pn* problematisch, Übersetzung mit "ich bin dieser" bei U. Verhoeven, Jachtesnacht 1, 145 grammatikalisch nicht möglich, auch die Übersetzung "wer bin ich?" bei E. Hornung, Das Totenbuch der Ägypter (Zürich/München 1979), 122, aufgrund der NR-Par. *pNb-snj I* müßte *pti wi* lauten, vgl. auch I. Munro, pPa-nedjem II., 41, Tb 50, Anm. g
k) Lesung als *im* sinnvoll, aber auch Emendierung in <*iw=j m*> möglich, vgl. *pPa-nedjem II., pJachtesnacht, pNes-pa-sefj*
l) fehlende Pl.-zeichen

m) ganzzeiliger Namenszusatz am Ende des Spruchs wohl wegen Platz-Überfluß

Anmerkungen Tb 85 I (Z. 86-95)
(Fragm. *pDenver*), Schreiber 2
Taf. 4 u. Photo-Taf. 4
Benutzte Parallelen: *pTurin 1791, pJachtesnacht, pNes-pa-sefj, pKairo CG 40029, pKairo J.E. 95717, pRyerson, pNw*

a) 1. ohne Pl.-zeichen
   2. <*m*> ausgelassen
b) vorher ausgelassenes *m* hier zu tilgen
c) *ʿq* hier in transitivem Gebrauch, vgl. dagegen mit Präp. *r* bei *pTurin 1791, pJachtesnacht, pNes-pa-sefj, pKairo CG 40029, pKairo J.E. 95717, pRyerson* u. *pNw*; mit Präp. *r* in Z. 91
d) 1. <*n*> ausgelassen, vgl. z.B. *pTurin 1791, pJachtesnacht*
   2. als *rḫ* zu lesen, vgl. die Par.
e) Reste des *p* von *pw* zu lesen; deshalb ist A 2 zwischen *b3* u. *pw* zu ergänzen, vgl. *pTurin 1791*
f) *nnk* hier u. bei *pKairo CG 40029*
g) *t3* als O 31 verschrieben, dieser Zusatz auch bei *pTurin 1791, pJachtesnacht, pRyerson*, nicht bei *pKairo CG 40029, pKairo J.E. 95717*
h) zu emendieren in <*Ḫpr*>, vgl. auch U. Verhoeven, Jachtesnacht 2, 188, Anm. 2
i) zu tilgen, vgl. U. Verhoeven, Jachtesnacht 2, 188, Anm. 3
j) sic: Aa 1 verschrieben für N 5
k) überflüssiges *n* zu tilgen
l) vgl. U. Verhoeven, Nespasefj, 36, Kol. B 16, Anm. l)
m) entweder *n* zu tilgen oder Verlesung der Buchrolle zu *n* anzusetzen; der kleine Strich vor A 28 ist als Zeilenmarkierung anzusehen
n) als *iptn* zu vervollständigen, vgl. *pJachtesnacht, pNes-pa-sefj, pKairo CG 40029*
o) vorzeitiger Abbruch des Spruchtextes

Anmerkungen Tb 59 (Z. 96-99)
(Fragm. *pDenver*), Schreiber 3
Taf. 5 u. Photo-Taf. 5
Benutzte Parallelen: *pTurin 1791, pJachtesnacht, pNes-pa-sefj, pKairo CG 40029, pKairo J.E. 95710, pRyerson*

a) vorhandene Zeichenreste so zu ergänzen
b) als *di n=f ṯ3w* zu lesen, als Teil des Titels von Tb 59 sonst nicht belegt
c) *di=t n=i mw ṯ3w im.i=t/im=t* ebenso bei *pKairo CG 40029* u. *pNes-pa-sefj* (nach dem Photo eindeutig als *t* zu lesen),
   Var.: *di=i n=t mw ṯ3w im.i=i* bei *pJachtesnacht*
d) als *sḫn* zu emendieren, vgl. die Par.
e) defektiv geschriebenes *twii*
f) N 29 in D 19 zu emendieren, ebenfalls beim nächsten *ssn*
g) fehlerhaft für *ṯ3w*

Anmerkungen Tb 60 (Z. 99-103)
(Fragm. *pDenver*), Schreiber 3
Taf. 5 u. Photo-Taf. 5
Benutzte Parallelen: *pTurin 1791*, *pJachtesnacht, pNes-pa-sefj, pKairo CG 40029, pKairo J.E. 95710, pRyerson*

a) schlecht restauriertes *k;* Lücke zu [*kii r3 n s*]*wi* zu ergänzen
b) bei *pKairo J.E. 95710* u. den 18. Dyn.-Papyri *pNfr-wbn-f* u. *pM3i-ḥr-pri* Zufügung von *Ḥpii*, bei den übrigen benutzten Par. fehlend
c) als <*m nhpw*> (Wb II, 284, 9) zu lesen, vgl. *pM3i-ḥr-prj* u. *pNfr-wbn-f*; Zeichen sieht *hrw* in nächster Z. sehr ähnlich; bei den sp. Versionen Wort mit ähnlichem, aber wechselndem Konsonantenbestand und Det.
d) Suffix 1. Sgl. ausgelassen, vgl. die Par.
e) N 37 verlesen für N 36, vgl. *pKairo CG 40029*
f) als *Stš* zu lesen, auch bei *pTurin 1791* u. *pKairo CG 40029* O 1 für N 37 verlesen
g) als *hrw* zu lesen, vgl. die Par.
h) Zufügung von *t3* hier, bei *pTurin 1791, pKairo CG 40029* u. *pKairo J.E. 95710*
i) V 2 + D 54 für O 35
j) A 47 anstelle von A 40
k) 1. als *qʿḥ.iw-ʿ* zu lesen, vgl. Wb V, 19, 4
   2. vorzeitiger Abbruch des Spruchtextes

Anmerkungen Tb 57 (Z. 104-110)
(Fragm. *pDenver*), Schreiber 4
Taf. 5 u. Photo-Taf. 5
Benutzte Parallelen: *pTurin 1791, pJachtesnacht, pNes-pa-sefj, pKairo CG 40029, pKairo J.E. 95710, pRyerson*

a) der Titel des Spruches kann nur *rꜣ n rdi.t n=f ṯꜣw m ẖr.t-nṯr* od. *rꜣ n rdi.t nfw m ẖr.t-nṯr* (Wb II, 250, 15) geheißen haben, sonst als Titel von Tb 54 bekannt; der verfügbare Raum läßt weiteren Text nicht zu, die vor *ẖr.t* erkennbaren Reste des *m* falsch restauriert
b) <*n*> ausgelassen, vgl. die Par.
c) *n=s* möglicherweise aus *ꜥꜣ* verschrieben, *ꜥꜣ* ebenfalls bei *pTurin 1791, pNes-pa-sefj* (in der Var.), *pKairo CG 40029* u. *pRyerson*
d) hier *sḏm.n=f*-Form
e) bei *pTurin 1791, pJachtesnacht, pNes-pa-sefj, pKairo CG 40029* od. *pKairo J.E. 95710* eindeutig als *šr.ti* "Nasenlöcher" geschrieben
f) hier ohne Det., ebenso in nächster Z.
g) der verfügbare Platz des zerstörten Textes erlaubt keine Rekonstruktion von *sꜥḥꜥ n=f Ḫnm,* sondern nur *sꜥḥꜥ Ḫnm,* vgl. *pJachtesnacht*
h) sic: vertauschte Stellung der beiden Zeichen
i) überflüssiges *n* zu tilgen
j) defektiv geschriebenes *tn,* vgl. *pTurin 1791, pJachtesnacht, pNes-pa-sefj, pKairo CG 40029, pKairo J.E. 95710* u. Z. 109
k) <*n*> ausgelassen, vgl. aber weiter unten
l) die Zeichengruppe P 5 mit phonet. Komplement u. Pl.-zeichen hier unpassend, eher sollte N 25 zu erwarten sein
m) als sp. Schreibung von *bw* (Wb I, 450)
n) Zusatz von *r swr* nur hier

Anmerkungen Tb 63A/B (Z. 111-115)
(Fragm. *pDenver*), Schreiber 4
Taf. 5 u. Photo-Taf. 5
Benutzte Parallelen: *pTurin 1791, pJachtesnacht, pNes-pa-sefj, pKairo CG 40029, pKairo J.E. 95710, pRyerson*

a) für Tb 63 ungebräuchlicher Titel, als sinnvolle Lesung entweder *rꜣ n* <*tm*> *ꜥẖ* (Wb I, 223 "verbrennen") *m stꜣ* (Wb IV, 333, 12 "Feuer") od. *rꜣ n ꜥẖm* (Wb I, 224 "Feuer löschen"), vgl. aber die gängigen Titel: *rꜣ n swr mw tm ꜥwg* (Wb I, 173, 8 "rösten") *m sḏ.t*
b) verschrieben für *ini*, vgl. die Par.
c) F 16 mit Lautwert *ḥ*, vgl. Valeurs phonétiques, 262, Nr. 199, *miḥw* (Wb II, 44 "Ruder")
d) *n* stand möglicherweise in der hieratischen Vorlage unter dem *ẖn*-Zeichen
e) die Par. u. CT V, 10 i schreiben *iꜣw.w*; *imw.w* mit Buchrolle als Det. (Wb I, 78 mit Schiff als Det.) entweder assoziativ durch die rudernde Tätigkeit hineingeraten od. aus *iꜣw.w* verlesen
f) gegenüber den Par. hier Suffix 1. Sgl. fehlend
g) am sinnvollsten zu emendieren in <*iꜥb n=f nṯr nb*>, vgl. *pJachtesnacht, pNes-pa-sefj*
h) als *ꜥpr* zu emendieren, vgl. *pKairo CG 40029, pKairo J.E. 95710* u. *pRyerson*; ebenfalls als *ꜥqr* verschrieben bei *pJachtesnacht*
i) *iwti* bei *pTurin 1791, pJachtesnacht, pNes-pa-sefj, pKairo CG 40029* u. *pKairo J.E. 95710*
j) hier und bei *pRyerson* ohne Präp. *m*
k) Zufügung von *Ḫnm* bei *pTurin 1791, pJachtesnacht* (über der Z. zugefügt), *pNes-pa-sefj, pKairo CG 40029, pKairo J.E. 95710,* ohne *Ḫnm* hier u. bei *pRyerson*
l) als *sšr.t* (Wb IV, 549) verlesen (?), vgl. T.G. Allen, BD Documents, 137, Anm. h
m) ob aus *ḏsfw* verlesen (?), vgl. T.G. Allen, op. cit., Anm. i
n) zu emendieren in Suffix 3. Sgl. fem.

Anmerkungen Tb 85 II (Z. 116-120)
(Fragm. *pDenver*), Schreiber 2
Taf. 5 u. Photo-Taf. 5
Benutzte Parallelen: *pTurin 1791, pJachtesnacht, pNes-pa-sefj, pKairo CG 40029, pKairo J.E. 95717, pRyerson, pNw*

a) zu Tb 85 unpassender Titel, eher als zu Tb 63B zugehöriger Titel erklärbar, sollte analog zum Titel von Tb 63A heißen: *rꜣ n* <*tm*> *ꜥẖ m mw ḫ.t* od. *rꜣ n ꜥẖm mw ḫ.t*
b) Text dieses 2. Vorkommens von Tb 85 bis auf drei minimale Unterschiede identisch:
   1. Z. 117 letztes Zeichen : Strich statt A 2
   2. Z. 118 *mꜣꜥ.t*-Zeichen: ohne Zusatz des *t*
   3. Z. 119 *m rn{=f}=i pwii*

c) noch früherer Abbruch des Spruchtextes als beim 1. Vorkommen von Tb 85

Anmerkungen Tb 80 (Z. 121-124)
(Fragm. *pDenver* + *pCincinnati*), Schreiber 3
Taf. 6 u. Photo-Taf. 6
Benutzte Parallelen: *pTurin 1791, pJachtesnacht, pNes-pa-sefj, pKairo CG 40029, pKairo J.E. 95717, pRyerson*

a) Titel für Tb 80 unüblich, zu *wni* vgl. Wb I, 315, 4
b) kleines Fragment nicht hierher gehörig
c) überflüssiges *ꜣ* zu streichen
d) verlesen für *sỉꜣ.t* (Wb IV, 29)
e) A 2 vertauscht mit A 40
f) *t* zu emendieren in N 5
g) Suffix als unnötig zu tilgen
h) Zusatz von *wꜣ.t/wꜣ.wt* hier, bei *pTurin 1791, pKairo CG 40029* u. *pKairo J.E. 95717*
i) als *kkw smꜣw* (Wb V, 143) zu lesen
j) als *rḫ.wi* zu lesen
k) in <*wi*> zu emendieren, vgl. I. Munro, Panedjem II, 38, Tb 80 Anm. d)
l) vorzeitiger Abbruch des Spruchtextes; Fragm. *pDenver* mit direktem Anschluß an Fragm. *pCincinnati*

Anmerkungen Tb 71 (Z. 125-132)
(Fragm. *pCincinnati*), Schreiber 4
Taf. 6 u. Photo-Taf. 6
Benutzte Parallelen: *pTurin 1791, pJachtesnacht, pNes-pa-sefj, pKairo CG 40029, pKairo J.E. 95717, pRyerson*

a) für Tb 71 ungewöhnlicher Titel
b) für *ḏs=k*, vgl. Z. 128
c) lies: *imi wi r tꜣ*, vgl. Z. 128
d) als *nb* zu lesen, vgl. Valeurs phonétiques, 235, Nr. 403 u. Wb II, 182; zu *nb ḥr wꜥ* s. Wb II, 229
e) 1. Suffix 1. Sgl. ausgelassen, vgl. *pJachtesnacht pNes-pa-sefj, pKairo CG 40029, pKairo J.E. 95717*
   2. *pJachtesnacht, pNes-pa-sefj, pKairo CG 40029, pKairo J.E. 95717* u. *pRyerson* schreiben *n.tj/n.t.t*
f) Var.: *ꜣst* bei allen Par.
g) *grḥ* verlesen für *p.t*, vgl. die übrigen Par.
h) 1. ausgelassen <*mi swḏꜣ.tw=k*>
   2. verschrieben für *ḏs=k*
i) <*k*> ausgelassen, vgl. die par. Passagen in Z. 126 u. 128
j) als *Nꜣrf* zu lesen, Aa 1 für O 49 verlesen
k) als <*in*> zu emendieren
l) Suffix 3. Sgl. mask. zu tilgen
m) vorzeitiger Abbruch des Spruchtextes

Anmerkungen Tb 72 (Z. 133-141)
(Fragm. *pCincinnati* + *pDenver* + *pCologny*), Schreiber 1
Taf. 6 u. Photo-Taf. 6-7
Benutzte Parallelen: *pTurin 1791, pJachtesnacht, pNes-pa-sefj, pKairo CG 40029, pKairo J.E. 95717, pRyerson*

a) für Tb 72 ungewöhnlicher u. bisher nicht belegter Titel
b) direkter Anschluß an Fragm. *pDenver*; das links gestellte *w* u. kleines zugehöriges Fragment erfordern die Lesung: *sḫm.k{t}wi*, vgl. auch unten *ip.k{t}wi*, wegen des in diesem Spruch häufig verwendeten nä. Präfixes *twi* (z.B. Z. 134 u. 137)
c) *t* durch das in Tb 72 mehrfach verwendete nä. Präfix *twi* hineingeraten, zu tilgen
d) als *ip.t=tn* (Wb I, 66) zu lesen, vgl. *pTurin 1791, pJachtesnacht, pKairo CG 40029, pRyerson*
e) korrekt: *wi*
f) die Par. schreiben *mꜣꜥ.t*, hier hat der Schreiber vielleicht an *tꜣ n mꜣꜥ.tiw* (Wb II, 21, 10) gedacht
g) 1. als *rḫ.kwi* zu lesen, vgl. die Par.
   2. defektiv geschriebenes *rn.w*
h) zusätzliches *t* entweder zur Stützung des auslautenden Dentals od. verschriebenes F 51
i) *Tkm* ohne Gottes-Det.; danach kleines Spatium ohne Textausfall (es sei denn, das fehlende Det. sollte hier nachgetragen werden), zu *Tkm/Rkm* vgl. U. Verhoeven, Jachtesnacht 1, 169, Anm. 5
j) Det. geschrieben wie Kombination von F 42 + D 54, od. es war D 41 in etwas korrupter Form geschrieben

k) *ṯs pẖr* ausgelassen
l) direkter Anschluß an *pCologny*; hier sollte *wḏꜣ* stehen wie in der Folge-Passage
m) *ꜥꜣ* wie ein fem. Nomen geschrieben, nicht belegt
n) *pTurin 1791, pJachtesnacht, pNes-pa-sefj* u. *pRyerson* fügen *ir* ein
o) vorzeitiger Abbruch des Spruchtextes

Anmerkungen Tb 73 (Z. 142-145)
(*pCologny*), Schreiber 4
Taf. 6 u. Photo-Taf. 7
Benutzte Parallelen: *pTurin 1791, pJachtesnacht, pNes-pa-sefj, pKairo CG 40029, pKairo J.E. 95717, pRyerson, pNw*

a) 1. Teil des Titels von Tb 74
b) *n* in der Klammer zu tilgen
c) aus dem Hierat. verlesen für *ii.kwi*
d) lies: *mꜣꜣ=i tw*, vgl. U. Verhoeven, pNespasefj, 34, Kol. B 10, Anm. w
e) überflüssiger Strich
f) Suffix 1. Sgl. zu ergänzen
g) in Suffix 1. Sgl. zu emendieren
h) die Par. schreiben *isp* (Wb I, 129); hier wie Mischschreibung von *isp* u. *ḥsq* (Wb III, 168, 18 "das Herz ausschneiden")
i) *p* hier unsinnig, aus F 51 verlesen (?)
j) Par. schreiben an dieser Stelle *Stš* (*pKairo CG 40029)* od. *Swti* (*pNw*),
Var.: [hieroglyphs] bei den übrigen Par.; von dieser Schreibung bei *pCologny* nur Q 7 übernommen
k) senkrechter Beistrich entweder unmotiviert od. als ehemalige Hilfslinie zur Zeilenmarkierung zu erklären
l) Suffix 3. Sgl. mask. zu ergänzen

Anmerkungen Tb 75 I (Z. 146-147)
(*pCologny*), Schreiber 4
Taf. 7 u. Photo-Taf. 7
Benutzte Parallelen: *pTurin 1791, pJachtesnacht, pNes-pa-sefj, pKairo CG 40029, pKairo J.E. 95717, pRyerson*

a) in der Lücke kann nur *m* gestanden haben,
Var.: *pri.n=i m dꜣ.t* bei *pTurin 1791, pNes-pa-sefj, pKairo CG 40029, pKairo J.E. 95717, pRyerson* u. Z. 148
pri m dꜣ.t hier u. bei *pJachtesnacht*
b) *n* in der Klammer zu tilgen, s. auch Z. 148
c) als *siꜣ.t* (Wb IV, 29) zu lesen
d) G 1 in der Klammer als sinnlos zu tilgen
e) in Suffix 1. Sgl. zu emendieren, als *sḏm=f*-Form bei *pNes-pa-sefj* u. *pKairo J.E. 95717,* als *sḏm.n=f*-Form bei *pTurin 1791, pKairo CG 40029, pRyerson*
f) Suffix in der Klammer zu tilgen, vgl. auch Z. 149; als Sgl. nur hier u. in *pKairo CG 40029,* als Pl. in Z. 149
g) sic: Aa 20 verlesen für T 25, als *ḏbꜣ.wt* (Wb V, 561, 8) zu lesen, s. auch Z. 150
h) entweder als *sn* zu lesen od. als Buchrolle + Pl.-striche zu emendieren, wie in Z. 150
i) vorzeitiger Abbruch des Spruchtextes

Anmerkungen Tb 75 II (Z. 148-150)
(*pCologny*), Schreiber 3
Taf. 7 u. Photo-Taf. 7
Benutzte Parallelen: *pTurin 1791, pJachtesnacht, pNes-pa-sefj, pKairo CG 40029, pKairo J.E. 95717, pRyerson*

a) nur der 1. Teil des üblichen Titels von Tb 75
b) gleiche Schreibung bei *pTurin 1791*, Verlesung für *siꜣ.t* (?)
c) nach Wb I, 191, 10 seltene Nebenform von *iꜥni* (Wb I, 41), vgl. auch Schreibung Z. 147
d) hier als Pl., vgl. auch *pTurin 1791, pNes-pa-sefj*
e) *sẖni.n=i* auch bei *pTurin 1791, pNes-pa-sefj, pKairo CG 40029*
f) zu tilgen; Doppelschreibung aufgrund des Zeilenumbruchs
g) vgl. aber die Schreibung in Z. 147
h) vorzeitiger Abbruch des Spruchtextes

Anmerkungen Tb 77 (Z. 151-155)
(*pCologny*), Schreiber 3
Taf. 7 u. Photo-Taf. 7
Benutzte Parallelen: *pTurin 1791, pJachtesnacht, pNes-pa-sefj, pKairo CG 40029, pKairo J.E. 95717, pRyerson, pNw*

a) Titel von Tb 77 unvollständig: ausgelassen <*n nbw*>; Textlücke nach Titel Tb 87 ergänzt
b) Zusatz von *sp 2* nicht bei den sp. Par., nur hier u. z.B. bei *pNw*
c) Präp. m ausgelassen
d) als *sn-tꜣ/sn.ti-tꜣ* zu lesen, vgl. die Par.
e) sic: nicht G 31, sondern eher G 35 geschrieben (vom folgenden *ꜥq* übernommen)
f) vorzeitiger Abbruch des Spruchtextes

Anmerkungen Tb 87 (Z. 156-157)
(*pCologny*), Schreiber 4
Taf. 7 u. Photo-Taf. 7
Benutzte Parallelen: *pTurin 1791, pJachtesnacht, pNes-pa-sefj, pKairo CG 40029, pKairo J.E. 95717, pRyerson*
a) Beistrich fehlt
b) überflüssiges *n*
c) sic: als *sꜣ-tꜣ* zu lesen
d) von *sꜣ-tꜣ* nur das Det. vorhanden
e) ausgelassen *rꜥ nb*, vgl. die Par.
f) 1. *m* anstelle von *im.i*, vgl. die Par.
2. *n* in der Klammer überflüssig
g) der kleine Beistrich wohl ehemalige Hilfslinie für die Zeilenmarkierung (?)
h) *m* in der Klammer als sinnlos zu tilgen

Anmerkungen Tb 79 (Z. 158-163)
(*pCologny*), Schreiber 4
Taf. 7 u. Photo-Taf. 7
Benutzte Parallelen: *pTurin 1791, pJachtesnacht, pNes-pa-sefj, pKairo CG 40029, pKairo J.E. 95717, pRyerson, pNw*
a) als *ḫpr ḏs=f* zu lesen, vgl. sämtliche Par.
b) mit A 2 als Det., ebenso bei *pTurin 1791, pJachtesnacht, pKairo CG 40029, pKairo J.E. 95717* u. *pRyerson*,
ohne Det bei *pNes-pa-sefj, pNw*
c) entweder zu übersetzen: "der Geheime, der Herr eurer Gestalten" od. als *imn irw.w* zu lesen, *nb* u. *tn* zu tilgen, vgl. die Par.
d) hier Präp. *m* eingefügt
e) als *iwti* zu lesen
f) Aa 13 anstelle von D 21
g) defektiv geschriebenes *iꜣ.t*, vgl. die Par.

h) *ḥnꜥ* sinnlos, verlesen zusammen mit dem Folgenden aus *šn qbḥ.w* (Wb V, 30)
i) A 2 hier sinnlos, Par. schreiben *im.i imn.t.t*
j) verderbt für *im.it ḫnw Nwt*
k) kurze Passage ausgelassen: *ii.kwi ḫr=tn wꜥb.kwi nṯr.kwi ꜣḫ.kwi wsr.kwi bꜣ.kwi*
l) Beistrich überflüssig
m) dat. *n* zu ergänzen, vgl. auch Z. 163 u. Par.
n) 1. Suffix 1. Sgl. zu ergänzen
2. verderbt für *ntnt* (Wb II, 356) od. *ntt* (Wb II, 357)
o) Suffix 3. Sgl. mask. zu tilgen
p) Suffix 1. Sgl. zu ergänzen, vgl. die Par.
q) kurze Passage ausgelassen: *rn.w =tn rḫ.kwi*
r) 1. als *iw.tiw* zu lesen
2. vorzeitiger Abbruch des Spruchtextes

Anmerkungen Tb 89 (Z. 164-174)
(*pCologny*), Schreiber 1
Taf. 8 u. Photo-Taf. 7-8
Benutzte Parallelen: *pTurin 1791, pJachtesnacht, pNes-pa-sefj, pKairo CG 40029, pKairo J.E. 95717, pRyerson*
a) ohne Einfügung von *rdi.t* ebenso bei *pTurin 1791*
b) ungewöhnliches Det. bei *dmi*, vgl. aber das Det. bei *pNes-pa-sefj*
c) unübliche Schreibung für *pḫrr* (Wb I, 541)
d) Schreibung für *wḏf* (Wb I, 409 u. Wb I, 388), s. auch Z. 168; bei *pNes-pa-sefj* entgegen Kol. B 17, Anm. n) ebenfalls *wḏf* zu lesen
e) entweder Gottes-Det. zu emendieren in Suffix 1. Sgl. (vgl. auch Z. 167) od. Suffix 1. Sgl. zu ergänzen
f) *m* in der Klammer zu tilgen, s. auch par. Passage in Z. 169
g) partitives *n* nach *nfꜣ*
h) fehlender Pl., vgl. die Par.
i) defektiv geschriebenes *sḏr*, s. aber nächste Z.
j) *nn sḏr sḏr.iw* ebenso bei *pKairo CG 40029* u. *pKairo J.E. 95717*,
Var.: *nn sḏr.w* bei *pTurin 1791, pJachtesnacht, pNes-pa-sefj* u. *pRyerson*
k) zu emendieren in Suffix 1. Sgl.
l) als *ꜣḫ=i* zu lesen
m) Suffix 1. Sgl. ausgelassen, vgl. die Par.

n) zu emendieren, aus Pl.-zeichen entstanden (?)
o) doppelte Striche aus Pl. entstanden
p) defektiv geschriebenes *wỉꜣ*
q) gen. *n* zugefügt bei *pTurin 1791, pJachtesnacht, pNes-pa-sefj, pKairo J.E. 95717* u. *pRyerson*
r) hier als Sgl.
s) Var. als Pl. bei sämtlichen Par.; hier Sgl. wegen des sgl. *ḥḥ* (?)
t) als *Nwt* zu lesen, flach geschriebenes N 26 verlesen aus umgedrehtem N 1
u) *m-bꜣḥ* als Austausch für *mḥ*, vgl. die Par.
v) *m* in der Klammer zu tilgen: *ḫfꜥ=tn ẖr sḏb=tn*, vgl. aber Var. in *pJachtesnacht* u. *pNes-pa-sefj*, 37, Anm. v (Kol. B 15)
w) *sḏb* (Wb IV, 381) anstelle von *mtꜣ.w* (Wb II, 170 "Spieß") bei den Par.
x) ausgelassen <*tn*>, vgl. die Par.
y) *n* nur hier zugefügt
z) als *wḏꜣ* zu lesen
a1) 1. kurze Passage ausgelassen: *is=k/is=tw rdi.n=tn bꜣ=i ẖr*
2. als verschriebenes *ḫpd* zu lesen, vgl. die Par.
b1) als *šms* zu lesen; Passage *šms bꜣ=tn n Wsir NN* nur hier, s. auch nächste Z.,
Var.: *r šms r bw ḫr=f n sf*
c1) 1. sic: Stellung des auslautenden *t*-Lautes nach dem Det.
2. Wiederholung einer früheren Passage, s. Z. 172
d1) 1. defektiv geschriebenes *sꜥḥ.w*
2. Suffix 3. Sgl. mask. ausgelassen
e1) 1. als *nn* zu lesen, vgl. die Par.
2. Q 1 zu emendieren in S 29
f1) *m dꜣ.t* ebenso sinnvoll,
Var.: *n ḏ.t ḏ.t* bei allen übrigen Par.
g1) ohne Rubrum

Anmerkungen Tb 86 (Z. 175-182)
(*pCologny*), Schreiber 1
Taf. 8 u. Photo-Taf. 8
Benutzte Parallelen: *pTurin 1791, pJachtesnacht, pNes-pa-sefj, pKairo CG 40029, pKairo J.E. 95717, pRyerson*
a) fehlender Beistrich
b) ausgelassen <*m*>
c) formal ist diese Z. durch Doppellinie von Tb 86 getrennt; da aber bei Tb 86 Titel u. Name des Tb-Besitzers fehlen, wird Z. 175 als zu Tb 86 gehörig anzusehen sein
d) als *sṯi* (Wb IV, 349) zu lesen, dabei Det. V 33 in T 12 verlesen
e) Zufügung von *m* nur hier
f) als *iw nsrsr* zu lesen
g) kausatives *swn* hier u. bei Par. der 18. Dyn., z.B. *pNw*, *wn* bei den übrigen Par.
h) für *iḫ* verschrieben, vgl. die Par.
i) als *iw rdi.w n=f* zu lesen, vgl. die Par.
j) als *ns.t* zu emendieren, vgl. die Par.
k) Text in der Klammer ohne erkennbaren Sinn; spätere Passage teilweise vorgezogen
l) *iw* ausgelassen
m) in *m* zu emendieren
n) 1. als *iw* zu emendieren, vgl. die Par.
2. defektiv geschriebenes *sip*, vgl. die Par.
o) defektiv geschriebenes *qꜥḥ*
p) 1. ausgelassen <*=i/n=i*>, vgl. die Par.
2. ausgelassen <*r*>, vgl. die Par.
q) ausgelassen Suffix 1. Sgl., vgl. die Par.
r) als *smi=i* zu emendieren, vgl. die Par.
s) ohne *ip* ergibt die folgende Passage zwar Sinn, wahrscheinlicher ist aber eine Emendierung zu <*ink ꜥq ip pri tnw*> anzusetzen
t) *wꜥb rd.wi* ohne Sinn, als *wꜥb=i ḥr wꜥr.t...* zu emendieren, vgl. die Par.
u) vorzeitiger Abbruch des Spruchtextes

Anmerkungen Tb 91 (Z. 183-186)
(*pCologny*), Schreiber 1
Taf. 8 u. Photo-Taf. 8
Benutzte Parallelen: *pTurin 1791, pJachtesnacht, pNes-pa-sefj, pKairo CG 40029, pKairo J.E. 95717, pRyerson*
a) 1. für Tb 91 unüblicher Titel
2. in der Lücke könnte noch [*rꜣ n*] gestanden haben
b) Textverlauf trotz der 3-fachen Unterteilungslinie beginnend mit Z. 186 entgegen der bisherigen Richtung jetzt von links nach rechts (Z. 186-183)

c) die Kombination von G 25 u. G 29 aus *b3.w* verschrieben
d) Text in der Klammer zu tilgen
e) Zusatz von *b3 n Wsir NN* nur hier
f) Suffix 1. Sgl. ausgelassen
g) 1. verkürztes Ps.part., korrekt: *ʿpr.kwi*, vgl. *pTurin 1791* u. *pNes-pa-sefj, pPa-nedjem II.*
2. *ink* zu ergänzen
h) *k* entweder zu tilgen od. als Austausch für Y 1
i) ausgelassen <*r bw*>, vgl. die Par.; das nachfolgende *iw* könnte entweder Verschreibung für *bw* od. *r* (am falschen Platz) sein
j) als bedeutungslos zu tilgen
k) Einfügung von < *ḫpr=f* > bei *pTurin 1791, pJachtesnacht, pNes-pa-sefj, pKairo J.E. 95717* u. *pRyerson*
l) hypertrophe Schreibung für *ʿpr*
m) dieser Zusatz nur hier

Anmerkungen Tb 92 (Z. 187-196)
(*pCologny*), Schreiber 1
Taf. 9 u. Photo-Taf. 8
Benutzte Parallelen: *pTurin 1791, pJachtesnacht, pNes-pa-sefj, pKairo CG 40029, pKairo J.E. 95717, pRyerson*

a) nach den Par. ausgelassen <*n b3 šw.t*>, dafür Zusatz von *m ḫr.t-nṯr*
b) bei Titel Tb 92 unüblicher Zusatz: *rdi.t pri=f* (auf den vorher ausgelassenen *b3* bezogen?) *ʿq=f*; das folgende O 1 zu tilgen od. als *pr* ohne Ideogramm-Strich zu lesen
c) Textverlauf von Tb 92 beginnend mit Z. 196 entgegen der allgemeinen Richtung von links nach rechts, vgl. auch Tb 91 Anm. b)
d) 1. *sp 2* steht für *wn.ti*
2. ausgelassen <*ḫtm*>
e) als *ḫtm.tw* zu lesen, vgl. die Par.
f) *wn* hier als endungsloses Passiv anzusetzen, Par. schreiben *wn wn.tw/wn=i wn.tw*
g) Zusatz des Besitzernamens hier sinnlos
h) 1. *pd* ohne Det.
2. *nm.t.t* ausgelassen, vgl. die Par.
3. *d* von *dwn* (Wb V, 431f.) ausgelassen
i) nach der Par. in Suffix 1. Sgl. zu emendieren
j) als *mdw=f* zu lesen, vgl. auch *pTurin 1791*
k) ausgelassen <*w3.t*>, vgl. die Par.
l) Suffix 1. Sgl. bei den Par. zugefügt, deshalb in der Folge auch 1. Sgl. statt 3. Sgl. mask. verwendet
m) hier Präp. *r* zugefügt
n) defektiv geschriebenes *wi3*
o) in gen. *n* zu emendieren
p) *hrw* ausgelassen aufgrund von Haplographie, vgl. aber die Par.
q) ausgelassen <*b3.w iw*>, vgl. die Par.
r) Zusatz von *Wsir NN* nur hier
Var.: *b3=i* bei den Par.
s) ausgelassen <*im*>, vgl. die Par.
t) zusammen mit dem 1. Zeichen der nächsten Z. als *m-m* zu lesen, vgl. *pTurin 1791, pJachtesnacht, pKairo CG 40029, pKairo J.E. 95717* u. *pRyerson*
u) *s* als *i* verlesen (*ip*)
v) *ir.t Ḥrw* bei *pNes-pa-sefj* als Var. zugefügt
w) als *ḫkr.w=f* zu lesen, vgl. die Par.
x) *tn* u. *sn* (bei den sp. Par.) wechseln schon im NR, *pNw (r ḥr.w=sn), pM3i-ḥr-pri (r ḥr.w=tn)*
y) als Pl. von *ʿ.t* zu lesen
z) Einfügung des Besitzernamens nach *Wsir* nur hier
a_1) bei den Par. Einfügung des Suffix 1. Sgl., ebenso im weiteren Zeilenverlauf
b_1) Textfassung in 3. Sgl. mask., Par. in 1. Sgl.-Fassung
c_1) 1. zu emendieren in *b3.w*, vgl. die Par.
2. *n Wsir* in der Klammer ohne Sinn
d_1) wegen des Textverlaufs in der 3. Sgl. Suffix 3. Sgl. mask. zu ergänzen, Par. mit 1. Sgl.
e_1) als *s3w=tn* zu lesen, vgl. *pNes-pa-sefj*
f_1) *n* als *tn* zu emendieren
g_1) als *irr.iw* zu lesen
h_1) Präp. *r* ausgelassen
i_1) *n* in der Klammer zu tilgen
j_1) *nb* nur hier zugefügt
k_1) Textverlauf wieder in der 1. Sgl.
l_1) *iw sw3=i w3.t n=f* nur hier,
Var.: *isi* < *w3.t=f* > *n k3=k* bei *pJachtesnacht, pNes-pa-sefj, pKairo J.E. 95717*
m_1) *n* als Pl.-striche (zu *b3.w* gehörig) zu emendieren

n_1) als *ḥr* zu emendieren, vgl. *pTurin 1791, pNes-pa-sefj, pKairo CG 40029*
o_1) Schreibung für *mt.wt*, Zeichen nach A 13 nicht auszumachen, vielleicht Pl.-punkte (?)
p_1) die letzten Zeichen ohne erkennbaren Sinn

Anmerkungen Tb 93 (Z. 197-203)
(*pCologny*), Schreiber 1
Taf. 9 u. Photo-Taf. 9
Benutzte Parallelen: *pTurin 1791, pJachtesnacht, pNes-pa-sefj, pKairo CG 40029, pKairo J.E. 95717, pRyerson, pVatikan 48832*

a) 1. *n* in der Klammer zu tilgen
   2. korrekt: Stellung des *rdi.t* nach *tm*
b) 1. für *tw*
   2. Schreibung für *si*
c) korrekt: *pwii,* vgl. die Par. u. Z. 200
d) verlesen für *ḥḏ* (Wb III, 212f.), vgl. die Par.
e) *kii ḏd*-Var. ausgelassen
f) zu tilgen
g) ohne Pl.-zeichnung
h) ausgelassen 1. Sgl.
i) ohne Pl.-zeichnung
j) als *ḏ3.tw* zu lesen
k) kurze Passage ausgelassen
l) 1. Schreibung für *ʿm*
   2. *r* an dieser Stelle zu tilgen, sinnvoll vor dem Suffix 3. Sgl., als Verstärkung *r=f* zu lesen
m) ohne Det. D 1
n) 1. Schreibung für *3ḫ.wt*, vgl. die Par.
   2. A 2 in A 1 zu emendieren, vgl. *pNes-pa-sefj*
o) als *ndb* (Wb II, 367, 17) zu emendieren
p) *Ḫpr* ausgelassen, Haplographie
q) in *r=f* zu emendieren
r) Text in der Klammer unverständlich, vielleicht für *ḏr ʿw3 NN m3ʿ ḫrw* (?)
s) als *ḏ3i* zu lesen, deshalb zweites U 28 in der Klammer zu tilgen
t) *šʿ.t* als Austausch für *ḥb*, vgl. die Par.
u) ohne Pl.-zeichen

Anmerkungen Tb 94 (Z. 204-208)
(*pCologny*), Schreiber 4
Taf. 9 u. Photo-Taf. 9
Benutzte Parallelen: *pTurin 1791, pJachtesnacht, pNes-pa-sefj, pKairo CG 40029, pKairo J.E. 95717, pRyerson*

a) 1. A 1 als Gesamt-Det. anzusehen
   2. ausgelassen <*n.t*>, vgl. die Par.
b) sic: der hier wiedergegebene *Bnw*-Vogel (G 31) macht wenig Sinn, als G 25 oder G 29 zu lesen; eines der Satzglieder ist ausgelassen
c) Schreibung für *ḥn* (Wb III, 103), vgl. auch die Par.
d) verderbt für *3kr*, vgl. sämtliche Par.
e) *itn* verlesen für *Swti*
f) dat. *n* zu ergänzen, vgl. *pJachtesnacht, pNes-pa-sefj, pKairo CG 40029, pKairo J.E. 95717* u. *pRyerson*
g) Schreibung für *gsti* (Wb V, 207 "Schreiberpalette"), D 54 durch die Schreibung von *gsi* (Wb V, 204 "laufen") beeinflußt
h) Schreibung für *ẖr(.t)-ʿ* (Wb III, 394)
i) *tn* in der Klammer ohne Sinn, vielleicht verlesen aus Pl.-bildung des folgenden *im.iw* (?)
j) Passage ausgelasssen
k) als *Rʿ-Ḥrw-3ḫti* zu lesen, vgl. die Par.
l) *n* in der Klammer zu tilgen, vgl. die Par.
m) Strich als Ersatz für Suffix 1. Sgl.
n) dat. *n* zu ergänzen, vgl. die Par.
o) hier endet der Text bei den Par.
p) Text bis zum Ende nicht sinnvoll zu emendieren

Anmerkungen Tb 95 (Z. 209-211)
(*pCologny*), Schreiber 4
Taf. 9 u. Photo-Taf. 9
Benutzte Parallelen: *pTurin 1791, pJachtesnacht, pNes-pa-sefj, pKairo CG 40029, pKairo J.E. 95717, pRyerson, pVatikan 48832*

a) als *wrr.t* zu lesen, vgl. die Par.
b) kurze Passage ausgelassen, aberratio oculi
c) defektiv geschriebenes *nšni*

Anmerkungen Tb 100 (Z. 212-219)
(*pCologny*), Schreiber 1
Taf. 10 u. Photo-Taf. 9

Benutzte Parallelen: *pTurin 1791, pJachtesnacht, pKairo CG 40029, pKairo J.E. 95717, pRyerson, pVatikan 48832*

a) für Tb 100 unüblicher Titel
b) *Bnw*-Vogel vor *r 3bdw* zu stellen
c) als *sdm=f*-Form hier,
   Var.: *sdm n=f*-Form bei den Par.
d) sic: W 25 anstelle von V 29
e) Schreibung für *šmʿ*
f) Übergang zur Textfassung in 3. Sgl.
g) ohne Pl.-Zeichnung
h) Suffix 3. Sgl. mask. in *n* zu emendieren
i) verderbte Schreibung für *ʿq3* (Wb I, 234 "Tau")
j) Suffix 3. Sgl. zu ergänzen
k) Negation *nn* ausgelassen, vgl. die Par.
l) 1. Pl. hier zu tilgen
   2. Passage <*wsr=f*> ausgelassen
m) ein *t* zuviel geschrieben
n) 1. sic: F 40 anstelle von F 39
   2. *r* in der Klammer sinnlos
o) unvollständig geschriebenes *ḥr* steht für *Rʿ*
p) defektiv geschriebenes *wi3*
q) Präp. *m* ausgelassen
r) ohne Nachschrift

Anmerkungen Tb 96 (220-223)
(*pCologny*), Schreiber 4
Taf. 10 u. Photo-Taf. 9
Benutzte Parallelen: *pTurin 1791, pJachtesnacht, pNes-pa-sef, pKairo CG 40029, pKairo J.E. 95717, pRyerson,*

a) als Austausch für *ir.t*, vgl. sämtliche Par.
b) Schreibung für *m3ʿ.t*
c) *w3.t=tn* im Austausch für *Stš/Swti*, vgl. die Par. (*pTurin 1791: Ḏḥwti kii ḏd nsw.t*)
d) verderbt für *nḫḫ* (Wb II, 319 "Speichel")
e) 1. *n=f* in der Klammer ohne Sinn
   2. *ḏ.t r nḥḥ* wohl als passendes Versatzstück des Spruchendes dazugesetzt, gegenüber den übrigen Par. aber Abbruch des Spruchtextes

Anmerkungen Tb 104 I (Z. 224-226)
(*pCologny*), Schreiber 4
Taf. 10 u. Photo-Taf. 9
Benutzte Parallelen: *pTurin 1791, pJachtesnacht, pKairo CG 40029, pKairo J.E. 95862, pRyerson, pVatikan 48832*

a) als *im.i-tw* zu lesen
b) Schreibung für *skt.t*
c) als *ini n=i* zu lesen
d) vorzeitiger Abbruch des Spruchtextes

Anmerkungen Tb 105 I (Z. 227-233)
(*pCologny*), Schreiber 4
Taf. 10 u. Photo-Taf. 9
Benutzte Parallelen: *pTurin 1791, pJachtesnacht, pKairo CG 40029, pKairo J.E. 95862, pRyerson, pVatikan 48832*

a) 1. dieser Spruch zuletzt bearbeitet bei J. Janák, Staroegyptská Kniha mrtvých kapitola 105 (Edice Pontes Pragenses, Svazek 29, Prag 2003)
   2. verderbt für *ʿḥʿw=i* (Wb I, 222)
b) zu emendieren in *ḫr*, vgl. die Par. u. Tb 105 III, Z. 263
c) zu emendieren in *bsi.kwi*, vgl. *pTurin 1791, pKairo CG 40029, pKairo J.E. 95862* u. *pRyerson*
d) Suffix 1. Sgl. zu ergänzen, vgl. z.B. *pKairo J.E. 95862* od. *pNw*
e) nur Det. von *ntnt* (Wb II, 356, 13) geschrieben
f) überflüssiger Zeilenfüller
g) *nn rdi n=i sn* zu übersetzen als "nicht gibt es einen, der sie mir anrechnet"
h) als *ir.i* zu lesen
i) ausgelassen <*w3ḏ=i w3ḏ*>, vgl. *pJachtesnacht*
j) 1. Suffix 1. Sgl. ausgelassen, vgl. *pJachtesnacht* u. *pTurin 1791*
   2. Zeichen in der Klammer ohne Sinn
k) verderbte Schreibung für *ḏf3*
l) Pl. sinnlos, aus *pn* entstanden (?)
m) 1. *n* durch das Negations-*n* hineingeraten
   2. als Inf. *iri.t* zu lesen, vgl. auch I. Munro, Totenbuch-Handschriften Cairo, 154, Tb 105, Anm. h)
n) *ḥr* im Austausch für *tp*, vgl. die Par.
o) 1. *rmn* hier als Ps.part. von *rmn* (Wb II, 419 "wegbringen") anzusetzen, dazu würde das hier weggelassene, aber sonst bezeugte *im=i* passen

2. vorzeitiger Abbruch des Spruchtextes

Anmerkungen Tb 101 (Z. 234-242)
(*pCologny*), Schreiber 4
Taf. 11 u. Photo-Taf. 11
Benutzte Parallelen: *pTurin 1791, pJachtesnacht, pKairo CG 40029, pKairo J.E. 95717, pRyerson, pVatikan 48832*

a) A 30 verlesen für D 57
b) Austausch von M 17 u. V 28, als *ḫfd* zu lesen
c) zu den Var. s. U. Verhoeven, Jachtesnacht 1, 206, Anm. 3; als *mꜣ* (Wb II, 6), N. Dürring, Materialien zum Schiffsbau im Alten Ägypten (ADAIK 11, Berlin 1995), 57 od. *mꜣꜥw* (Wb II, 25), N. Dürring, op. cit., 62 u. D. Jones, A Glossary of Ancient Egyptian Nautical Titles and Terms (Studies in Egyptology, London/ New York 1988), 167, Nr. 65
d) *wiꜣ* (Wb I, 272) hier ohne Sinn, verlesen für *wḏꜣ*, vgl. die Par.
e) Schreibung für *mꜣ* od. *mꜣꜥw*, s. auch Anm. c)
f) Austausch für *is.wt*, vgl. die Par.
g) kurze Passage ausgelassen, aberratio oculi
h) als *<n.tiw im>* zu emendieren, vgl. U. Verhoeven, Jachtesnacht 1, 206, Anm. 8
i) verderbt für *sꜥḥꜥ*, vgl. die Par.
j) D 41 für D 36, sic: Det., vgl. aber Z. 240
k) Suffix 1. Sgl. ausgelassen
l) *iw* statt *ir*, ebenfalls bei *pJachtesnacht, pKairo CG 40029*
m) ausgelassen *<di=k>*, vgl. die Par. od. *pNw*
n) Suffix 1. Sgl. ausgelassen
o) 1. Y 1 sinnlos, zu tilgen
   2. Par. fügen *<n=k>* ein
p) 1. ohne Det.
   2. gen. *n* ausgelassen
q) trotz noch vorhandenem Platz (einer schmalen Leerzeile, Z. 242) Abbruch der Nachschrift

Anmerkungen Tb 102 I (Z. 243-249)
(*pCologny*), Schreiber 4
Taf. 11 u. Photo-Taf. 11
Benutzte Parallelen: *pTurin 1791, pJachtesnacht, pKairo CG 40029, pKairo J.E. 95717, pRyerson, pVatikan 48832*

a) *pKairo CG 40029, pKairo J.E. 95717, pRyerson* u. die Versionen der 18. Dyn. fügen Interjektions-Partikel *i* zu
b) bei allen sp. Versionen *ẖnti* (mit W 17 od. D 19 geschrieben) belegt, 18. Dyn.-Versionen (z.B. *pỈmn-ḥtp Cc* od. *p Ỉwiꜣ*) schreiben *gwꜣ* (Wb V, 159)
c) *n* in der Klammer als überflüssig zu tilgen
d) Suffix 1. Sgl. zuzufügen, vgl. *pTurin 1791, pKairo CG 40029, pKairo J.E. 95717, pRyerson* u. 18. Dyn.-Versionen
e) ohne Det. u. Suffix 1. Sgl.
f) überflüssiges *s*
g) 1. Suffix 1. Sgl. ausgelassen, vgl. die Par.
   2. *ḥr=f* anstelle von *im=f*, vgl. die Par.
h) *n* in der Klammer zu tilgen
i) Schreibung für *ꜥ.wi=i*
j) Suffix 1. Sgl. ausgelassen
k) Suffix 1. Sgl. ausgelassen, vgl. *pJachtesnacht, pKairo CG 40029, pKairo J.E. 95717* u. *pRyerson*
l) die nächsten drei Zeichen als verderbte Schreibung für *it* anzusehen
m) zu emendieren als *in*, vgl. *pTurin 1791, pKairo CG 40029, pKairo J.E. 95717, pRyerson* u. 18. Dyn.-Versionen
n) zu dieser Passage vgl. U. Verhoeven, Jachtesnacht 1, 208, Anm. 5
o) zu dieser Passage vgl. T.G. Allen, BD Documents, 178, Anm. o
p) vorzeitiger Abbruch des Spruchtextes

Anmerkungen Tb 102 II (Z. 250-254)
(*pCologny*), Schreiber 4
Taf. 11 u. Photo-Taf. 11
Benutzte Parallelen: *pTurin 1791, pJachtesnacht, pKairo CG 40029, pKairo J.E. 95717, pRyerson, pVatikan 48832*

a) Beginn mitten im Spruchtext
b) zur gleichen Passage s. Anm. o) Tb 102 I
c) *ṯnw* (Wb V, 375 od. Wb V, 376) bei *pTurin 1791, pJachtesnacht, pKairo CG 40029, pRyerson* u. *pVatikan 48832, Ṯni* (Wb V, 372) bei *pKairo J.E. 95717* u. der Mehrzahl der 18. Dyn.-Versionen

d) entweder *ḫnti=i iw=i* od. *ḫnti {w}=i* mit Auslassung von *iw* zu lesen
e) Schreibung für *ḏs=i*
f) Strich ohne Bedeutung
g) als *pn* zu emendieren
h) 1. die folgende Passage nur vage mit par. Texten vergleichbar, z.B. *pRyerson*: *nw mn=f n-r ip{t}n*, s. T.G. Allen, op. cit., 178, Anm. r
   2. vorzeitiger Abbruch des Spruchtextes

Anmerkungen Tb 103 (Z. 254-255)
(*pCologny*), Schreiber 4
Taf. 11 u. Photo-Taf. 11
Benutzte Parallelen: *pTurin 1791, pJachtesnacht, pKairo CG 40029, pKairo J.E. 95862, pRyerson, pVatikan 48832*
a) Spruchwechsel mitten in der Zeile
b) als *iꜣs* (Wb I, 33) zu lesen
c) verderbt für *iḥii*, vgl. die Par.

Anmerkungen Tb 104 II (Z. 255-256)
(*pCologny*), Schreiber 4
Taf. 11 u. Photo-Taf. 11
Benutzte Parallelen: *pTurin 1791, pJachtesnacht, pKairo CG 40029, pKairo J.E. 95862, pRyerson, pVatikan 48832*
a) Spruchwechsel mitten im Zeilenverlauf
b) verderbt für *im.i.tw*, vgl. auch die Schreibung für *im.i.tw* bei Tb 104 I in Z. 224/225
c) gleiche Schreibung für *skt.t* bei Tb 104 I in Z. 225
d) Text mit Tb 104 I identisch u. mit exakt gleichem Textabbruch

Anmerkungen Tb 106 I (Z. 257-258)
(*pCologny*), Schreiber 4
Taf. 12 u. Photo-Taf. 11-12
Benutzte Parallelen: *pTurin 1791, pJachtesnacht, pKairo CG 40029, pKairo J.E. 95862, pRyerson, pVatikan 48832*
a) als *wr* (mit drei Det.) zu lesen, vgl. *pTurin 1791, pKairo CG 40029, pKairo J.E. 95862, pRyerson, pVatikan 48832* u. *pNw*, s. auch Tb 106 II, Z. 265 od. Pl.-zeichen zu emendieren u. als *wr wr.w* zu lesen, vgl. *pJachtesnacht*

b) verlesen für *t* (Wb V, 209)
c) Abbruch des Spruchtextes

Anmerkungen Tb 105 II (Z. 259-260)
(*pCologny*), Schreiber 4
Taf. 12 u. Photo-Taf. 12
Benutzte Parallelen: *pTurin 1791, pJachtesnacht, pKairo CG 40029, pKairo J.E. 95862, pRyerson, pVatikan 48832*
a) 1. Beginn von Text Tb 105 II mitten im Spruchverlauf
   2. *mḫꜣ.t* wie in Tb 105 I ohne fem. *t* geschrieben
b) vgl. Anm. l) Tb 105 I
c) Beginn der 1. Schreibung für *imi*, nachfolgende Zeichen bis Zeilenende ohne Erklärung
d) diese Passage könnte entstanden sein aus *swꜣb<=i> tw im=sn*
e) 1. Text in der Klammer als sinnlos zu tilgen
   2. aus früherer Passage von Tb 105 entnommen
f) zu emendieren in *bsi.kwi*, vgl. auch Anm. c) Tb 105 I
g) bedeutungsloser Füllstrich am Zeilenende

Anmerkungen Tb 105 III (Z. 261-264)
(*pCologny*), Schreiber 4
Taf. 12 u. Photo-Taf. 12
Benutzte Parallelen: *pTurin 1791, pJachtesnacht, pKairo CG 40029, pKairo J.E. 95862, pRyerson, pVatikan 48832*
a) verderbt für *ꜥḥꜥw=i* (Wb I, 222), s. auch Tb 105 I, Z. 227
b) zu emendieren in *bsi.kwi*, vgl. auch Tb 105 I, Anm. c), Z. 228 u. Z. 260
c) s. Tb 105 I, Anm. d)
d) korrekt: *sn;* vorzeitiger Abbruch des Spruchtextes

Anmerkungen Tb 106 II (Z. 265-268)
(*pCologny*), Schreiber 4
Taf. 12 u. Photo-Taf. 12
Benutzte Parallelen: *pTurin 1791, pJachtesnacht, pKairo CG 40029, pKairo J.E. 95862, pRyerson, pVatikan 48832*

a) Schreibung für *di.w*, vgl. auch Tb 106 I, Z. 258
b) verderbte Schreibung für *t*, s. auch Tb 106 I, Z. 268
c) verschrieben für X 4
d) *n* für *m*
e) Schreibung für *m ꜥb* (Wb I, 174 "zusammen")
f) verlesen für *s(ꜣ)šr.t* (Wb IV, 25)
g) bedeutungsloser Füllstrich am Zeilenende
h) entweder als *ini n=i*, vgl. *pNw* od. als Imp. *ini* zu emendieren (*pJachtesnacht, pVatikan 48832)*
i) *t* in der Klammer zu tilgen
j) Schreibung für *iti*
k) sic: O 4 anstelle von O 1

Anmerkungen Tb 107 (Z. 269-271)
(*pCologny*), Schreiber 4
Taf. 12 u. Photo-Taf. 12
Benutzte Parallelen: *pTurin 1791, pJachtesnacht, pKairo CG 40029, pKairo J.E. 95862, pRyerson, pVatikan 48832*
a) Suffix 1. Sgl. ausgelassen, vgl. die Par.
b) mit Pl.-markierung, s. aber Z. 271
c) *ir* hier ohne Sinn, nach den Par. ausgelassen <*m š ẖꜣr.w*>, *iw* am Anfang von Z. 271 steht für *r* (+ Ideogrammstrich)
d) der Beistrich zu G 38 eher zu davorstehendem *iw* (= *r*) gehörig, Pl.-zeichen zu ergänzen, s. auch unten
e) vorzeitiger Abbruch des Spruchtextes

Anmerkungen Tb 125 A (Z. 272-288)
(*pCologny*), Schreiber 2
Taf. 12-13 u. Photo-Taf. 12
Benutzte Parallelen: *pTurin 1791, pJachtesnacht, pKairo CG 40029, pKairo J.E. 95862, pRyerson, pVatikan 48832*
a) *rꜣ* anstelle von *mḏꜣ.t*, vgl. die Par.
b) ohne fem. *t*
c) nicht erklärbar; zu tilgen
d) als *nb* zu emendieren
e) *ini.kwi* bei den Par.
f) Suffix 1. Sgl. zu ergänzen
g) entweder <*tw*> zu ergänzen, vgl. *pNw*, od. Passage *iw=i rḫ.kwi* ausgelassen
h) Ps.part.-Endung *kwi* ausgelassen
i) anstelle von *wnn.iw ḥnꜥ=k*, vgl. die Par.
j) zu tilgen
k) für *sꜣ.w*
l) Schreibung für *ḏw.w*, M 42
m) nicht erklärbare Schreibung für *sꜥm.w*, vgl. die übrigen Par.
n) verkürzte Schreibung für *hrw*
o) <*ḥsb*> ausgelassen, vgl. die Par.
p) anstatt *sꜣ.ti*, vgl. die Par.
q) als *mk wi* zu lesen, vgl. die Par.
r) Präp. *n* ausgelassen
s) Suffix 1. Sgl. ausgelassen
t) Schreibung für *isf.t*
u) *m* nur hier zugefügt
v) 1. *t* in der Klammer zu tilgen
   2. als *r rmṯ.w* zu lesen
w) *mꜣr* (Wb II, 30 "berauben") bei *pCologny*,
   Var.: *smꜣr* (Wb IV, 127 "benachteiligen" od. ä.) z.B. bei *pNw*
   smꜣ (Wb IV, 122 "töten") z.B. bei *pMꜣi-ḥr-pri* od. *pꞽIwiꜣ*
   ḏꜣr (Wb V, 418 "bedrängen") bei den übrigen sp. Par.
x) *rq=i* (Wb II, 456) nur hier,
   Var.: *iri=i iwi.t/ẖꜣb.t* bei den sp. Par. u. *pNw*, vgl. auch I. Munro, Totenbuch-Handschriften Cairo, 171, Anm. j)
y) 1. *n* wohl aus Buchrolle verlesen
   2. diese Phrase ebenso bei *pTurin 1791, pJachtesnacht*, im NR: *n rḫ=i iwt.t* (z.B. *pNw*)
z) Text in der Klammer ohne erkennbaren Sinn, anstelle von *n*(*n*) *iri=i bin/bw ḏw*, vgl. die Par.
a_1) Negation *n* ausgelassen
b_1) *tp rmṯ.w nb* ebenso bei den sp. Par. (Ausnahme *pJachtesnacht*)
c_1) 1. ausgelassen <*n spr*>
   2. *rꜣ* geschrieben anstelle von *rn*, vgl. die Par.
d_1) 1. <*r*> ausgelassen
   2. defektiv geschriebenes *wiꜣ*
e_1) *r* geschrieben anstatt *rn*
f_1) verderbte Schreibung für *iꜣw.t* (?)
g_1) *iw* in der Klammer sinnlos, nach *pTurin 1791, pJachtesnacht, pKairo CG 40029* u. *pKairo J.E. 95862* sollte hier *n.t* stehen

h1) Pl. nur hier
i1) *pJachtesnacht* schreibt hier *kii ḏd wḏ.wt Ḥw*
j1) *sḏꜣ* (Wb IV, 365 "zittern") anstelle von *sꜣt* (Wb IV, 27 "lästern"), vgl. die Par.
k1) zu emendieren in *ḥdi* (Wb III, 212 "verleumden")
l1) als *nmḥ* (Wb II, 268) zu lesen, doppeltes *m* als sp. Schreibung
m1) 1. Suffix 1. Sgl. ausgelassen
2. defektiv geschriebenes *bw.t*
n1) *rn* in der Klammer sinnlos, hier sollte *n sḏw=i* (Wb IV, 380) stehen
o1) Suffix 1. Sgl. zu ergänzen
p1) *t* in den Klammern zu tilgen
q1) Var.: *sḥꜥr* (Wb IV, 221 "hungern lassen") bei *pTurin 1791* u. *pKairo CG 40029*
sqr (Wb IV, 306 "schlagen") bei *pJachtesnacht*
r1) Var.: *srwi* bei *pTurin 1791, pJachtesnacht, pKairo CG 40029*
s1) D 54 in der Klammer zu tilgen
t1) Suffix 1. Sgl. ausgelassen
u1) als *ḫbi* (Wb III, 251) zu lesen, vgl. auch Valeurs phonétiques, 652, Nr. 581
v1) als *šb.w* (Wb IV, 437) zu lesen
w1) 1. Schreibung für *rꜣ.w-pr.w*
2. *pn* sinnlos
x1) 1. Suffix 1. Sgl. ausgelassen
2. N 1 + N 35 verschrieben für X 4 + Pl.-striche, als *pꜣ.wt* zu lesen
y1) ein *n* zu tilgen
z1) *pJachtesnacht, pKairo CG 40029* u. *pRyerson* schreiben *sfḫ*
a2) als *ꜣḫ.w* zu lesen
b2) als *nk* (Wb II, 345) zu lesen
c2) Schreibung für *dꜣdꜣ* (Wb V, 419)
d2) in der Klammer zusätzliche Schreibung von *ḫbi* (?), zu tilgen
e2) verderbte Schreibung für *dbḥ.w*, vgl. *pTurin 1791* od. *pJachtesnacht*
f2) sic: O 1 anstelle von O 39
g2) die folgende Passage bis *m tḫ* unerklärbar, NR-Par., z.B. *p ꞽIwiꜣ*, schreiben *snmḥ* (Wb IV, 165),
Var.: *ḥnn* bei *pKairo CG 40029*
sḫsḫs swsr bei *pJachtesnacht*
h2) *ḫrd* als Sgl.,
Var.: *nḫn.w* (Pl.) bei *pTurin 1791, pKairo CG 40029* u. NR-Par.
i2) Schreibung eines *q* anstelle von *k* (*kfꜣ*, Wb V, 119)
j2) *k* in der Klammer als sinnlos zu tilgen
k2) Det. legt nahe, daß hier nicht *nḥm*, sondern *ḥꜣm* gemeint ist
l2) *f* als *n* zu lesen
m2) *n* in der Klammer in Analogie zu den übrigen Negationen zu tilgen, s. auch am Zeilenende und den folgenden Zeilen
n2) Schreibung für *dni* (Wb V, 464)
o2) defektiv geschriebenes *ꜣs.w* (Wb I, 20)
p2) hier als Pl.
q2) sp. Schreibung für *thi* (Wb V, 319)
r2) zu emendieren in *iḫ.wt nṯr*, vgl. *pTurin 1791, pJachtesnacht, pKairo CG 40029, pRyerson*
s2) *bꜣ* im Austausch für *bnw*, vgl. die NR-Par. u. die übrigen in r2) genannten Par.
t2) 1. als *ḥsb* zu lesen, vgl. *pTurin 1791, pJachtesnacht, pKairo CG 40029*
2. vorzeitiger Abbruch des Spruchtextes

Anmerkungen Tb 125 B (Z. 289-330)
(*pCologny*), Schreiber 2
Taf. 13-14 u. Photo-Taf. 13
Benutzte Parallelen: *pTurin 1791, pJachtesnacht, pKairo CG 40029, pKairo J.E. 95862, pRyerson, pVatikan 48832*

a) *nn* bis auf Z. 323-329 immer mit doppeltem *n* geschrieben
b) defektiv geschriebenes *isf.t*
c) als *ḥpt rꜣ* zu lesen, ebenso bei *pTurin 1791, pKairo CG 40029, pKairo J.E. 95862* u. *pRyerson*
d) hier *ꜥnḏt* (Wb I, 207 "Busiris") anstelle von *Ḫr-ꜥḥꜣ*, vgl. *pTurin 1791, pJachtesnacht, pKairo CG 40029, pKairo J.E. 95862, pRyerson*
e) *Ḫmnw* in sp. Schreibung (Wb III, 283), letztes *s* seitenverkehrt (keine unübliche Schreibung)
f) Suffix 1. Sgl. zu ergänzen
g) ungewöhnliches Det. für *qrr.t*, ob als seitenverkehrter Seth-Kopf anzusehen, von *qri* (Wb V, 58) übernommen (?)

h) Schreibung für *ṯȝw* (Wb V, 350); vielleicht liegt Assoziation zu *ḏȝi* (Wb V, 517) vor
i) als *grg* (Wb V, 189, 10) zu lesen
j) 1. Suffix 1. Sgl. ausgelassen
   2. als *dbḥ.w* zu lesen
k) als Sgl. nur hier u. bei *pVatikan 48832*,
   Var.: *ir.ti=f* bei den übrigen Par.
l) 1. als *iri=i* zu lesen
   2. Var.: *ẖȝb.t* (Wb III, 362) bei den 18. Dyn.-Versionen, *ḫb.t* (Wb III, 251) bei den sp. Par.
m) als *ḫtḫt* zu lesen, vgl. die Par.
n) 1. *Šdt* (Wb IV, 567) nur hier
   2. *k* + Pl.-striche entstanden aus *kii ḏd* (?), vgl. *pJachtesnacht* (*pri m ḫtḫt kii ḏd ꞽIwnw*)
o) 1. *ȝs* (Wb I, 20) anstelle von *sḏ* (Wb IV, 373) bei den Par.
   2. *qs* als Sgl.
p) *Nn-nswt* (Wb II, 272) als sp. Schreibung
q) *tw* als Versuch einer Vokalisation von *ṯȝw* anzusehen
r) 1. als *kii ḏd* verschrieben
   2. diese Var. bei keiner weiteren sp. Version belegt, vgl. aber bei den 18. Dyn.-Versionen (z.B. *pꞽIwiȝ*): *i wḏ nsr*
s) diese Passage bei keiner weiteren sp. Version
t) Par. bei *pRyerson*
u) unvollständige Var. (*nn iri=i* <*rmi.t*>) od. es sollte heißen: *nn ṯrm=i kii ḏd nn rmi=i*, vgl. *pRyerson*; entweder als Pl.-striche od. N 25 zu lesen, beides ohne Sinn
v) hier zu tilgen, vgl. nächste Z.
w) 1. Par. schreiben *tpḥ.t ḏȝ.t*
   2. *nn nwḥ*<*=i*> sollte in der nächsten Spalte (Negierungen) stehen
x) Schreibung für *nk*<*=i*> *nkk* (Wb II, 345), s. auch unten Z. 302
y) Schreibung für *qr.ti*, vgl. die Par.
z) sollte in der nächsten Spalte stehen, *nn nkn* als *kii ḏd*-Var. angefügt, vgl. *pJachtesnacht* od. *pKairo CG 40029*
a_1) als *tȝ rd.wi=f* (Wb V, 229) zu lesen, vgl. die Par.
b_1) verderbte Schreibung für *iḫḫ* (Wb I, 126), vgl. die Par.
c_1) sollte in der nächsten Spalte stehen, mit *nn nk=i nkk* als *kii ḏd*-Var., vgl. *pJachtesnacht*; Wiederholung dieser negativen Aussage, s. Z. 300
d_1) 1. Verlesung von *ḥḏ* zu *wḏ*, vgl. aber sämtliche Par.
   2. *ibḥ* in Pl. zu emendieren, vgl. die Par.
e_1) als *tȝ š* zu emendieren, vgl. die Par.
f_1) als *thi* zu emendieren, vgl. die Par.
g_1) völlig verderbte Schreibung für *nn smȝ=i ꜥw.t nṯri(.t)*
h_1) defektiv geschriebenes *bsk* im Sgl., im Pl. bei den Par.
i_1) *ḏbȝ.t* hier u. bei *pJachtesnacht*,
   Var.: *mꜥbȝi.t* (Wb II, 46) bei *pTurin 1791, pKairo CG 40029, pRyerson, pVatikan 48832*
j_1) Schreibung von *ḥnb.t* od. ä. (Wb III, 113) anstelle von *ḥnb.t* (Wb III, 112)
k_1) als *tnmi* (Wb V, 311) zu lesen
l_1) verderbt für *smt* (Wb IV, 144)
m_1) völlig verderbte Schreibung für *ḏwḏw* (ohne plausible Erklärung), vgl. die Par.
n_1) als *sḫwn* (Wb IV, 238) zu lesen
o_1) Schreibung für *Wȝmmti*, vgl. die Par.
p_1) Suffix 1. Sgl. ausgelassen
q_1) <*pri*> ausgelassen, ebenfalls bei den Par.
r_1) Schreibung für *dȝdȝ*
s_1) A 19 für *wr* ausgelassen, vgl. die Par.
t_1) defektiv geschriebenes *Nꜥrt*
u_1) Gründe für das Auslassen der Negativ-Aussagen im folgenden nicht ersichtlich
v_1) verderbte Schreibung für *Ḫȝsw* (Wb III, 234)
w_1) <*m*> ausgelassen
x_1) 1. ein Totenrichter ausgelassen <*i nḫḫ*>...
   2. als *knm.ti* (Wb V, 133) zu lesen
y_1) verschrieben für *knm* (Wb V, 133)
z_1) O 49 sinnlos, Suffix 1. Sgl. ausgelassen
a_2) als X 4 od. Y 1 zu emendieren
b_2) <*m*> ausgelassen
c_2) <*ꜥ=i*> ausgelassen, vgl. z.B. *pTurin 1791* od. *pJachtesnacht*
d_2) verderbt für *sd ḫrw*
e_2) zu lesen: *iri=i*, ausgelassen <*ḫnn.w*>
f_2) Ortsangabe differierend: *Nḏit* (*pTurin 1791*), <*Nḏft*> (*pJachtesnacht*), <*pRyerson*> u. die Mehrzahl der 18. Dyn.-Versionen, *Ndit* (*pKairo CG 40029*), <*Ḏft*> (*pVatikan 48832*)

g2) Gründe für das Auslassen von *nn* unklar
h2) verderbte Schreibung für *sḫri*
i2) Schreibung für *Wtnt/Wdnt*, vgl. die Par.
j2) nur der Anfang der Negativ-Aussage vorhanden
k2) <*m*> ausgelassen, vgl. die Par.
l2) verschrieben für *Ṯbw* (N 8 für S 33), vgl. *pJachtesnacht, pKairo CG 40029, pRyerson, pVatikan 48832*
m2) verschrieben für *iḥii*, vgl. die Par.
n2) 1. D 54 unpassendes Det. für *wḏ*
2. Schilfblatt eher zu defektiv geschriebenem *rḫi.t* gehörig
o2) <*nfr.w*> ausgelassen, vgl. die Par.
p2) als *Ini-ʿ-f* zu lesen, vgl. die Par.
q2) ebenfalls *ḫr.t-nṯr* bei *pKairo CG 40029*, Var.: *igr.t* bei *pJachtesnacht, pKairo J.E. 95862, pRyerson, pVatikan 48832*
r2) Zeile freigelassen, wegen vorher ausgelassener Anrufung + Negativ-Aussage, s. Anm. x1) 1.

Anmerkungen Tb 125 C (Z. 331-334)
(*pCologny*), Schreiber 2
Taf. 14 u. Photo-Taf. 13
Benutzte Parallelen: *pTurin 1791, pJachtesnacht, pKairo CG 40029, pKairo J.E. 95862, pRyerson, pVatikan 48832*

a) Suffix 1. Sgl. zu ergänzen
b) als *rḫ.kwi* zu ergänzen, vgl. *pJachtesnacht*
c) Passage ausgelassen
d) Pl.-striche zu tilgen
e) 1. Passage ausgelassen
2. *nṯr* nicht vor und nicht nach der ausgelassenen Passage unterzubringen
f) Var.: *ir nb.w* anstelle von *inḏ ḥr =tn nṯr.w*
g) sic: Zeichenstellung bei *wsḫ.t*
h) Passage ausgelassen
i) 1. *n=i* unpassend, sinnvoll ist *t n ḥqr*
2. Passage ausgelassen
j) notwendiges *n* zu ergänzen
k) *tn* in der Klammer ohne Sinn
l) 1. *nn bin nṯr m T3-mri* als Versatzstück aus in Tb 125 C früher vorkommenden Textstücken *...bin n nṯr* u. *...m T3-mri...*
2. vorzeitiger Abbruch des Spruchtextes

Anmerkungen zur Beischrift des TG
(*pCologny*)
Taf. 15 u. Photo-Taf. 14

a) zu lesen *wḏ3*, vgl. Z. 10 der Beischrift
b) *t3* als Negationsform *iwti* (Wb Zettelkasten Nr. 472) für *n/nn* zu lesen, s. Z. 12
c) Zeichen in der Klammer überflüssig
d) Schreibung für *nḏs*

Anmerkungen Tb 126 (Z. 335-341)
(*pCologny*), Schreiber 4
Taf. 16 u. Photo-Taf. 15
Benutzte Parallelen: *pTurin 1791, pJachtesnacht, pKairo CG 40029, pKairo J.E. 95862, pRyerson, pVatikan 48832*

a) kurze Passage ausgelassen
b) Passage aufgrund von aberratio oculi ausgelassen
c) als *nis.tw=k* zu lesen

Anmerkungen Tb 127 (Z. 342-357)
(*pCologny*), Schreiber 4
Taf. 16 u. Photo-Taf. 15
Benutzte Parallelen: *pTurin 1791, pJachtesnacht, pKairo CG 40029, pKairo J.E. 95862, pRyerson, pVatikan 48832, pM3i-ḥr-pri*

a) vgl. aber die Schreibung von *qr.ti* in Z. 343
b) vgl. aber die Schreibung von *dw3.t* in Z. 343
c) als Sgl. hier u. bei *pKairo CG 40029*, als Pl. bei *pTurin 1791, pJachtesnacht, pKairo J.E. 95862*
d) Pl.-striche zu ergänzen
e) als *spd=tn* zu lesen, vgl. *pM3i-ḥr-pri, pTurin 1791, pKairo CG 40029, pKairo J.E. 95862* od. *pRyerson* in phonetischer Schreibung
f) erscheint H 8 am ähnlichsten, als Ersatz für G 38 (?), s. Z. 347, od. als Aa 2 gemeint
g) wohl nicht als kausatives *ḫsr* anzusetzen, deshalb zu tilgen
h) V 28 in der Klammer als unsinnig zu tilgen
i) Zufügung von *nn* nur hier
j) Pl. in der Klammer zu tilgen, vgl. aber ebenso bei *pJachtesnacht*
k) Suffix 1. Sgl. zu ergänzen
l) kurze Passage wegen aberratio oculi ausgelassen

m) Suffix 3. Sgl. mask. u. *m* ausgelassen, vgl. *pTurin 1791, pKairo CG 40029, pKairo J.E. 95862, pRyerson, pVatikan 48832*
n) O 1 anstelle von N 25
o) Schreibung für *nbi.t* (Wb II, 244)
p) Suffix 3. Sgl. mask. ausgelassen, vgl. die Par.
q) als *ꜥm* (Wb I, 183) zu lesen
r) *n* zuzufügen, vgl. *pTurin 1791, pKairo CG 40029*
s) fehlende Pl.-zeichen
t) als *qr.ti* zu lesen
u) als *ntf* zu emendieren, vgl. die Par.
v) als *nms* (Wb II, 269) zu lesen, vgl. *pRyerson*
w) A 2 bei *im.i=f* zu tilgen
x) sic: vorgezogene Stellung des Det.
y) *k* in Pl.-striche zu emendieren, vgl. *pJachtesnacht, pKairo CG 40029*
z) Text in der Klammer ohne Sinn
a_1) zu tilgen
b_1) 1. zu tilgen
2. doppeltes A 1 aus dem hierat. D 46 verlesen
c_1) Zufügung von *ꜥnḫ n Rꜥ* (*pTurin 1791, pKairo CG 40029, pKairo J.E. 95862, pRyerson*) od. *ꜥnḫ* (*pJachtesnacht*), *ꜥnḫ=f n Rꜥ* (*pVatikan 48832*)
d_1) *n* zu tilgen
e_1) die Par. schreiben *smꜣꜥ ḫrw*
f_1) kurze Passage ausgelassen <*=f m ḏꜣḏꜣ.t iw wbꜣ*>, mit dem Det. von *wbꜣ* (hier als G 40 geschrieben) Text fortgesetzt
g_1) *sꜣ Rꜥ* ebenfalls bei *pJachtesnacht, pKairo J.E. 95862*, wohl zu emendieren in *bꜣ n Rꜥ*, vgl. *pTurin 1791, pKairo CG 40029*
h_1) Passage ausgelassen, aberratio oculi von *Wsir NN* zum nächsten
i_1) Zeichen in der Klammer unnötig
j_1) verderbt für *kri=sn*
k_1) Pl.-striche zu ergänzen
l_1) Schreibung für *gm* (Wb V, 166) als ptol. Schreibung

Anmerkungen Tb 128 (Z. 358-367)
(*pCologny*), Schreiber 4
Taf. 17 u. Photo-Taf. 15

Benutzte Parallelen: *pTurin 1791, pJachtesnacht, pKairo CG 40029, pKairo J.E. 95862 + pKairo J.E. 95708, pRyerson*
a) in Wb V, 353 als ptol. Schreibung notiert, s. aber auch Schreibung unten
b) Schreibung für *Nn-nswt* (Wb II, 272)
c) H 6 aus N 36 + N 23 verlesen, als *mꜥḥꜥ.t* (Wb II, 49) zu lesen, vgl. aber Z. 366; Pl.-zeichen nur hier
d) 1. ausgelassen *nb iḫ.wt*, vgl. aber die Par.
2. *ꜥšꜣ* im Pl.
e) *s* in der Klammer zu tilgen, *ḥb.w* ist gemeint, vgl. *pTurin 1791, pJachtesnacht, pKairo J.E. 95862* od. *pRyerson*; ebenfalls *ḥbs* geschrieben bei *pKairo CG 40029*
f) als Y 1 anzusehen
g) als *sn.t=s* zu lesen, gleiche Schreibung bei *pTurin 1791* u. *pKairo CG 40029*
h) *sḏm.n=f*-Form hier, bei *pKairo J.E. 95862* u. bei *pRyerson*
i) ohne Pl.-zeichnung bei *wr* u. *im.i*, korrekt: *wr.w* u. *im.iw*, vgl. *pTurin 1791*
j) ausgelassen <*Ḥrw*>, vgl. die Par.
k) sinnvollerweise ein Suffix 1. Sgl. zu ergänzen, vgl. *pTurin 1791*
l) <*n*> zu ergänzen, vgl. die Par.
m) bei *pCologny, pJachtesnacht, pKairo J.E. 95708* u. *pRyerson iḥii* aus *ḥwi* verlesen, vgl. aber *pTurin1791* u. *pKairo CG 40029*
n) bei *pKairo CG 40029* geschrieben: *ḥwi.n=i n=k ḫfti.w=k*, od. nur Suffix 1. Sgl. zu ergänzen, vgl. *pTurin 1791* u. <*pKairo J.E. 95708*>
o) entweder nur Suffix 1. Sgl. zu ergänzen, vgl. *pJachtesnacht* u. *pKairo J.E. 95708*, od. als *sḏm.n=f*-Form zu lesen: *nḏ.n=i tw*, vgl. *pTurin 1791*
p) <*Ḥrw*> ausgelassen, vgl. die Par.
q) <*nfr*> ausgelassen, vgl. die Par.
r) 1. <*Wsir*> ausgelassen, vgl. auch Z. 365
2. als *ii* zu emendieren, vgl. die Par. u. Z. 365
s) <*tw*> ausgelassen, vgl. *pTurin 1791, pKairo CG 40029, pKairo J.E. 95708* u. *pRyerson*
t) Pl.-striche sinnlos, *nṯr*-Zeichen als zusätzliches Det.
u) als *dwꜣ=f tw* zu lesen, vgl. *pKairo J.E. 95708*

v) als *ḥk3* zu lesen
w) bedeutungsloser Strich
x) als *ii.<n=i n=k>* zu emendieren, vgl. die Par.
y) kurze Passage ausgelassen, aberratio oculi
z) als *qm3* zu lesen
a_1) als *m3ʿ.t* zu lesen
b_1) die bei den Par. übliche Instruktion nicht vorhanden

Anmerkungen Tb 129 (Z. 368-376)
(*pCologny*), Schreiber 4
Taf. 17 u. Photo-Taf. 16
Benutzte Parallelen: *pTurin 1791, pJachtesnacht, pKairo CG 40029, pKairo J.E. 95708, pRyerson, pVatikan 48832*
a) defektiv geschriebenes *siqr*
b) Pl.-striche unnötig
c) ohne Pl.-striche
d) *wi3* in der Klammer als sinnlos zu tilgen
e) *i3b.t.t* ebenfalls bei *pTurin 1791* u. *pKairo J.E. 95708*,
Var.: *3bḏw* bei *pJachtesnacht, pKairo CG 40029* u. *pRyerson*
f) ohne Gottes-Det.
g) Pl. zu streichen
h) als *wr.t* zu lesen
i) Pl.-striche zu tilgen od. als *n* zu emendieren
j) verderbt für *sm3*, vgl. die Par.
k) als *sḫm* (Wb IV, 215) zu lesen, vgl. die Par.
l) als *sw* zu emendieren, ebenfalls bei *pJachtesnacht*
m) als *is.t* (Wb I, 127) zu lesen, M 40 zu M 17 verlesen
n) unpassendes Det.
o) bei Wb V, 574 als sp. Schreibung notiert
p) Aa 13 aus Z 7 verlesen
q) als *dqw* (Wb V, 494 f.) zu lesen, mit D 51 geschrieben
r) als *ḥm.t w3ḏ.t* zu lesen
s) diese Passage aus dem Titel von Tb 130 entnommen, dafür Passage von Tb 129 ausgelassen
t) als *ir* zu lesen (Pl. zu tilgen), ebenso bei *pJachtesnacht, pKairo CG 40029, pKairo J.E. 95708, pVatikan 48832*
u) 1. verderbt für *w3ḏ.t*
2. *mi.t.t* hier u. bei *pJachtesnacht* zugefügt
v) vgl. Übersetzung bei J.J. Clère, Recherches sur le mot des textes Gréco-Romains et sur d'autres mots apparentés, in: BIFAO 79 (1979), 285-310, bes. 301ff. u. U. Verhoeven, Jachtesnacht 1, 247, Anm. 4
w) Suffix 3. Sgl. mask. ausgelassen, vgl. aber die Par.
x) kurzes Spatium bis Zeilenende
y) *wi* in Ps. part.-Form *.tw* zu emendieren
z) *nṯr*-Zeichen hinter *Rʿ* zu stellen
a_1) vorzeitiger Abbruch des Spruchtextes

Anmerkungen Tb 140 (Z. 377-387)
(*pCologny*), Schreiber 4
Taf. 17-18 u. Photo-Taf. 16
Benutzte Parallelen: *pTurin 1791, pJachtesnacht, pKairo CG 40029, pKairo J.E. 95857, pRyerson, pVatikan 48832*
a) 1. sic: D 50 (2x) für Zahlzeichen 2, s. auch Z. 380
2. als *pr.t* (Wb I, 530 in ptol. Schreibung) zu lesen
b) *<m>* ausgelassen, vgl. *pKairo CG 40029* u. *pRyerson*
c) als *i3d.t* zu lesen, vgl. Valeurs phonétiques, 193, Nr. 915
d) Schreibung für *i3ḫw* (Wb I, 33)
e) *Ḥrw* ebenso belegt bei *pVatikan 48832*,
Var.: *Ḥrw-3ḫti* bei den übrigen Par.
f) *n* zu tilgen od. als *sḏm.n=f*-Form hinter *wḏ* setzen, vgl. *pKairo CG 40029*
g) verlesen aus *n.w*, vgl. die Par.
h) kurze Auslassung durch aberratio oculi: *<wḏ ḥm=f>*
i) verderbt für *nk3* (Wb II, 345)
j) überflüssiges *n* zu tilgen, s. auch nächste Z.
k) kurze Passage durch aberratio oculi ausgelassen: *<iw 3ḫ.t =f ḥtp=s ḥr s.t =s ḥr ḥm=f>*
l) hier sollte das Zahlzeichen 4 stehen, vgl. die Par.
m) *s* verderbt für Buchrolle (?)
n) sic: D 50 (2x) verderbt für Zahlzeichen 2, s. auch Z. 377 u. Anm. a) 1. u. 2.
o) vgl. U. Verhoeven, Jachtesnacht 1, 263, Anm. 6

mi tp-ꜥ=f bei *pKairo CG 40029* u. *pKairo J.E. 95857*
mi tp pn bei *pVatikan*

p) Schreibung für *Swti*
q) Text in 4 Registern von Z. 382 a - 385 a verlaufend
r) Text im 2. Register von oben von Z. 382 b - 385 b verlaufend
s) vgl. U. Verhoeven, Jachtesnacht 1, 263, Anm. 8, hier aber mit fem. Gottes-Det.
t) Text im 3. Register von oben von Z. 382 c - 385 c verlaufend
u) <*wḏꜣ.t*> ausgelassen, vgl. die Par.
v) wahrscheinlich aus hierat. Gottes-Det. verlesen
w) ungewöhnliche Zufügung eines Gottes-Det.
x) sic: M 23 für M 22
y) *m* für *n*
z) Passage wegen aberratio oculi ausgelassen
a_1) verkürzt für *iꜣw.t*, vgl. die Par.
b_1) Abbruch des Spruchtextes

Anmerkungen Tb 141 (Z. 388-404)
(*pCologny*), Schreiber 4
Taf. 18 u. Photo-Taf. 17
Benutzte Parallelen: *pTurin 1791, pJachtesnacht, pKairo CG 40029, pKairo J.E. 95708, pRyerson, pVatikan 48832*

a) Schreibung für *iqr* (Wb I, 137)
b) *pTurin 1791, pJachtesnacht, pKairo CG 40029, pKairo J.E. 95857* u. *pRyerson* schreiben *hrw psḏn.tiw*
c) Text in 4 Registern von Z. 390 a - 402 a verlaufend
d) *pTurin 1791, pKairo CG 40029, pKairo J.E. 95857, pRyerson* u. *pVatikan 48832* fügen *it nṯr.w* zu
e) die unter d) genannten Par. fügen *sꜣ.t Rꜥ* hinzu (*pVatikan 48832: Mꜣꜥt sꜣ.t Rꜥ m ḥꜣ.t wiꜣ n Rꜥ*)
f) nach *pTurin 1791* hier 7 Namen ausgelassen
g) sic: hier steht R 7 anstelle von S 20
h) die hierat. Par. zeigen Kuh u. Gott als Det.
i) *ꜥnḫ* in der Klammer überflüssig
j) Pl.-zeichen hinter *id.wt* zu setzen
k) Text im 2. Register von oben von Z. 390 b - 402 b verlaufend
l) zu emendieren in <*tꜣ.wi*>, vgl. die Par.
m) <*n*> ausgelassen, vgl. die Par.
n) defektiv geschriebenes *ḥmw*
o) aus Platzgründen ohne Det.
p) Text des 3. Registers von oben von Z. 390 c - 402 c zu lesen
q) als *iꜣ.t* zu lesen, vgl. aber die Schreibung in Z. 413
r) Text des untersten Registers von Z. 390 d - 402 d verlaufend
s) als *qr.tiw* zu lesen
t) verderbt für *sm.ti*, vgl. *pTurin 1791, pJachtesnacht, pRyerson*
u) unpassendes Det.

Anmerkungen Tb 142 (Z. 405-427)
(*pCologny*), Schreiber 4
Taf. 19 u. Photo-Taf. 17
Benutzte Parallelen: *pTurin 1791, pJachtesnacht, pKairo CG 40029, pKairo J.E. 95708, pRyerson, pVatikan 48832*

a) defektiv geschriebenes *siqr*
b) kurze Passage ausgelassen <*rdi.t šm=f swsḫ nmt.t =f pri m hrw m ḫpr.w nb mri=f*>, vgl. *pTurin 1791, pKairo CG 40029, pKairo J.E. 95857, pVatikan 48832*
c) Text in 4 Registern von Z. 406 a - 427 a, dann im 2. Register von Z. 406 b - 427 b, weiter im 3. Register von Z. 406 c - 427 c u. im 4. Register von Z. 406 d - 427 d verlaufend
d) aus hierat. Zeichen Nr. 470 (Möller, Paläographie III) verschrieben, *npi* (Wb II, 249)
e) als *Sꜣḥ* (Wb IV, 22) zu lesen, T 19 + V 31 aus hierat. Zeichen Nr. 595 (Möller, Paläographie III) verlesen
f) als *Rs-Nt* bzw. *Mḥ-Nt* zu lesen, vgl. R. El-Sayed, Documents relatifs à Saïs et ses divinités (BdE 69, Kairo 1975), 193ff.
g) ausgelassen <*Wsir ḫnti Rꜣ-stꜣw*>
h) verderbt für *im.i*, vgl. z.B. *pJachtesnacht* od. *pKairo J.E. 95857*
i) als *ꜥnḏt* zu lesen
j) als *Ḥsrt* (Wb III, 168 "Nekropole von Hermopolis") zu lesen, vgl. *pJachtesnacht* u. *pRyerson*,

Var.: *Sḥt/Ḥst* bei *pCologny* u. den übrigen Par.; ohne *kii ḏd*-Variante

k) Schreibung für *S3w*; H 8 für G 39

l) nach *pTurin1791* 31 Namen ausgelassen; Text von Z. 406 b - 427 b verlaufend

m) als *is.t* zu lesen, zu den Par. vgl. U. Verhoeven, Jachtesnacht 1, 269, Anm. 8; zusätzlich *pKairo CG 40029* u. *pKairo J.E. 95857*: *m rwti is.t*

n) als *t3 Skr* zu lesen, N 17 für N 16

o) als *ww ꜥPqr* zu lesen; *ww* (Wb I, 289 als sp. Schreibung für *w*), *Pqr* (Wb I, 561 in sp. Schreibung)

p) Var.: *Mni* (als Austausch für *Hni*) bei *pTurin 1791, pVatikan 48832*,
nht bei *pKairo CG 40029*; bei *pJachtesnacht* ist sowohl *Wsir m Mni* als auch *Wsir m Hni* genannt

q) *Bnš*(*w*) ebenso bei *pTurin 1791*,
Var.: *Bašw* bei den übrigen Par.

r) als *T3it* zu lesen, N 29 verschrieben für U 30, Aa 18 für O 32

s) ausgelassen <*ḥm.wt=f*>, vgl. die Par.

t) bei allen Par. unterschiedlich:
bei *pTurin 1791*
bei *pJachtesnacht*
bei *pKairo CG 40029*
bei *pKairo J.E. 95857*
bei *pRyerson*
bei *pVatikan 48832*

u) als *Sitiw* zu lesen, vgl. *pTurin 1791* od. *pRyerson, pKairo CG 40029, pKairo J.E. 95857*,
Var.: *'I3tiw* bei *pJachtesnacht*
'Itiw bei *pVatikan 48832*

v) die Par. schreiben *m t3.wi nb.w*

w) bei den Par.: *ḫnti š n pr ꜥ3 ꜥnḫ wḏ3 snb* u.ä.

x) nicht in der üblichen Abfolge

y) als *Bnbn* zu lesen

z) ausgelassen <*Wsir m 'Iwnw*>, vgl. die Par.

a_1) <*m*> ausgelassen, ebenso bei *pTurin 1791* (*mkš*), *pKairo CG 40029, pKairo J.E. 95857, pRyerson, pVatikan 48832*

b_1) Schreibung von *3bḏw* mit Aa 2 von der Schreibung *3bw* (Wb I, 7) übernommen, vgl. auch Gauthier, DG, Bd. I, 3

c_1) nach *pTurin 1791* 6 Namen ausgelassen

d_1) als *iḫti* (Wb I, 123) zu lesen

e_1) vorher ausgelassene Namen rückwärts kopiert

f_1) <*m 'Iwnw*> ausgelassen, vgl. die Par.

g_1) Name verkürzt, vgl. U. Verhoeven, Jachtesnacht 1, 269, Anm. 6; Schreibung bei *pKairo CG 40029* u. *pVatikan 48832* identisch mit *pJachtesnacht*,
Var.: bei *pKairo J.E. 95857*

h_1) als *ns.ti* zu lesen

i_1) Verkürzung des Namens

j_1) Namen setzen in der Abfolge nach Z. 427 c wieder ein

k_1) Name verkürzt

l_1) nach *pTurin 1791* 39 Namen ausgelassen

m_1) nach *pTurin 1791* 4 Namen ausgelassen

n_1) nach *pTurin 1791* 1 Name ausgelassen

o_1) Name verkürzt

p_1) anstelle von *im.i*, vgl. *pTurin 1791, pJachtesnacht, pKairo J.E. 95857, pRyerson, pVatikan 48832*

q_1) 1. vorzeitiger Abbruch des Textes
2. bei *pCologny* nur 88 Namen aufgelistet,
156 Namen bei *pTurin 1791*,
149 Namen bei *pJachtesnacht*,
155 Namen bei *pKairo CG 40029*,
159 Namen bei *pKairo J.E. 95857*,
160 Namen bei *pRyerson*,
151 Namen bei *pVatikan 48832*

Anmerkungen Tb 144 (Z. 428-455)
(*pCologny*), Schreiber 4
Taf. 20 u. Photo-Taf. 18
Benutzte Parallelen: *pTurin 1791, pJachtesnacht, pKairo CG 40029, pKairo J.E. 95868, pRyerson, pVatikan 48832*

a) Umschreibung des Det. unsicher, weder N 5 noch O 49 sinnvoll

b) W 11 verlesen für O 4, siehe die Par.

c) Schreibung für *wnm*

d) unpassendes Det.

e) sic: Q 1 für U 40, als *Rs-ib* zu lesen, mit Q 7 als Det.

f) als I͗kt-t zu lesen, dabei H 8 für Z 7 und W 11 für X 2 od. U 30 geschrieben, vgl. *pJachtesnacht* od. *pKairo J.E. 95868*
g) <*i͗r.i͗*> ausgelassen, vgl. die Par.
h) <*n*> ausgelassen, vgl. die Par. mit Ausnahme des *pVatikan 48832*
i) als *rḫ* zu lesen, vgl. die Par.
j) *n* in der Klammer überflüssig
k) <*n*> ausgelassen, vgl. *pTurin 1791, pKairo CG 40029, pKairo J.E. 95868, pRyerson, pVatikan 48832*
l) 1. als *m ꜥb* zu lesen, vgl. auch U. Verhoeven, Jachtesnacht 1, 275, Anm. 7
   2. *Wsir NN* hier nicht sinnvoll; es liegt eine Auslassung <*Wsir šsp*> vor, vgl. die Par.
m) <*Wsir*> zu ergänzen, ebenso bei allen übrigen Par. ausgelassen, vgl. aber *pNw*
n) D 53 in der Klammer zu tilgen
o) 1. *nb* als sinnlos zu tilgen
   2. längere Passage ausgelassen, nach *pTurin 1791* Z. 6-11
p) als *i͗mn.ti͗w* zu lesen
q) *pTurin 1791, pKairo CG 40029, pRyerson, pVatikan 48832* u. *pNw* fügen kurze Passage ein, nach *pTurin 1791:* <*m-m i͗rr.i͗w i͗ḫ.wt n Wsir*>
r) als *r ꜥ* zu lesen, vgl. die Par.
s) *m-ꜥ* in der Klammer zu tilgen, vgl. sämtliche übrigen Par.
t) Passage (*nn i͗ṯi͗ sw ...ḏsr*) ausgelassen, vgl. *pTurin 1791*
u) 1. *ḥr* in der Klammer zu tilgen
   2. als *ḥꜥꜥ* zu lesen
v) als *m ḫsf* zu lesen
w) verkürzte Schreibung für *ꜥri͗.t*
x) *n* überflüssig
y) Var.: *m-ḫt wꜥb sw Ḥwt-Ḥrw* bei *pKairo CG 40029*
   i͗w =f m-ḫt Ḥwt-Ḥrw bei *pVatikan 48832*
   m-ḫt wꜥb Ḥwt-Ḥrw bei *pNw*
z) verderbte Schreibung für *bi͗ꜣ* (Wb I, 439)
a_1) Text in der Klammer als sinnlos zu tilgen
b_1) vgl. U. Verhoeven, Jachtesnacht 1, 277, Anm. 4, Var.: *pri͗ m ꜣḫ.t* bei *pKairo CG 40029*
c_1) als *sti͗* (Wb III, 488) zu lesen
d_1) <*n Rꜥ* > ausgelassen, vgl. die Par.
e_1) als <*i͗ri͗=k*> zu emendieren, vgl. die Par.
f_1) als <*sbꜣ/sbꜣ.w*> zu emendieren, vgl. die Par.
g_1) *t* als Endung von *ꜥri͗.t* zu setzen
h_1) *ḫpš* mit fem. *t* geschrieben (Wb III, 268)
i_1) Schreibung als *i͗ḥ* zu emendieren
j_1) Schreibung für *snf*
k_1) Schreibung für *i͗wf ḥꜣti͗=f*
l_1) verderbt für *ḥbnn.wt* (Wb III, 63), vgl. auch die Par.
m_1) Schreibung *ḫpni͗* für *špn.t* (Wb IV, 445) wie bei *pNw* bei allen Par.
n_1) 1. verderbt für *dqw* (Wb V, 494), Austausch von D 21 u. D 46
   2. die nachfolgende Zeichenkombination nicht sinnvoll erklärbar,
   Var.: *dqw n.w sw.t pTurin 1791*
   ꜥgꜣ.t n.t sw.t pKairo CG 40029, pKairo J.E. 95868 u. *pVatikan 48832*
o_1) hier als *bꜣq.w* (Wb I, 423) geschrieben
p_1) *wn.wt* in sp. Schreibung, vgl. Wb I, 316
q_1) <*tw*> ausgelassen, vgl. die Par.
r_1) Pl. zu tilgen
s_1) Par. fügen *rdi͗.t* ein
t_1) Par. fügen *sw/si͗ ein*
u_1) <*n*> ausgelassen, vgl. die Par.
v_1) 1. Zusatz von *nb* bei *pJachtesnacht, pKairo J.E. 95868* u. *pVatikan 48832*
   2. *sw* in *i͗w* zu emendieren
w_1) als *i͗r.i͗* (Pl.) zu lesen

Anmerkungen Tb 145 (Z. 456-539)
(*pCologny*), Schreiber 4
Taf. 21-24 u. Photo-Taf. 18-20
Benutzte Parallelen: *pTurin 1791, pJachtesnacht, pNes-pa-sefj, pKairo CG 40029, pKairo J.E. 95868, pRyerson, pVatikan 48832,* Grab Mutirdis
a) *i͗ꜣrw* (Wb I, 32) verkürzt geschrieben
b) Schreibung des Imp., s. aber Z. 465
c) <*n*> ausgelassen
d) *nb tꜣ* für *nb.t*
e) als *sdꜣ* zu lesen
f) hier *sb.ti͗* (Wb IV, 95) anstelle von *snb* (Wb IV, 161), vgl. die Par.
g) als überflüssig zu tilgen
h) <*i͗m=f*> ausgelassen, vgl. die Par. u. Z. 463

i) Schreibung für *mrḥ.t* (Wb II, 111), W10 + W 24 anstelle von W 1 + W 22 od. als Det. von *ḥꜣ.t* anzusehen

j) Schreibung für *sšd* (Wb IV, 301), vgl. auch Z. 464

k) verderbte Schreibung für *ꜣms* (Wb I, 11) mit fehlerhaftem Det.

l) hier u. bei *pJachtesnacht* verderbte Schreibung für *ḥti* (Wb III, 182), vgl. aber *pTurin 1791, pKairo CG 40029, pKairo J.E. 95868, pRyerson* u. *pVatikan 48832*

m) für diese sich wiederholende Phrase üblicher Text: *iw=i rḫ tn rḫ.kwi rn=t rḫ.kwi rn n nṯr sꜣw t(n)*, vgl. die Par.

n) in <*tꜣ*> zu emendieren, vgl. die Par.

o) für *ẖr=t*, vgl. auch U. Verhoeven, Jachtesnacht 1, 279, Anm. 6

p) sic: überflüssiges *t*

q) verderbte Schreibung für *ꜣms*

r) <*t(n)*> ausgelassen, vgl. die Par.

s) dem Det. nach ist hier *sbḫ.wt* gemeint, fehlerhafte Umsetzung von R 1; *sbḫ.t* ebenfalls bei *pTurin 1791, pJachtesnacht* u. *pRyerson*, Var.: *ḫꜣw.t* bei *pNes-pa-sefj, pKairo CG 40029, pKairo J.E.95868, pVatikan 48832* u. *pNw*

t) als *ꜥꜣ.t* zu lesen, vgl. *pTurin 1791, pJachtesnacht, pKairo CG 40029, pRyerson, pNw*

u) verderbte Schreibung für *ꜥꜣb.wt* (Wb I, 167)

v) zu emendieren in <*n n.tiw im*>, vgl. *pTurin 1791, pNes-pa-sefj, pRyerson*

w) *n* in der Klammer zu tilgen, ebenfalls bei *pJachtesnacht*

x) Suffix 2. Sgl. mask. anstelle von 3. Sgl. fem., vgl. die Par.

y) 1. *rn=t* als Wiederholung zu tilgen
2. lies: *bꜣq*

z) alle Par. (Ausnahme *pJachtesnacht*) fügen *im=f* zu

a_1) 1. alle Par. (Ausnahme *pJachtesnacht*) fügen Suffix 3. Sgl. mask. zu
2. Zufügung von sinnvollem *r* bei *pKairo CG 40029* u. *pKairo J.E. 95868*

b_1) *pri=f* nur bei *pCologny*, dafür ausgelassen *hrw n*, vgl. die Par.

c_1) zu lesen: *Ṯḥnw*, zu diesem Öl vgl. B. Koura, Die "7-Heiligen Öle" und andere Öl- und Fettnamen (Aegyptiaca Monasteriensia 2, Aachen 1999), 81 u. 193

d_1) zu tilgen, Wiederholung

e_1) *n* als überflüssig zu tilgen

f_1) als Ps.part. *rḫ*<*.kwi*> zu emendieren

g_1) *ḥḏ tꜣ* in <*ḥḏi*> (Wb III, 212 "schädigen") zu emendieren, vgl. sämtliche Par.

h_1) <*t(n)*> ausgelassen, vgl. Z. 467

i_1) *sb* für *sbi* (?), vgl. U. Verhoeven, Jachtesnacht 1, 280, Anm. 8,
Var.: *Stš* ideographisch od. phonetisch geschrieben bei allen übrigen Par. (Ausnahmen: *pJachtesnacht, pCologny*)

j_1) Füllstrich; <*mꜣꜥ ḫrw n*> ausgelassen, vgl. aber *pNes-pa-sefj, pKairo CG 40029, pKairo J.E. 95868, pRyerson, pVatikan 48832*

k_1) zu emendieren in Ps.part. *wrḫ*<*.kwi*>

l_1) als *iꜣnn* (?) zu lesen, vgl. B. Koura, op. cit., 161

m_1) 1. zu *sd.kwi* zu vervollständigen
2. ausgelassen <*sš nw ꜣ*>, zu *sš nw* vgl. U. Verhoeven, Jachtesnacht 1, 281, Anm. 3

n_1) Suffix 1. Sgl. ausgelassen

o_1) als vollständige Ps.part.-Form *rḫ.kwi* zu emendieren

p_1) leicht differierende Schreibung dieses Namens bei den Par.

q_1) als *dbḥ* zu lesen, vgl. die Par.

r_1) als *wn tp* zu lesen, vgl. die Par., s. auch T.G. Allen, BD Documents, 241, Anm. z

s_1) verderbt für *rn=t*

t_1) <*t(n)*> ausgelassen, vgl. Z. 471

u_1) bei den Par. <*Wsir*> eingefügt

v_1) Suffix 1. Sgl. ausgelassen

w_1) Det. von *ꜥn* (Wb I, 188 "umwenden") übernommen

x_1) als *ẖꜣk.w-ib* (Wb III, 363) zu lesen

y_1) Suffix überflüssig

z_1) nicht nach dem üblichen Muster *iw=i rḫ tn rḫ.kwi rn=t rḫ.kwi rn n nṯr* ... verlaufend

a_2) *n* in der Klammer zu tilgen

b_2) defektiv geschriebenes *sꜣw*

c_2) nach *pJachtesnacht, pNes-pa-sefj, pKairo CG 40029, pKairo J.E. 95868, pRyerson* u. *pVatikan 48832* <*nb.t* > ausgelassen

d_2) für Suffix 3. Sgl. fem., vgl. die Par.; auch unten in der Zeile

e_2) 1. <*tw*> bei den Par. zugesetzt
2. für *tnw* (Pl.), (Wb V, 376)

f_2) *pꜣ ḥqꜣ* Fehlschreibung für *ṯꜣti*, vgl. die Par.

g_2) 1. <*m*> zu ergänzen
2. zum *ꜥgꜣf*-Öl siehe B. Koura, op. cit., 164

h_2) 1. *n* in der Klammer ohne Sinn
2. sic: G 5 statt G 1

i_2) als <*t*>*n* zu emendieren

j_2) *n* in der Klammer überflüssig

k_2) Text des 8. u. des 7. Tores vertauscht

l_2) als *ḏꜣf* (Wb V, 522) zu lesen

m_2) verschrieben für *snsi.t* (Wb IV, 171)

n_2) vgl. U. Verhoeven, Jachtesnacht 1, 283, Anm. 8

o_2) zu den Var. vgl. U. Verhoeven, Jachtesnacht 1, 283, Anm. 11

p_2) W 10 als Det. zu *ꜥnḫ* gehörig

q_2) verschrieben aus *ḥḏ.t* (Wb III, 210)

r_2) <*m-ꜥ=i*> ausgelassen

s_2) Endung *nwt* ausgelassen

t_2) in Suffix 1. Sgl. zu emendieren

u_2) <*t(n) rḫ*> ausgelassen

v_2) Text in Klammern zu tilgen

w_2) <*t(n)*> ausgelassen

x_2) Schreibung für *iꜣkbi(.t)*, (Wb I, 34); Pl. zu streichen

y_2) verschrieben für *Nt* + fem. Gottes-Det.

z_2) Schreibung für *ḥnti* (Wb III, 121)

a_3) *k* bzw. *n* in den Klammern zu tilgen od. als *rꜣ n wꜥb.t* anzusetzen, vgl. *pTurin 1791* od. TT 353, vgl. P. Dorman, The Tombs of Senenmut. The Architecture and Decoration of Tombs 71 and 353 (PMMA 24, New York 1991), Pl. 69

b_3) <*m-ꜥ=i*> ausgelassen

c_3) Schreibung für *miḫw*

d_3) zu vollständiger Ps.part.-Form *rḫ.kwi* zu emendieren

e_3) *n* in der Klammer zu streichen

f_3) ebenfalls *sr(.t)* bei *pJachtesnacht* (mit vorhergehender Lücke), Var.: *wsr.t* bei den übrigen Par. u. TT 353

g_3) Mutirdes schreibt hier *nb=s bs pw m dbn*, vgl. J. Assmann, Mutirdis, 40, Anm. ak

h_3) *f* in der Klammer zu tilgen

i_3) 1. *sw* für Suffix 3. Sgl. fem., vgl. auch H. Junker, Grammatik der Denderatexte (Leipzig 1906), 38
2. zu dieser Passage vgl. J. Assmann, Mutirdis, 40, Anm. al-al u. U. Verhoeven, Jachtesnacht 1, 284, Anm. 15

j_3) als *ꜥ.wi=s* zu lesen, *sw* für Suffix 3. Sgl. fem., vgl. H. Junker, op. cit.

k_3) S 29 verschrieben für M 17

l_3) *n* sinnlos

m_3) verschrieben für ideographische Schreibung von *ꜣms*

n_3) nicht nach dem üblichen Schema

o_3) verschrieben für *ꜥ.wi*

p_3) sp. Schreibung für *dni.wt* (Wb V, 466)

q_3) Var.: *šft ḥr spr.tw r/n=s* bei den Par., vgl. auch U. Verhoeven, Jachtesnacht 1, 285, Anm. 4

r_3) 1. zu emendieren in <*r=s*>, vgl. die Par.
2. verschrieben für *sbḫ.w*

s_3) <*r qꜣ*> ausgelassen, vgl. die Par.

t_3) *t* in der Klammer sinnlos

u_3) entweder als *im m-ḫnw* od. als *m-ḫnw* zu emendieren

v_3) am sinnvollsten erscheint die Lesung *ṯsm*, vgl. *pTurin 1791, pKairo CG 40029* u. *pRyerson*

w_3) Suffix an dieser Stelle unpassend, hinter *iw* zu setzen

x_3) *iw* zu tilgen

y_3) zu emendieren in vollständige Ps.-part.-Form *rḫ.kwi*

z_3) sowohl *rn n nṯr sꜣw (tn)* als auch (in Z. 504) *n.ti m-ḫnw=t* geschrieben

a_4) als *ḥr.it* zu lesen, M 17 in V 28 zu emendieren

b_4) als *hnw* (Wb II, 493) od. *hi-hnw* (*hi* in ptol. Schreibung, Wb II, 483) zu lesen, vgl. auch U. Verhoeven, Jachtesnacht 1, 286, Anm. 1

c_4) verschrieben für *hrw*, vgl. die Par.

d_4) verschrieben für *iw*

e_4) als *nhp* zu lesen, vgl. z.B. *pJachtesnacht*

f_4) als *q<ʿ>ḥi.t* zu lesen (?)
g_4) verschrieben (?) für *nb*
h_4) als *iw* zu lesen
i_4) *iw=i* in der Klammer zu tilgen
j_4) *iw=i* zu tilgen, vollständiges Ps.-part. *rḫ.kwi* zu emendieren
k_4) Zusatz von *sšm(.t) n.t* nur bei *pCologny*
l_4) *t* in der Klammer zu tilgen
m_4) ausgelassen <*rn=t rḫ.kwi*>, aberratio oculi
n_4) in < *ḫb.t* > zu emendieren
o_4) mit Pl. u. unpassendem Det. (A 14), ebenso bei den Par.
p_4) *ʿḫm* (Wb I, 224) bei *pTurin 1791, pJachtesnacht* u. *pCologny*,
Var.: *ʿḫ* (Wb I, 223) bei *pNes-pa-sefj, pKairo CG 40029, pKairo J.E. 95868* u. *pVatikan 48832*
q_4) Text des 15. u. 16. Tores hier vertauscht
r_4) verschrieben für *ḫꜣḫ* (Wb III, 232), vgl. die Par.
s_4) vgl. U. Verhoeven, Jachtesnacht 1, 287, Anm. 10
t_4) hier u. bei *pJachtesnacht* unverständlich, vgl. U. Verhoeven, Jachtesnacht 1, 287, Anm. 11
u_4) stark verkürzte Passage, vgl. aber Z. 521
v_4) Zeichen in der Klammer zu streichen
w_4) für <*ḏd ʿ.wi=s*>, vgl. die Par., z.B. *pTurin 1791, pKairo CG 40029* od. *pKairo J.E. 95868*
x_4) zu emendieren in *ḫr <s>ip <n> ḥbs...*
y_4) sic: ohne Zehner-Zahlzeichen
z_4) bei den Par. als Text des 18. Tores
a_5) W 11 verlesen aus U 30, als *tꜣ* (Wb V, 229) zu lesen
b_5) *f* zu tilgen, Par. zeigen Det. einer Göttin
c_5) als *wsḫ* (Wb I, 364) zu lesen
d_5) als <*iw=t*> zu lesen
e_5) 1. bei den Par. als Text des 19. Tores
2. *f* ohne Sinn, wahrscheinlich aus Ersetzungsstrich verlesen, vgl. *pJachtesnacht* od. *pNes-pa-sefj*
f_5) vgl. U. Verhoeven, Jachtesnacht 1, 288, Anm. 5
g_5) bei den Par. *wrr.t* (Pl.), hier *wr iḫ.wt*, Schreibung bei *iḫ.wt* anstelle von X1 mit N 21, vgl. aber Z. 528
h_5) Wiederholung des Textes, s. Z. 524-525
i_5) hier sollte das Zahlzeichen 20 stehen
j_5) <*tn*> ausgelassen
k_5) *iw* zu streichen
l_5) hier steht *ṯt*, vgl. aber *ḥṯt* bei *pJachtesnacht, pNes-pa-sefj, pKairo J.E. 95868*,
Var.: *iṯrt* bei *pKairo CG 40029*
irr bei *pRyerson*
rr bei *pVatikan 48832;* vgl. auch U. Verhoeven, Jachtesnacht 1, 289, Anm. 1
m_5) wohl aus M 20 verlesen, als *sm*-Schlange (*pTurin 1791* u. *pRyerson*) zu lesen
n_5) Zeichen vor G 43 für X 1, sollte hinter dem Det. stehen
o_5) Var. schreiben hier *ḫm*
p_5) Var.: *hꜣi*
q_5) <*t(n)*> ausgelassen
r_5) Suffix 3. Sgl. mask. ausgelassen
s_5) D 54 u. T 30 ohne erkennbaren Sinn, aber <*šnd.t* > od. ä. ausgelassen
t_5) Par. schreiben *iw*
u_5) sinnvoller ist <*m*> bei den Par.
v_5) hier nur die *kii ḏd*-Var., vgl. *pRyerson: rꜣ kii ḏd ḥtp-ms*
w_5) <*n*> zu ergänzen, ebenso in Z. 536
x_5) F 42 für D 24
y_5) D 36 aus N 29 verlesen: *Qbqb*
z_5) als *im.i zu lesen*
a_6) ptol. Schreibung für *im*
b_6) *t* überflüssig
c_6) kurze Passage ausgelassen: <*iti=i sḫr.n=i ḫfti.w=f nb.w ii.n=i min*>, vgl. z.B. *pJachtesnacht*
d_6) bedeutungsloser Strich
e_6) mit unpassendem Det.
f_6) Suffix 3. Sgl. mask. ausgelassen
g_6) vorzeitiger Abbruch des Textes

Anmerkungen Tb 146 (Z. 540-570)
(*pCologny*), Schreiber 4
Taf. 24-25 u. Photo-Taf. 21
Benutzte Parallelen: *pTurin 1791, pJachtesnacht, pNes-pa-sefj, pKairo CG 40029, pKairo J.E. 95867, pLeiden T 16, pRyerson, pVatikan 48832*
a) ohne Spruchtitel
b) 1x D 40 überflüssig

c) *k* ohne erkennbaren Sinn
d) Schreibung für *nrw*
e) zu *ꜣsbi.t* zu vervollständigen
f) verschrieben für <*rn n*>
g) als *snḏm* zu lesen
h) Schreibung für *bꜣq* (Wb I, 424)
i) Var.: *sḫm ds/ds.w*
j) wegen des folgenden *n.w* als Pl. anzusehen
k) verschrieben für *sꜣr* (Wb IV, 18f.)
l) aus Pl.-strichen verlesen
m) verschrieben für *nn*
n) *r* in der Klammer unnötig
o) sp. Schreibung von *rqw* (Wb II, 456)
p) *snk* (Wb IV, 177) in sp. Schreibung
q) *n* in der Klammer zu tilgen
r) als *ꜣw* zu lesen, vgl. die Par.
s) *m* aus *w* verlesen
t) vorzeitiger Abbruch des Textes
u) vgl. U. Verhoeven, Jachtesnacht 1, 293, Anm. 1
v) ausgelassen <*rn=s*>
w) *I͗kst/Iksti* bei *pCologny, pJachtesnacht* u. *pKairo J.E. 95867*,
Var.: *I͗kntt* bei *pTurin 1791*
I͗n-Nt bei *pNes-pa-sefj, pRyerson*
I͗w-Nt bei *pKairo CG 40029*
x) für *iwti*
y) Schreibung für *ḏꜣf.t* (Wb V, 522)
z) verschrieben für *spt*
a_1) <*pꜥw*> ausgelassen
b_1) bei den Par.: *nḏnḏ*
c_1) aus *nb=s* verlesen
d_1) ausgelassen <*ḫt*>
e_1) aus *kii ḏd* verlesen
f_1) *kii ḏd* aus *n=s* verlesen
g_1) als <*rn=s*> zu emendieren
h_1) als Pl. zu emendieren, vgl. sämtliche Par.
i_1) für *hrw*
j_1) nach *pKairo CG 40029* ausgelassen <*rn=s rn n iri-ꜥꜣ=s*>
k_1) *nis tꜣ.wi* bei *pCologny, pTurin 1791, pJachtesnacht, pRyerson, pVatikan 48832*,
Var.: *nm.t tꜣ.wi* bei *pNes-pa-sefj, pKairo CG 40029*
nm(.t) dbn tꜣ.wi bei *pKairo J.E. 95867*
l_1) als *sksk* zu lesen
m_1) aus *qꜣi(.t)* verlesen, vgl. *pTurin 1791, pJachtesnacht, pKairo CG 40029, pKairo J.E. 95867, pRyerson, pVatikan 48832*,
tꜣi.t bei *pNes-pa-sefj*
n_1) als <*ḥr*> zu emendieren
o_1) sinnvollste Emendierung nach *pJachtesnacht*: <*sš.n Wsir ꜥ.wi=f ḥr =s*>
p_1) als <*sḥḏ Ḥꜥpi*> zu emendieren
q_1) Schreibung für *ḫbi* (Wb III, 250)
r_1) Lesung unsicher, ob aus *k(.t) hrw* entstanden, vgl. *pTurin 1791*
s_1) als *gmḥ.wt* (Wb V, 171) zu lesen
t_1) vgl. T.G. Allen, BD Documents, 248, Anm. ao: als *iꜣrr.t* zu lesen
u_1) Transkription u. Synopse des Schlußtextes von Tb 146 bei U. Verhoeven, Textgeschichtliche Beobachtungen am Schlußtext von Totenbuchspruch 146, in: RdE 43 (1992), 169-194
v_1) verderbte Schreibung für *iꜣ.t*, vgl. die Par.
w_1) als *snḏm* + Buchrolle zu lesen
x_1) als *sbꜣ* (Wb IV, 83) zu lesen
y_1) nur hier mit gen. Anschluß
z_1) *r* als *ir* zu emendieren, vgl. die Par.
a_2) ausgelassen <*ꜣst*>, vgl. die Par., ead., op. cit., 180
b_2) Var.: *Wsir* bei den Par., vgl. ead., op. cit., 180
c_2) 1. als *dḥ* (Wb V, 480) gemeint (?)
2. *wi* in der Klammer ohne Sinn
d_2) 1. *ṯḥn* hier ohne Sinn, vorgezogene Passage, vgl. U. Verhoeven, op. cit., 186, od. nur Verschreibung für *ḥb*, vgl. ead., op. cit., 181
2. sic: als *hdn* verschrieben
e_2) G 5 aus G 1 verlesen: *ꜣhw* (Wb I, 12)
f_2) spätere Passage vorgezogen, vgl. ead., op. cit., 192
g_2) *ḥr.iw ẖ.t =sn* mit 3 Det. u. Pl.
h_2) Suffix 3. Sgl. mask. zu tilgen
i_2) Zusatz von *ṯꜣw* (Ähnlichkeit des Zeichens mit *ẖnm*) nur bei *pCologny*
j_2) 1. Wiederaufnahme des regulären Textverlaufs, s. Anm. f_2)
2. <*imn.t.t*> ausgelassen, nur *kii-ḏd*-Var. geschrieben

k_2) Var.: *bḥn* bei allen Par., vgl. U. Verhoeven, op. cit., 183, ebenso bei *pKairo CG 40029*, Ausnahme: *pLeiden T 16*

l_2) *n* in Suffix 3. Sgl. mask. zu emendieren

m_2) geschrieben wie N 9 (od. X 1: das untere Kreissegment scheint ausgewischt zu sein, so daß zum vorigen Stadt-Det. ein X 1 mit Beistrich geschrieben sein könnte; in diesem Fall wäre <*ḥrw*> ausgelassen), sinnvoll aber nur N 5: *hrw*

n_2) als *pšn* zu lesen

o_2) als *msḥs* zu emendieren, vgl. ead., op. cit., 184

p_2) C 11 verlesen aus R 2, hierat. Nr. 37 u. Nr. 551 (Möller, Paläographie III)

q_2) *wꜣ.t=i* in der Klammer zu tilgen

r_2) *Ḥrw* hier ohne Sinn

s_2) Suffix 3. Sgl. mask. in Suffix 1. Sgl. zu emendieren

t_2) spätere Phrase vorgezogen, vgl. ead., op. cit., 188

u_2) N 5 aus H 8 verlesen

v_2) Auslassung der vorgezogenen Passage, s. Anm. t_2)

w_2) als *dwꜣ* zu lesen

x_2) Auslassung einer Passage, vgl. ead., op. cit., 189

y_2) mit Skorpion (?) als Det.

z_2) Schreibung für *sw* (Wb IV, 57)

a_3) 1. Verschreibung für <*Ḥr-ꜥḥꜣ*>
2. ausgelassen <*ḥnꜥ*>, vgl. ead., op. cit., 189

b_3) Var. bei U. Verhoeven, op. cit., 190

c_3) Placierung dieser Passage mit *pJachtesnacht* identisch, bei den Par. an früherer Stelle, vgl. ead., op. cit., 186

d_3) vorzeitiger Abbruch des Spruchtextes

Anmerkungen Tb 147 (Z. 571-597)
(*pCologny*), Schreiber 4
Taf. 26 u. Photo-Taf. 22
Benutzte Parallelen: *pTurin 1791, pJachtesnacht, pKairo CG 40029, pKairo J.E. 95867, pRyerson, pVatikan 48832*

a) *n* als Pl.-striche zu emendieren

b) aus dem Hierat. verlesen, als <*rn n*> zu emendieren

c) Suffix 3. Sgl. fem. ausgelassen

d) als <*smti*> (Wb IV, 144) zu lesen

e) *n* als sinnlos zu tilgen

f) als *dwꜣ* <*=i*> *tw* zu lesen, vgl. die Par.

g) *ḏw.w* als *rḏw.w* zu emendieren, vgl. die Par.

h) als *Rꜣ-stꜣw* zu lesen

i) als *ẖni=k* zu lesen

j) defektiv geschriebenes *ḫft*

k) vorzeitiger Abbruch des Textabschnitts

l) eindeutig ein *r* geschrieben, verlesen aus *d*, (*Dwn-ḥꜣt*)

m) die Striche stehen möglicherweise für *tp*, vgl. *pTurin 1791, pJachtesnacht, pKairo J.E. 95867, pVatikan 48832*

n) *ḥr* in der Klammer zu streichen

o) Spatium bei Textauslassung

p) Det. N 23 wohl verlesen aus hierat. Y 1

q) als *mꜣs.tiw* zu lesen

r) als <*iw*> zu emendieren, vgl. die Par.

s) vorzeitiger Abbruch des Textabschnitts

t) Name des Anmelders <*ꜥꜣ*> ausgelassen

u) Schreibung für *ꜣgbi* (Wb I, 22)

v) defektive Schreibung für *rḫ.wi*

w) unnötiges *n*

x) für *.n=i* (?), vgl. *pKairo CG 40029*

y) vorzeitiger Abbruch des Spruchabschnitts

z) ausgelassen <*im=s*>

a_1) *sw* anstelle von *ꜣdw* (Wb I, 24)

b_1) verderbt für *ḏr.ti=f n.t*

c_1) ausgelassen <*n=f iti=f*>, vgl. die Par.

d_1) Schreibung für *gbi* (Wb V, 162) od. *bgs* (Wb I, 483),
Var.: *ꜣgbi* (Wb I, 22) bei *pTurin 1791, pKairo CG 40029, pRyerson*
bgs bei *pJachtesnacht, pKairo J.E. 95867*

e_1) *n* in der Klammer überflüssig

f_1) vorzeitiger Abbruch des Spruchabschnitts

g_1) 1. Suffix 3. Sgl. mask. in 3. Sgl. fem. zu emendieren
2. zum Namen vgl. U. Verhoeven, Jachtesnacht 1, 301, Anm. 2

h_1) verderbte Schreibung für *smi*, s. Z. 591

i_1) rubriziertes *ḏd mdw in* war schon vor dem laufenden Text geschrieben, der Name des

Anmelders wird nachgetragen, der gewöhnlich folgende Name an späterer Stelle

j_1) verderbt für ꜥr.ti + Det.

k_1) als Sgl. zu emendieren

l_1) *f* in der Klammer zu tilgen

m_1) Suffix doppelt

n_1) vgl. U. Verhoeven, Jachtesnacht 1, 302, Anm. 1

o_1) ausgelassen <*nb*>, vgl. die Par.

p_1) als *nḏ* (Wb II, 374) zu emendieren, vgl. die Par.

q_1) als *ir.t =f* zu emendieren, vgl. die Par.

r_1) als <*n=f*> zu emendieren, vgl. die Par.

s_1) vorzeitiger Abbruch des Spruchabschnitts

t_1) Pl. zuzufügen

u_1) am sinnvollsten erscheint: *dwꜣ=i tw*, vgl. *pVatikan 48832*

v_1) defektiv geschriebenes *ḏd*

w_1) vorzeitiger Abbruch des Spruchabschnitts

Anmerkungen Tb 148 (Z. 598-608)
(*pCologny*), Schreiber 4
Taf. 27 u. Photo-Taf. 23
Benutzte Parallelen: *pTurin 1791, pJachtesnacht, pNes-pa-sefj, pKairo CG 40029, pKairo J.E. 95867, pRyerson, pVatikan 48832, pMꜣi-ḥr-pri, pNw*

a) ausgelassen <*ḫr*>, vgl. die Par.
b) ausgelassen <*bsi štꜣ.w*>, vgl. z.B. *pTurin 1791, pJachtesnacht*
c) Aa 3 statt O 39
d) *Rꜣ-stꜣw* anstelle von *rꜣ-wꜣ.t* (Wb II, 396)
e) als *in.t* (Wb I, 92) zu lesen, Det. F 16 als Verschreibung für K 1, s. auch *pKairo CG 40029, pKairo J.E. 95867, pVatikan 48832*; K 1 bei *pJachtesnacht*
f) Suffix 3. Sgl. mask. zu ergänzen
g) Doppelschreibung zu tilgen
h) *s* in der Klammer zu tilgen, s. auch *pJachtesnacht*
i) als *iri=k* zu emendieren
j) als ptol. Schreibung notiert (Wb I, 301), vgl. auch *pKairo CG 40029, pVatikan 48832*
k) <*mꜣꜥ ḥnꜥ*> zugefügt bei *pJachtesnacht, pKairo CG 40029, pKairo J.E. 95867*
l) verlesen aus *kii ḥr n*, vgl. *pJachtesnacht*
m) Passage ausgelassen
n) es sollte stehen: *ḏd mdw.w* anstelle von *ḏd mdw i<n>*
o) *iꜣḫw* (Wb I, 33) gemeint, ebenso bei *pKairo CG 40029, pKairo J.E. 95867* u. *pVatikan 48832*,
Var.: *ꜣḫ.t* bei *pTurin 1791, pRyerson, pNw* od. *pMꜣi-ḥr-pri*
p) wohl als *ḥm.wt* (Wb III, 76) zu lesen,
Var.: *sfḫ=k twii ḥm.t* z.B. bei *pKairo J.E. 95867*
q) *n* in der Klammer zu tilgen
r) <*n*> ausgelassen, vgl. die Par.
s) <*sw*> ausgelassen
t) vorzeitiger Abbruch des Spruchtextes

Anmerkungen zur Beischrift zu V 148
(*pCologny*), Schreiber 4
Taf. 27 u. Photo-Taf. 23
Benutzte Parallelen: wie in Tb 148

a) Doppelschreibung zu tilgen
b) verlesen aus *ḥmw.t*
c) mit Lautwert *t* (Wb V, 210)

Anmerkungen Tb 149 (Z. 609-660)
(*pCologny*), Schreiber 4
Taf. 28-30 u. Photo-Taf. 24-25
Benutzte Parallelen: *pTurin 1791, pJachtesnacht, pNes-pa-sefj, pKairo CG 40029, pKairo J.E. 95867, pRyerson, pVatikan 48832, pNw*

a) ohne Spruchtitel
b) anstelle von <*m šn*>*s*
c) 1. *psn* (-Brot) ausgelassen
2. als *sꜣr.t* (Wb III, 422) zu lesen
d) defektiv geschriebenes *kfꜣ*
e) als *ḫsf =i* zu lesen, U 35 sieht eher aus wie U 23
f) S 24 ausgelassen, Y 1 aus O 34 verlesen: als *ṯs* zu lesen
g) verderbt für *qs.w*, vgl. die Par.
h) *n* eingefügt
i) *šd* anstelle von *mḥ*, vgl. die Par.: *mḥ Wsir NN mꜥḥꜣ.t* bei *pKairo J.E. 95867*
j) verlesen aus *Mnw*
k) Par. fügen *NN, NN + sꜣ=f mri=f* od. nur *sꜣ=f mri=f* zu

l) ausgelassen <*m*>, vgl. die Par.
m) ausgelassen <*iw*>, vgl. die Par.
n) 1. Y 1 aus O 34 verlesen
2. G 43 in G 17 zu emendieren
o) Schreibung für *biꜣ*
p) als <*iw*> zu emendieren
q) fehlendes Suffix
r) V 28 in Aa 1 zu emendieren: *ꜣsḫ*
s) N 35 in V 31 zu emendieren: *rḫ.kwi*
t) S 28 aus O 32 verlesen
u) vorzeitiger Abbruch des Spruchabschnitts
v) als <*iw*> zu emendieren, vgl. *pTurin 1791, pKairo J.E. 95867, pRyerson, pVatikan 48832, iw=s gr =s m ꜣḫ.w* ebenfalls bei *pKairo J.E. 95867*,
Var.: *iw gr =s ꜣḫ.w* bei *pTurin 1791*
iw=s ḫr ꜣḫ.w bei *pNw*
w) als <*iw=s*> zu emendieren, vgl. *pTurin 1791, pKairo J.E. 95867, pVatikan 48832*
x) Aa 3 verschrieben für N 30
y) ausgelassen <*ḥr =tn m*>, vgl. z.B. *pJachtesnacht*,
Var.: *ḥr =tn ḫr swꜥb iꜣ.t* bei *pTurin 1791, pNes-pa-sefj*
ḥr =tn m pꜣ tꜣ bei *pNw*
z) 1. mit *kii ḏd*-Var. auch bei *pJachtesnacht*,
in Wsir ḏd=f bei *pTurin 1791*
in Wsir n ḏ.t bei *pNw*
2. *ḏ.t* zu emendieren in <*ḏd=i*> (?)
a_1) *wꜥ* nur bei *pCologny* zugefügt
b_1) hier *Šw* (nach *kii ḏd*) hingehörig, vgl. *pKairo J.E. 95867: im.it wp.t Šw*; *kii-ḏd*-Var. nur noch bei *pJachtesnacht*
c_1) Scheibung für *nḥm*
d_1) zu emendieren in <*p.t ḥr*>*=f*, vgl. die Par.
e_1) Zahlzeichen 300 bei den Par.
f_1) 1. Suffix 3. Sgl. mask. ausgelassen
2. Schreibung für *ḫt* (Wb III, 341), s. aber oben in der Zeile
g_1) unterschiedliche Maßangaben bei den Par.
h_1) Name als *Sṯi*-<*ds.wi*> zu emendieren, I 9 verschrieben aus I 14
i_1) als <*sin*> zu emendieren: M 17 aus S 29 verschrieben
j_1) hier nur die *kii-ḏd*-Var. (bei *pTurin 1791, pRyerson*)

k_1) 1. als *ir =k* zu emendieren, vgl. die Par.
2. <*ink*> ausgelassen, s. die Par.
l_1) 1. <*ink*> ausgelassen, s. die Par.
2. defektiv geschriebenes *ṯꜣi*
m_1) Suffix 1. Sgl. zu tilgen, aus hierat. Y 1 verschrieben
n_1) als *rmn n=i* zu lesen (?),
Var.: *rdi n=i Rꜥ* bei den Par.
o_1) als <*im*> zu emendieren, vgl. die Par.
p_1) vorzeitiger Abbruch des Spruchabschnitts
q_1) Interjektion *i* ausgelassen, vgl. die Par.
r_1) ausgelassen <*swꜣ=i ḥr =tn*>, vgl. die Par.,
Var.: *swꜣ=i ḥr ḥr =tn* bei *pTurin 1791*
s_1) N 5 wohl verschrieben für W 3
t_1) 1. verschrieben für *n* (?)
2. Zahl als 15 zu lesen, die 2. Zahl aus dem hierat. Zeichen für 5 übernommen
u_1) als *ir.t Ḥrw* zu lesen
v_1) vorzeitiger Abbruch des Textabschnitts
w_1) Text der 7. *iꜣ.t*
x_1) <*m*> ausgelassen, vgl. die Par.
y_1) <*iw*> zu ergänzen, vgl. die Par.
z_1) 1. als <*im*> zu emendieren, vgl. die Par.
2. Name bei den Par.: *Rrk/Rdk*, s. aber Z. 630: *Rḏk*
a_2) *n* als Suffix 3. Sgl. mask. zu emendieren
b_2) bei *pCologny* ohne Pl.-zeichen
c_2) als <*gbꜣ*> (Wb V, 164) zu emendieren
d_2) als <*šps*> zu emendieren, vgl. U. Verhoeven, Jachtesnacht 1, 310, Anm. 12, neben den genannten Par. auch bei *pKairo J.E. 95867* u. *pVatikan 48832*
e_2) <*r =i*>/<*im=i*> zu ergänzen, vgl. die Par.
f_2) Var.: *hꜣb* bei den Par.
g_2) 1. <*ḥr*> ausgelassen
2. *sm.w* bei *pCologny*,
Var.: *šw.w* u.ä. (Wb IV, 434) bei den Par.
h_2) *n* als *k* zu emendieren
i_2) kurze Passage ausgelassen, aberratio oculi
j_2) als *sḥḏ* zu emendieren
k_2) 1. <*ṯs pḥr*> ausgelassen, vgl. die Par.
2. *ḥm* verlesen aus *ḥwi*
l_2) Suffix 2. Sgl. mask. zu ergänzen
m_2) Text der 8. *iꜣ.t*
n_2) H 8 für Y 1

o_2) <*m*> ausgefallen, od. nach Wb IV, 248 mit direktem Objekt (Zusammenfall des Auslauts mit *m* od. Zusammenfall des *m* mit Anlaut)

p_2) *ḥr* in der Klammer zu tilgen,
Var.: *nwr* bei *pNw*
nw{ti}r bei *pJachtesnacht*
nw bei *pTurin 1791, pNes-pa-sefj, pKairo J.E. 95867* (*nw km*), *pRyerson, pVatikan 48832* (*nw km*)

q_2) verlesen für *gr*, vgl. die Par.

r_2) dat. *n* ausgelassen, vgl. die Par.,
Var.: gen. *n.t* bei *pTurin 1791*

s_2) Passage ausgelassen <*nriw n=i ḥr.iw*>

t_2) vorzeitiger Abbruch des Spruchabschnitts

u_2) 1. Text der 9. *iꜣ.t*
2. Interjektion *i* ausgelassen

v_2) am sinnvollsten *n* als *r* zu emendieren, vgl. die Par., Ausnahme *pTurin 1791*

w_2) als *r rẖ rn=s* zu lesen, A 2 steht fälschlich hinter dem Suffix 3. Sgl. fem., vgl. z.B. *pJachtesnacht* od. *pKairo J.E. 95867*

x_2) A 1 verschrieben für A 2, ebenso unten in der Zeile

y_2) defektiv geschriebenes *hmhm.t* (Wb II, 490)

z_2) Suffix 3. Sgl. fem. in 3. Sgl. mask. zu emendieren

a_3) Var.: *wn* bei den Par.

b_3) 1. Y 1 verlesen aus O 34
2. *wḏꜣ* nur bei *pCologny*,
Var.: *ḫtm fnḏ/fnḏ.w* bei den Par.

c_3) *n ꜥꜣ* anstelle von *ḫt=tn*, s. die Par.

d_3) Var.: *tm rdi.t* bei den Par.

e_3) vorzeitiger Abbruch des Spruchabschnitts

f_3) Text der 10. *iꜣ.t*

g_3) <*m*> ausgelassen, vgl. aber Z. 640

h_3) ausgelassenes Verb, s. U. Verhoeven, Jachtesnacht 1, 313, Anm. 3

i_3) N 25 als Pl.-zeichen zu emendieren

j_3) *n* als Pl.-zeichen zu emendieren

k_3) für *in=sn*

l_3) für *r tꜣ*, vgl. die Par.

m_3) M 3 verschrieben für D 2

n_3) 1. zu emendieren in Suffix 2. Pl., vgl. die Par.
2. bei den Par. eingefügt: <*nḏm ḥwꜣ.w=tn*>
3. Aa 13 verschrieben für D 21

o_3) *n* in der Klammer zu streichen

p_3) entweder als *.tw* zu emendieren od. *.tw* zu ergänzen

q_3) Suffix 1. Sgl. zu ergänzen

r_3) Pl. hier sinnlos, Det. A 2 in A 1 zu emendieren

s_3) vorzeitiger Abbruch des Spruchabschnitts

t_3) Text der 10 *iꜣ.t* als Wiederholung

u_3) Text der 9. *iꜣ.t* wiederholt, mit minimalen Abweichungen, s. Anm. zu Z. 636-637

v_3) vorzeitiger Abbruch des Spruchabschnitts

w_3) Text der 10. *iꜣ.t* (Wiederholung)

x_3) Text der 12. *iꜣ.t*

y_3) eindeutig ein Städte-Det.

z_3) aus *t* + Beistrich (*im.it*) entstanden

a_4) Var.: *nn smꜣ.n ꜣḫ.w im=s* bei den Par.

b_4) ausgelassen <*ḫtm bꜣ.w*>, vgl. die Par.

c_4) als Suffix 3. Pl. zu emendieren

d_4) <*n.t*> ausgelassen

e_4) Var.: *wnn=i im m bik/wnn(=i) im m bik* bei den Par.

f_4) Par. fügen *sti* zu

g_4) Suffix 1. Sgl. zu emendieren in Suffix 2. Pl.

h_4) 1. Suffix 1. Sgl. ausgelassen
2. *im* bei *pCologny* anstelle von *ḥnꜥ* bei den Par.

i_4) als *mri<=tn> wi r nṯr.w=ṯn* zu emendieren (?), s. *pTurin 1791* od. *pRyerson*

j_4) Text der 11. *iꜣ.t*

k_4) Schreibung für *ꜥq* (D 40 verschrieben für N 29 + D 54)

l_4) <*n*> ausgelassen, vgl. die Par.

m_4) Par. schreiben: *n.t.t/n.ti im=s n ꜥꜣ n*

n_4) als Pl. zu emendieren

o_4) *s.t* anstelle von *s/sn* bei den Par.

p_4) bei den Par.: *Iꜣd*

q_4) ausgelassen <*di=k swꜣ=i*>

r_4) *wr* anstelle von *Ḥrw*

s_4) G 1 anstelle von G 17

t_4) Suffix 2. Sgl. mask. sinnlos, zu emendieren in *rd.wi <=i n=i>*, vgl. *pTurin 1791* od. *pNes-pa-sefj*

u_4) Par. schreiben: *ꜣḫ=i m p.t wsr=i m tꜣ*

v_4) zu emendieren in <*pꜣ=i m bik n*>*gg.n=i*; Schreibung von *pꜣ* (Wb I, 494)

w_4) vorzeitiger Abbruch des Spruchabschnitts

x_4) 1. *3ḫ.w* ohne Pl.-zeichen
2. *im.i=s* statt *im=s*

y_4) als <*iw*> zu vervollständigen

z_4) Schreibung für *ib.t*

a_5) <*n wr*> ausgelassen, vgl. die Par.

b_5) <*n*> zu ergänzen

c_5) Text in der Klammer zu tilgen, statt <*m33 nṯr.w*>, vgl. die Par.

d_5) statt <*nw=s m*>, vgl. *pTurin 1791*, *pJachtesnacht*

e_5) korrekt: *n*

f_5) G 17 verschrieben aus hieratischem E 8 (Möller, Paläographie III, Nr. 139)

g_5) *ḥr* anstelle von *ib*

h_5) für <*n mrw.t*>

i_5) Passage ausgelassen

j_5) Var.: *pwii* bei den Par.

k_5) Var.: *mw* bei den Par.

l_5) Suffix 1. Sgl. ausgelassen

m_5) 1. Schreibung für Suffix 1. Sgl.
2. vorzeitiger Abbruch des Spruchabschnitts

n_5) ausgelassen <*ḫ3i*>, vgl. die Par.

o_5) Suffix 3. Sgl. mask. aus M 3 verschrieben (?)

p_5) zu tilgen

q_5) als <*ḥnʿ*> zu vervollständigen, vgl. die Par.

r_5) 1. verschrieben für *ḏ3ḏ3.t*
2. Passage ausgelassen

s_5) entweder als anlautendes *n* von *nṯr* anzusehen od. zu tilgen

t_5) ausgelassen <*im.i*>, vgl. die Par.

u_5) als *ḫft* <*ḥr*> *im=f* (?) zu lesen, vgl. *pTurin 1791*, *pRyerson*, identische Schreibung wie bei *pCologny* bei *pKairo J.E. 95867*, *pVatikan 48832*

Anmerkungen Tb 150
(*pCologny*), Schreiber 4
Taf. 30 u. Photo-Taf. 25
Benutzte Parallelen: wie in Tb 149

a) keine der vorkommenden Gruppen zuzuordnen, nur Gruppen wie *š* od. *i3.t* eindeutig zu erkennen

Anmerkungen Tb 152 (Z. 661-666 + 672-677 + 678a-b – 683b)
(*pCologny*), Schreiber 4
Taf. 30 u. Photo-Taf. 25
Benutzte Parallelen: *pTurin 1791*, *pKairo J.E. 95867*, *pRyerson*

a) ohne Spruchtitel
b) *n* wahrscheinlich aus Y 1 verlesen
c) sic: Götter-Det.
d) als <*m m33=sn ini*> *Šw* ... zu lesen
e) *tw* in der Klammer als sinnlos zu tilgen
f) W 25 verschrieben aus dem hieratischen Y 3/4 (Möller, Paläographie III, Nr. 496 u. 537)
g) *t3.wi* als Austausch für *n=s*
h) wahrscheinlich aus 3 Pl.-strichen entstanden
i) <*n*> ausgelassen, vgl. die Par.
j) entweder <*š3s r m33 qd* > od. <*š3s m33=tn qd*> zu lesen
k) *ḥr* anstelle von *in*
l) <*ʿ3*> ausgelassen, vgl. die Par.
m) verderbte Schreibung für *ʿw.t*
n) *n=f* in der Klammer zu tilgen
o) kleines Hohlmaß (Wb III, 224)
p) Auslassung einer Passage, *pTurin 1791*, Z. 5-7
q) Wiederaufnahme des Spruchtextes von Tb 152
r) für <*twii n.t*>
s) für <*ḫnti imn.tiw r*>*di*
t) Z. 674 verderbt, vielleicht für *ʿ*<*.wi ḫft ʿ.wt=f m*> *mk.t =f*, vgl. ähnlich bei *pVatikan 48832*, Text ebenso bei *pKairo J.E. 95867* vorhanden, mit Spatien (Textzerstörung in der Vorlage?)
u) die Hälfte der Zeile völlig unklar, dann zu lesen: *di qbḥw n Wsir*
v) die ersten Zeichen + Pl. nicht erklärbar, bei *pKairo J.E. 95867*: *ḫr sm3i.t*, dann bis Z.-ende zu lesen: *di=k* <*mḥi.t n*> *wrd-*(*ib*)
w) Zugehörigkeit zur Nachschrift von Tb 152 zu erkennen, *pTurin 1791*, Z. 7: *ḏd mdw in* <*nh.t* (Pl.)> *nb.t* <*ḥtp*>*.w Wsir ii.n=i ini.n=i* <*n=k t* >, Text ebenfalls bei *pKairo J.E. 95867* u. *pRyerson*
x) dieser Textblock (Z. 678b-683b) ebenfalls als zugehörig zur Nachschrift von Tb 152 zu erkennen, *pTurin 1791*, Z. 6-7, *pRyerson* mit Übersetzung (T.G. Allen, BD Documents, 276 u. Anm. z); sämtliche vergleichbare Par. (*pTurin 1791, pKairo J.E. 95867, pRyerson*) korrupt, bei *pKairo J.E. 95867* mehrere

Spatien, die schon auf Textlücken in der Vorlage deuten

Anmerkungen Tb 151 (Z. 666 a-c - 671 a-c)
(*pCologny*), Schreiber 4
Taf. 30 u. Photo-Taf. 25
Benutzte Parallelen: *pTurin 1791, pNes-pa-sefj, pKairo J.E. 95867, pVatikan 48832*

a) 1. Z. 666a-671a hat den Text von Tb 151 g; Vergleichstexte des NR bei B. Lüscher, Untersuchungen zu Totenbuch Spruch 151 (SAT 2, Wiesbaden 1998), 198-201
   2. zu lesen: *rs* <*tp*>=*k rs tp* <*ḏw*>=*f* ..., zu den Par. vgl. U. Verhoeven, Nespasefy, 46, Tb 151, Anm. a
b) vgl. ebenfalls *pNes-pa-sefj*
c) vgl. U. Verhoeven, Nespasefy, 46, Tb 151, Anm. f u. g
d) vorzeitiger Abbruch, bei *pKairo J.E. 95867* folgt noch *ꜥnḫ*
e) U. Verhoeven, Nespasefy, 46, Tb 151, Anm. b; Text identisch mit *pKairo J.E. 95867*
f) <*k*> ausgelassen, vgl. *pTurin 1791, pNes-pa-sefj, pKairo J.E. 95867*
g) Text von Tb 151 f in sp. Fassung, am ehesten vergleichbar mit *pTurin 1791, pKairo J.E. 95867* od. *pVatikan 48832*
h) 1. Text unklar, ebenfalls bei *pKairo J.E. 95867*
   2. Var.: *ꜣḫ.t* bei *pTurin 1791, pNes-pa-sefj, pKairo J.E. 95867* u. *pVatikan 48832*
i) Var.: *wꜣ.t* bei *pTurin 1791, pNes-pa-sefj*
   smi.t bei *pKairo J.E. 95867, pVatikan 48832*
j) verschrieben für *sꜣ*

Anmerkungen Tb 154 (Z. 684-688)
(*pCologny*), Schreiber 4
Taf. 31 u. Photo-Taf. 25
Benutzte Parallelen: *pTurin 1791, pJachtesnacht, pNes-pa-sefj, pKairo CG 40029, pKairo J.E. 95867, pRyerson, pVatikan 48832*

a) ohne Spruchtitel
b) Var.: *iti=i Wsir* bei *pJachtesnacht, pNes-pa-sefj, pKairo CG 40029, pVatikan 48832*
   iti Wsir ꞽItmw bei *pRyerson*
   iti=i Wsir kii ḏd ꞽItmw bei *pTurin 1791*
   Wsir bei *pKairo J.E. 95867*
c) 1. verkürzt geschriebenes *ii*
   2. *n=f* in der Klammer zu tilgen
d) 1. als *sdwḫ* (Wb IV, 368) zu lesen, D 4 anstelle von D 46, X 1 anstelle von Aa 1
   2. *n* als <*k*> zu emendieren
e) 1. *nn* als <*tn*> zu emendieren, vgl. *pTurin 1791, pJachtesnacht, pKairo J.E. 95867, pRyerson*
   2. *im* als <*iw*> zu emendieren, vgl. die Par.
f) als *tm.kwi* zu lesen
g) aus *iti/iti=i* verschrieben, vgl. die Par.
h) die winzig geschriebenen Zeichen nach *Wsir* als <*Ḫpr mi.t.t pw iwti*> zu emendieren
i) Schreibung für *sbi*, s. auch unten
j) zu lesen: *mk tw m* <*nb*> *qrs* ("siehe, du bist der Herr des Begräbnisses") erscheint zwar sinnvoll, möglich aber auch nach einer Auslassung nach *mi* Aufnahme des Textes <*nbi*>*.kwi m* <*nb*> *qrs*
k) 1. *pri* ebenso bei *pRyerson*,
   Var.: *hꜣi*
   2. Suffix 1. Sgl. ausgelassen
   3. <*r*> ausgelassen
l) als *mi* verschrieben
m) <*ḥnꜥ*> ausgelassen
n) 1. Suffix 3. Sgl. mask. ausgelassen, vgl. die Par.
   2. <*pꜣ*> ausgelassen, vgl. die Par.
o) verschrieben für *iwti*
p) Suffix 3. Sgl. mask. ausgelassen, od. kleiner Beistrich als Fleischstück (für *f*) zu lesen
q) 1. *nṯr.w* aus F 31 verschrieben, als <*msd.t=k*> zu emendieren
   2. als <*mri wi*> *kꜣ=k* zu emendieren
r) die gesamte Passage ab *rwi* (Wb II, 406) als *win=f wi* (Wb I, 272) zu emendieren; danach Passage ausgelassen
s) als <*tm=i*> zu emendieren
t) 1. A 2 ohne Sinn
   2. als <*iri.n=k r*> zu emendieren
u) zu emendieren in <*r ꜥw.t*> (Wb I, 170)
v) verschrieben für *ḏdf.t* (Wb V, 633)
w) als *sbi.*<*ti=fi*> zu lesen, vgl. *pJachtesnacht*
x) Zusatz von *ꜥnḫ* nur bei *pCologny*, wahrscheinlich als Austausch für *m-ḫt*, vgl. die Par.

y) ausgelassen <*ḥꜣi=f*>, vgl. die Par.
z) *iw* verschrieben für *sw*
a_1) zu lesen <*ḫ*> *nn=f qs.w=f* <*tm*> *ḥwꜣw* (sic: Det.) =*sn*
b_1) *m* in der Klammer zu tilgen
c_1) als *sgnn* (Wb IV, 321) *iwf* zu lesen
d_1) als *fꜣi=f snsn=f* (Wb IV, 174)
e_1) < *ḥwꜣw=f* > ausgelassen, vgl. *pTurin 1791, pNes-pa-sefj, pKairo CG 40029, pKairo J.E. 95687, pRyerson, pVatikan 48832*
f_1) als *ḏdf.t* zu lesen
g_1) für <*tm sn.ti*>
h_1) 1.<*ḥr*> ausgelassen
2. als <*rdi.t n wi*> zu lesen
i_1) längere Passage ausgelassen
j_1) als <*k*> zu emendieren
k_1) zu lesen *nn fnṯw n=k nn nꜥii* (Wb II, 207)
l_1) 1. Verschreibung für *ns*, vgl. die Par.
2. Suffix 3. Sgl. mask. in Suffix 1. Sgl. zu emendieren
m_1) zu emendieren in: <*nn ḫpr nkn r ḫꜣ.t =i*>
n_1) als *sk* zu lesen

Anmerkungen Tb 155 (Z. 689-691)
(*pCologny*)
Taf. 31 u. Photo-Taf. 25
Benutzte Parallelen: *pTurin 1791, pJachtesnacht, pNes-pa-sefj pKairo CG 40029, pKairo J.E. 95867, pRyerson, pVatikan 48832*
a) Spruchtitel nicht rubriziert
b) als Pl.
c) verschrieben für *ṯs.t*, vgl. *pJachtesnacht, pKairo CG 40029, pKairo J.E. 95867, pVatikan 48832*
d) <*n*> ausgelassen
e) aus *wrd-ib* verschrieben
f) ausgelassen <*ḥr gs=k*>, vgl. die Par.
g) *n* zu tilgen
h) anstelle von *Ḏd*
i) Zeichen der *wbꜣ*-Hieroglyphe am ähnlichsten, mit Bedeutung *mnḫ*, vgl. Valeurs phonétiques, 713, Nr. 331
j) zu den Var. s. U. Verhoeven, Jachtesnacht 1, 324, Anm. 6
k) Negation zu tilgen, vgl. die Par.
l) als *sbꜣ.w n.w dꜣ.t* zu lesen, vgl. die Par.
m) als *sḫm* (Wb IV, 269) zu emendieren, vgl. *pTurin 1791, pKairo CG 40029, pKairo J.E. 95867* u. *pRyerson*
n) als *igr/sgr* zu lesen, vgl. die Par.
o) als *iw* zu emendieren
p) aus *gs* verschrieben, vgl. die Par.
q) Zeichen in der Klammer zu tilgen
r) verderbt für *rnp.t*, vgl. die Par.
s) verderbt für *im.iw-ḫt*
t) zu *ir* zu vervollständigen
u) als *ir rḫ rꜣ pn* zu lesen
v) Var.: *m ꜣḫ iqr* bei den Par.
w) als *m ḫr.t-nṯr* zu emendieren, vgl. die Par.
x) vorzeitiger Abbruch des Spruchtextes

Anmerkungen Tb 156 (Z. 692-694)
(*pCologny*), Schreiber 4
Taf. 31 u. Photo-Taf. 25
Benutzte Parallelen: *pTurin 1791, pJachtesnacht, pNes-pa-sefj, pKairo CG 40029, pKairo J.E. 95867, pRyerson, pVatikan 48832*
a) defektiv geschriebenes *ḫnm.t*
b) sic: F 44 als Det. anstelle von F 10 od. F 51
c) als Pl. geschrieben
d) unnötiges *pw*
e) Schreibung für *ḥkꜣ.w*
f) *pKairo J.E. 95867* schreibt: *ꜣḫ.w=t n.t wḏꜣ=t m sꜣ.w Wr pn*, was auch hier zugrunde gelegen haben dürfte
g) kurze Auslassung nach den Par.
h) *n* überflüssig
i) als *ḥr* zu emendieren
j) überflüssiges Zeichen
k) *wrḥ* anstelle von *gs* (Wb V, 201f.)
l) 1. ausgelassen <*n.w ꜥnḫ*> ("der Anch-Imu-Pflanzen")
2. ausgelassen < *mnḫ ḥr ḫt.iw n.t nh.wt* >, vgl. die Par.
m) ausgelassen <*r ḫḫ n*>, vgl. die Par.
n) Var.: *ꜣst* bei den Par.
o) <*sꜣ*> ausgelassen
p) in <*sw*> zu emendieren
q) W 25 verschrieben aus O 36
r) Var.: *ir rḫ* bei den Par.
s) 1. ausgelassen <*wnn=f*>
2. G 1 als G 17 zu emendieren

t) dat. <*n*> ausgelassen
u) vorzeitiger Abbruch des Spruchtextes

Anmerkungen Tb 157 (Z. 695-697)
(*pCologny*), Schreiber 4
Taf. 31 u. Photo-Taf. 26
Benutzte Parallelen: *pTurin 1791, pJachtesnacht, pNes-pa-sefj, pKairo CG 40029, pKairo J.E. 95867, pRyerson, pVatikan 48832*

a) ohne Spruchtitel
b) 1. ausgelassen <*ii ꜣst/ ii.n ꜣst*>, vgl. die Par.
   2. Y 5 zu emendieren in N 37 (*ẖns* in ptol. Schreibung, Wb III, 299)
c) <*niw.wt*> ausgelassen
d) gen. <*n*> ausgelassen
e) <*m*> ausgelassen
f) 1. *n.w* statt *m*, vgl. auch U. Verhoeven, Jachtesnacht 1, 326, Anm. 4
   2. defektiv geschriebenes *idḥw* (Wb I, 155)
g) V 2 für O 34, vgl. Valeurs phonétiques, 738, Nr. 23
h) zu emendieren in <*mꜣꜥ=f*> (Wb II, 24)
i) Det. nachzustellen
j) Par. schreiben *sdmi n=f*; hier sieht es eher aus, als handele es sich um das Wort *sdḫ.iw* (Wb IV, 371), dabei I 1 verlesen aus A 14
k) als <*gs-dp.t*> zu emendieren
l) ob als Städte-Det. anzusehen, von *Ḫr-ꜥḥꜣ* übernommen (?)
m) 1. Suffix 3. Sgl. mask. ausgelassen
   2. Passage so zu lesen: *wr.t iri=s sꜣ=f sdd iw r*
n) *n* in der Klammer überflüssig
o) Text verkürzt, bei den Par. Zusatz: *ḥr=s rdi.tw m sꜣ.w n ...*
p) als *smꜣ-tꜣ* zu lesen
q) <*ḥḥ n sp*> ausgelassen

Anmerkungen Tb 158 (Z. 698-699 + 700 als Leerzeile)
(*pCologny*), Schreiber 4
Taf. 31 u. Photo-Taf. 26
Benutzte Parallelen: *pTurin 1791, pJachtesnacht, pNes-pa-sefj, pKairo CG 40029, pKairo J.E. 95867, pRyerson, pVatikan 48832*

a) ohne Spruchtitel
b) 1. als <*sfḫ*> zu lesen
   2. <*wi*> zu ergänzen
c) 1. Passage ausgelassen
   2. als <*sn*> zu emendieren
d) als <*ḏd.tw*> zu emendieren, vgl. auch Z. 693 od. 697
e) *n* in der Klammer zu tilgen
f) abweichender Text gegenüber sämtlichen Par., Var.: *hrw n smꜣ-tꜣ*
g) trotz Textauslassung am Ende 1 Leerzeile

Anmerkungen Tb 159 (Z. 701-703)
pCologny)
Taf. 31 u. Photo-Taf. 26
Benutzte Parallelen: *pTurin 1791, pJachtesnacht, pNes-pa-sefj, pKairo CG 40029, pKairo J.E. 95867, pRyerson, pVatikan 48832*

a) ohne Spruchtitel
b) verschrieben für *min*
c) als *ḥw.ti* (*pNes-pa-sefj, pKairo J.E. 95867*) od. *m rꜣ s.ti/pr.wi* (*pTurin 1791 pRyerson*) zu lesen
d) Y 1 zu emendieren in O 34
e) 1. als *rn* zu lesen
   2. Passage ausgelassen
   3. als *im.iw-ḫt* zu lesen, das folgende *im.i* zu tilgen
f) zur Lesung vgl. T.G. Allen, BD Documents, 283, Tb 159, Anm. c
g) 1. Zeichen in der Klammer zu tilgen
   2. als <*ḏd.tw*> zu emendieren
h) als <*nšm.t*> zu emendieren
i) Pl. zu tilgen

Anmerkungen Tb 160 (Z. 704-706)
(*pCologny*), Schreiber 4
Taf. 31 u. Photo-Taf. 26
Benutzte Parallelen: *pTurin 1791, pJachtesnacht, pNes-pa-sefj, pKairo CG 40029, pKairo J.E. 95867, pRyerson, pVatikan 48832*

a) ohne Spruchtitel
b) als *wꜣḏ* zu lesen
c) <*n*> ausgelassen, Haplographie
d) Verschreibung und Auslassung: <*iwti šsr n=f n.t.t rdi.t.n Ḏḥw*> *ti*
e) A 1 in der Klammer zu tilgen

f) 1. Suffix 3. Sgl. mask. zu ergänzen, nach <*nkn*> zu tilgen
   2. als <*nkn*> zu emendieren
g) A 2 in A 1 zu emendieren
h) zu emendieren in: <*nn nkn=f nn nkn*>=*i*, *nkn* mit G 37 anstatt G 36 als Det.
i) zu emendieren in <*sqr =f nn sqr =i*>
j) als *ḏd.t* zu lesen
k) vgl. U. Verhoeven, Jachtesnacht, 1, 328, Anm. 7
l) als *šsm* zu lesen
m) vorzeitiger Abbruch des Spruchtextes

Anmerkungen Tb 161 (Z. 707-711)
(*pCologny*), Schreiber 4
Taf. 32 u. Photo-Taf. 26
Benutzte Parallelen: *pTurin 1791, pJachtesnacht, pNes-pa-sefj pKairo CG 40029, pKairo J.E. 95867, pRyerson, pVatikan 48832*
a) ohne Spruchtitel
b) hier fehlt der Name u. kurze Textpassage
c) als *Rꜥ pw* zu emendieren
d) hier sollte wahrscheinlich der Name eingesetzt werden
e) *ḥw.t* anstelle von *sn*
f) Name fehlend
g) als <*kt*> zu emendieren
h) Suffix in der Klammer zu streichen
i) <*Wsir NN* >zuzufügen
j) zu *ẖꜣ.t* gehörig, Pl. zu streichen
k) <*qs.w n*> ausgelassen
l) *ẖnti* anstelle von *kt*
m) Name fehlt
n) Text verderbt, vielleicht für <*wḏꜣ Wsir* >, *NN* ausgelassen, ebenso <*kt iꜣb.t.t Nbt-ḥwt pw n Wsir NN* >
o) Beginn der Nachschrift
p) als <*iri.tw*> zu emendieren
q) als *ssm.w* (Wb IV, 291) zu lesen
r) 1. Suffix 3. Sgl. mask. zu tilgen
   2. ausgelassen <*wt* > (Wb I, 379)
s) *wn.tw* im Austausch für *wbꜣ.tw*, vgl. die Par.
t) für *pw*
u) für *mḥ.ti*
v) <*in*> zu ergänzen
w) als <*nn*> zu emendieren
x) anstelle von <*m wbꜣ=f* >
y) als *nn* <*rẖ n.ti m rw.ti*> zu lesen, vgl. z.B. *pTurin 1791* od. *pNes-pa-sefj*
z) 1. als *ḥꜣw-mr* (Wb III, 18) zu lesen
   2. als <*imi=k*> zu emendieren
a_1) zu emendieren in <*m*>
b_1) Schreibung für *wp-ḥr* (Wb I, 298), vgl. auch Valeurs phonétiques, 263, Nr. 205
c_1) zu emendieren in <*nn*>, Var. bei U. Verhoeven, Jachtesnacht 1, 329, Anm. 4

Anmerkungen Tb 163 (Z. 712-724)
(*pCologny*), Schreiber 4
Taf. 32 u. Photo-Taf. 26
Benutzte Parallelen: *pTurin 1791, pJachtesnacht, pNes-pa-sefj, pVatikan 48832*
a) Gesamttitel (z.B. bei *pNes-pa-sefj* od. *pVatikan 48832*) nicht vorhanden, dazu U. Verhoeven, pNespasefy, 47 f., Kol. D 77 (Tb 163), Anm. a
b) als Sgl. bei *pCologny* u. *pJachtesnacht*
c) sic: Aa 2 als Det. für *ḏdḥ* (Wb V, 635)
d) als <*ṯs.tw*> zu emendieren
e) verlesen aus *btꜣ* (Wb I, 483f.)
f) Var.: *m ẖr.t-nṯr* bei *pTurin 1791*
   m imn.t.t bei *pJachtesnacht, pNes-pa-sefj, pVatikan 48832*
g) ausgelassen <*hꜣi=f r mri=f* >, vgl. *pJachtesnacht, pNes-pa-sefj* od. *pVatikan 48832*
h) 1. Suffix 3. Sgl. mask. ausgelassen
   2. als *p*<*ꜣ*> zu vervollständigen
i) als < *nn intnt/nn inti.tw=f* > zu emendieren, vgl. *pTurin 1791, pJachtesnacht, pNes-pa-sefj, pVatikan 48832*; hier ist statt *intnt* (Wb I, 102) *idr* (Wb I, 154) gebraucht
j) hier ist bei *pTurin 1791* der Titel zu Ende
k) zu emendieren in <*ink pꜣ*>, vgl. *pTurin 1791*
l) zur Schreibung des Namens bei den Par. u. zur Literatur vgl. U. Verhoeven, Jachtesnacht 1, 332, Anm. 5; Schreibung bei *pVatikan 48832*
m) 1. Text in der Klammer Wiederholung von Text in Z. 713
   2. *ntk* zu emendieren in <*ntf* > (*pTurin 1791*) od. *n.ti* (die übrigen Par.)

n) bei *pTurin 1791* ebenfalls Pl.
o) 1. bei den Par. nicht belegter Name
2. Textauslassung
p) Text in der Klammer nicht zuzuordnen
q) der erste Teil des Textes in der Klammer als Wiederholung von Text in Z. 713; *inḏ ḥr=t* nicht zuzuordnen
r) sic: unpassendes Det.
s) Par. schreiben *ḥꜣti.w*
t) ausgelassen <*pri hh n*>
u) <*r*> ausgelassen
v) 1. sic: Det. von *Dp* (Wb V, 443) übernommen
2. ausgelassen <*bꜣ.w i pꜣ sḏ*>*r*
w) 1. Suffix 3. Sgl. mask. ausgelassen
2. <*ḫpr*> ausgelassen
x) 1. Suffix 3. Sgl. mask. ausgelassen
2. Text in der Klammer nicht zuzuordnen
y) Text in der Klammer nicht zuzuordnen, dafür Text ausgelassen
z) als <=*k*> zu emendieren
a_1) als <=*k*> zu emendieren
b_1) als *ḫꜣꜥ=k r hꜣb=k* zu lesen, vgl. *pJachtesnacht*
c_1) 1. zu emendieren als <*iw*>
2. zu den Par. vgl. U. Verhoeven, Jachtesnacht 1, 333, Anm. 2
d_1) ausgelassen <*nḥḥ*>
e_1) vgl. U. Verhoeven, Jachtesnacht 1, 333, Anm. 3
f_1) 1. kurze Textauslassung
2. als *ꜥḥꜥ=f* zu lesen
g_1) als *iwtn* (Wb I, 58) zu lesen
h_1) Zusatz von *iw* auch bei *pNes-pa-sefj* u. *pVatikan 48832*
i_1) als *kfꜣ.tw=f* zu lesen
j_1) *n* in anlautendes *k* von *kꜣi.w* (Wb V, 116) zu emendieren
k_1) ausgelassen <*ꜥm bꜣ.w*>, vgl. die Par.
l_1) ausgelassen <*ḏbꜥ.w/ ḏbꜥ* >, vgl. die Par.
m_1) zu dem Namen vgl. U. Verhoeven, Jachtesnacht 1, 333, Anm. 6
n_1) vielleicht als *sp 2* zur Wiederholung des *Šr* zu lesen
o_1) 1. zu den Var. dieses Namens vgl. U. Verhoeven, Jachtesnacht 1, 333, Anm. 7
2. <*rn*> ausgelassen

p_1) Passage zu lesen: <*ntf pꜣ* > *n.ti* <*ḥtp*> *m* <*pꜣ mḥ.t imn.t.t n tꜣ* > *dhn(.t) Nipt* <*m tꜣ Sti*>
q_1) 1. als *iri* zu lesen
2. *m* in der Klammer zu tilgen
r_1) als <*ḏꜥi*> zu emendieren
s_1) als <*iꜣb.t.t* > zu emendieren
t_1) *pꜣ sšm* nur bei *pCologny*
u_1) Var.: *ḥsꜣ-ḏfḏ* bei *pTurin 1791, pNes-pa-sefj*
v_1) längere Textauslassung
w_1) 1. als *nṯri* zu lesen, das runde Zeichen deutlich als Städte-Det. zu erkennen
2. als <*tꜣ*> zu emendieren
x_1) als *ꜥḥꜥ m bꜣḥ* zu lesen
y_1) Var.: *iꜣ.t* (Wb I, 26) bei den Par.
z_1) längere Textauslassung (aberratio oculi)
a_2) als *ꜥntiw* zu lesen
b_2) Text in der Klammer nicht zuzuordnen, dafür Text ausgelassen
c_2) zu D 26 vgl. Wb II, 50, ptol. Schreibung
d_2) verschrieben für *tꜣ*
e_2) *ꜥꜣ* zu emendieren in gen. <*n*>
f_2) vorzeitiger Abbruch der Nachschrift

Anmerkungen Tb 164 (Z. 725-738)
(*pCologny*), Schreiber 4
Taf. 33 u. Photo-Taf. 27
Benutzte Parallelen: *pBerlin P. 3058, pLeiden T 16, pLeiden T 19, pParis N. 3079, pTurin 1791, pJachtesnacht, pNes-pa-sefj, pVatikan 48832*
a) korrekt: *ṯ*
b) ausgelassen <*ḥnw.t*>, vgl. *pTurin 1791*
c) P 1 anstelle von *ṯꜣi*, vgl. die Par.
d) Suffix 3. Sgl. mask. zu tilgen
e) <*ḥkꜣ.w*> ausgelassen, nur Det. vorhanden
f) *ḫꜣ.wt* anstelle von *ḫꜥ*
g) V 28 anstelle von A 2
h) <*n*> ausgelassen, vgl. die Par.
i) Name als *Pšks* zu lesen, vgl. *pTurin 1791* u. *pVatikan 48832*
j) aus *nsw.t* verlesen
k) als *ḥm.t* zu lesen, vgl. Valeurs phonétiques, 85, Nr. 93 od. 95
l) Zeichengruppe in der Klammer vielleicht als Schreibvariante zu erklären
m) 1. *nb* nur bei *pTurin 1791* eingefügt
2. als *is.w* zu lesen

n) verschrieben für *mw.t*

o) als <*ḥr.t mrw.t* > zu lesen

p) als < *ṯt* > (?) zu lesen (Wb V, 411), mit dem Folgenden als "die die Störung auflöst", vgl. M.Z. Allam, Papyrus Berlin 3031. Totentexte der 21. Dynastie mit und ohne Parallelen (Dissertation Bonn 1992), 235, od. *ṯiti* (Wb V, 244) "die die Unruhe niederschlägt"

q) verschrieben für *ḫfꜥ*, sieht aber wie Mischschreibung von *ḫfꜥ* u. *ꜥfn.t* aus

r) Schreibung für *wnn*, vgl. auch I. Munro, Ein Ritualbuch für Goldamulette und Totenbuch des Month-em-hat (SAT 7, Wiesbaden 2003), 22, Kol. 1, Z. 3

s) 1. als <*sḫr*> zu vervollständigen
   2. *ꜥꜣpp* im Pl. anstelle von *ḏw-qd*, vgl. *pTurin 1791, pNes-pa-sefj*

t) vielleicht als <*iw=t ḥr ḥnk mꜣꜥ.t*> *m ḥꜣ.t wiꜣ=f* zu emendieren (*ḏsr* für *ḥnk*)

u) als *ntt* zu lesen

v) als *wnmi.t* zu lesen, A 2 durch *wnm* hineingeraten

w) als *im* zu lesen

x) zum Namen vgl. U. Verhoeven, Jachtesnacht 1, 335, Anm. 12

y) die gesamte Passage verderbt, vielleicht zu emendieren in <*iw=t m srq.t ꜥꜣ.t n.ti Sqnqt m ḥꜣ.t wiꜣ iri=t* >, vgl. *pJachtesnacht*

z) zu emendieren und zu vervollständigen in <*n nḥsi.w ꞽIwn.tiw n.w Tꜣ-sṯt* >

a_1) längere Passage ausgelassen

b_1) <*m*> ausgelassen, vgl. *pTurin 1791* u. *pNes-pa-sefj*

c_1) *t* in der Klammer zu tilgen

d_1) wohl aus *tꜣr* (Wb V, 233) verlesen

e_1) als *gmi tw* zu lesen

f_1) Var.: *sꜣ* bei *pTurin 1791, pJachtesnacht, pNes-pa-sefj*

g_1) *nmi* (Wb II, 267) in ideographischer Schreibung

h_1) Var.: *wḏꜣ.t* bei den Par.

i_1) *n* in der Klammer zu streichen

j_1) *t* in <*n*> zu emendieren: *ti.t m rn n Mwt*

k_1) verlesen aus *ḫꜣ bin* (Wb III, 221)

l_1) 1. Passage ausgelassen
   2. *r* in der Klammer zu tilgen

m_1) dat. *n* zuzufügen, vgl. die Par.

n_1) *i* in der Klammer überflüssig

o_1) als *rpi.t* zu lesen

p_1) als *Pḫꜣt* zu lesen, der Tierkopf nicht klar identifizierbar (einem Pantherkopf am ähnlichsten), vgl. dazu H.W. Fairman, Ptolemaic Notes, in: ASAE 44 (1944), 268-274, bes. 271 u. Wb I, 498

q_1) defektiv geschriebenes *mṯꜣ* (Wb II, 175), s. auch Z. 735

r_1) Text in der Klammer nicht zuzuordnen, dafür Passage ausgelassen, vgl. *pNes-pa-sefj*

s_1) ausgelassen <*ꜥḥꜥ m-bꜣḥ=s n*>, vgl. *pNes-pa-sefj*

t_1) nach *pNes-pa-sefj* <*n ḥr =s*> ausgelassen

u_1) 1. *rd.wi* statt *šw.ti*
   2. *t* in der Klammer zu tilgen
   3. *ḥr mṯꜣ* zugefügt

v_1) <*iw=f* > zuzufügen

w_1) ausgelassen <*bik kii m ḥr*>

x_1) wohl als <*wt šnb.t=f* > zu emendieren, vgl. *pNes-pa-sefj*

y_1) als *wnn=f* zu lesen

z_1) zu ergänzen <*=f qs.w=f*> nach *pTurin 1791*

a_2) zu vervollständigen in <*swi=f*>

b_2) defektiv geschriebenes *ḥbb.t*

c_2) *pTurin 1791* u. *pNes-pa-sefj* schreiben *itrw*, entweder als *r* od. *nb* mit Wasser-Det. u. D 26 geschrieben

d_2) Schreibung für *ꜣḫ.wt*

e_2) Schreibung für *sḫ.t-iꜣrw*

f_2) als <*nn*> zu emendieren, vgl. *pTurin 1791*

g_2) <*nḥm*> ausgelassen, vgl. *pTurin 1791*

h_2) statt *tꜣ.wi* zu emendieren <*r n.ti*>, hierat. Papyri (*pBerlin P. 3058, pLeiden T 16, pLeiden T 19, pParis Louvre N. 3079)* schreiben ebenfalls *tꜣ.wi*

i_2) Zufügung von *r rꜥ nb*

j_2) *ḥfꜣ.t nb*,
   Var.: *dm.w nb* bei *pNes-pa-sefj*

Anmerkungen Tb 165 (Z. 739-753)
(*pCologny*), Schreiber 4
Taf. 33 u. Photo-Taf. 27
Benutzte Parallelen: *pTurin 1791, pJachtesnacht, pNes-pa-sefj, pVatikan 48832*

a) Spruchtitel nicht rubriziert
b) 1. hier *n* statt *r* wie bei den Par.
   2. *srwḏ* defektiv geschrieben
   3. Suffix in der Klammer überflüssig
c) als <*sꜥm*> zu emendieren
d) aus *Bẖn* verlesen, vgl. die Par.; zu *Bẖn* vgl. LGG II, 817
e) hier das ausgelassene <*n.t p.t* > zu emendieren
f) das Folgende als <*Ntkrt* > zu lesen, vgl. U. Verhoeven, Jachtesnacht 1, 338 u. Anm. 1
g) Par. schreiben *Ḥrw* an dieser Stelle, vielleicht verlesen aus (?)
h) aus *Nwt* verlesen, vgl. die Par.
i) nach *pTurin 1791* u. *pNes-pa-sefj* 1 Name ausgelassen
j) Par. fügen <*rn=k*> ein
k) anstelle von *m-ꜥ=k*, s. die Par.
l) 1. Suffix 1. Sgl. ausgelassen
   2. Schreibung für *rẖ.kwi*
m) als *m rꜣ=i* zu lesen
n) als *inm*<*=k m*> zu lesen, vgl. die Par.
o) verschrieben für <*mi n*>, vgl. die Par.
p) bedeutungsloser Beistrich
q) als Ps.part. *tm.ti* zu lesen, vgl. *pTurin 1791, pJachtesnacht, pNes-pa-sefj* u. *pVatikan 48832*
r) 1. Suffix 3. Sgl. mask. ausgelassen
   2. als <*wḏꜣ*> zu emendieren
s) verschrieben für <*r ḫꜣ bin nn*>
t) 1. Suffix 3. Sgl. mask. ausgelassen
   2. verlesen aus <*swꜣš*>*=i*, vgl. *pTurin 1791*, s. auch Z. 747
u) verlesen für <*iri=k n=i*>
v) hier: *ikm* (Wb I, 139)
w) als *ꜥm=k* (Wb I, 184) zu lesen
x) von den Par. differierende Namen
y) als *di*<*=i*> zu lesen
z) *n* in der Klammer zu tilgen
a_1) <*tm*> ausgelassen, vgl. die Par.
b_1) aus <*n.ti m nw.t* > verlesen
c_1) als *irii=i* zu lesen
d_1) 1. *bꜣ* in der Klammer ohne Sinn
   2. als <*mk.t* > zu lesen
e_1) Suffix 3. Sgl. mask. in Suffix 2. Sgl. mask. zu emendieren
f_1) *in* in <*ḥr*> zu emendieren
g_1) 1. Beistrich fehlt
   2. *n* als *m* zu lesen od. zu tilgen
h_1) Par. schreiben *šw.ti*, *pJachtesnacht* sogar *šw.ti* u. *dšr.t*; hier sieht das Zeichen aus wie das Unterteil der dargestellten *šw.ti*-Krone
i_1) aus dem Hierat. übernommenes Zeichen, s. auch Anm. o_1)
j_1) ausgelassen u. verlesen aus <*n.w qmi.t ḥnꜥ wꜥ twt* >
k_1) als *ꜥnḫ.w* zu lesen, mit gleicher Bedeutung wie *rmṯ.w* (Wb I, 201)
l_1) Strich am Ende der Z. wie auch in Z. 748 u. 749 ohne Bedeutung
m_1) überflüssiges *m* zu tilgen
n_1) Personen-Det. zu tilgen
o_1) gleiches Zeichen wie in Z. 749 (Anm. i_1), hier aber *ḥꜣti* korrekt, als F 4 zu transliterieren
p_1) unnötiges *n* zu tilgen
q_1) hier *mꜣꜣ*,
   Var.: *rḫ* bei *pTurin 1791*
   iri bei *pJachtesnacht* u. *pNes-pa-sefj*
r_1) als *ḥbb.t n.t itrw* zu lesen
s_1) *s* in der Klammer ohne Sinn
t_1) Pl.-zeichen ohne Bedeutung

Anmerkungen Tb 162 (Z. 754-766)
(*pCologny*), Schreiber 4
Taf. 34 u. Photo-Taf. 27-28
Benutzte Parallelen: *pTurin 1791, pJachtesnacht, pNes-pa-sefj, pVatikan 48832, pBonn L 1647*

a) Titel nicht rubriziert; Synopse von Tb 162, Transkription und Übersetzung bei M.Z. Allam, Papyrus Berlin 3031. Totentexte der 21. Dynastie mit und ohne Parallelen (Dissertation Bonn 1992), 62-75, Pl. 1-26
b) Zusatz von *wr ꜥꜣ*
c) *qn* anstelle von *qꜣ*, vgl. die Par.
d) als <*ḥnw m*> zu emendieren, vgl. die Par.
e) 1. als *mṯꜣ* (Wb II, 175) zu lesen Suffix (*f*) wahrscheinlich Umsetzung des Fleischstücks (F 51)
   2. als *rwḏ* zu lesen, vgl. die Par.
f) als <*nn ḏrw.w wbn=f* > zu lesen, vgl. *pTurin 1791, pJachtesnacht, pVatikan 48832*
g) *inm* (Wb I, 96) anstelle von *iwn* (Wb I, 52)

h) für *sw*, ebenso in Z. 758
i) als *ms.w=f* zu lesen, vgl. die Par.
j) als *nꜥš* (Wb II, 209) *dni.wt* (Wb V, 466f.) zu lesen, D 17 entstanden aus hierat. V 11
k) Passage ausgelassen
l) zum Namen *Srpt-mꜣi-siw* od. Lotosblatt-Löwe-Widder vgl. M.-L. Ryhiner, A propos de trigrammes panthéistes, in: RdE 29 (1977), 125-137, bes. 134ff.
m) der folgende Name möglicherweise verderbt für *Ḫrst*, vgl. die Par.
n) Aufnahme einer früheren Passage: <*nꜥꜥ iw n*>*ꜥš n=f*
o) *nḥm* (Wb II, 296) als Synonym für *nhp* (Wb II, 285)
p) 1. als *mꜥr* zu lesen, D 3 aus hierat. G 37 entstanden
 2. *s* überflüssig
q) verderbt für *iꜣd.t*, vgl. die Par.
r) 1. Suffix 1. Sgl. bei den Par.
 2. Passage ausgelassen
s) Par. fügen Suffix 1. Sgl. u. *n* (für *m*) vor *pꜣ hrw* ein
t) 1. als <*rdi.n=k*> zu lesen
 2. hier *ḫꜣbs* (Wb III, 230 "Lampe") anstelle von *bꜥ*, auch in Z. 762, vgl. die Par.
u) Dittographie des *n* zu tilgen
v) anstelle von *ḫꜣbs* bei den Par. Suffix 3. Sgl. mask.
w) als <*ntf*> zu emendieren
x) als *m ḫm* <*r =f*> zu emendieren
y) dat. *n* zuzufügen, vgl. die Par.
z) s. Anm. t) 2.
a_1) verderbt für *iiꜣ* (Wb I, 25)
b_1) 1. Schreibung für *ntf*
 2. ausgelassen <*bꜣ n*>, vgl. die Par. (dort *bꜣ* auch als *sꜣ* verschrieben)
c_1) als *Ỉtmw* od. *Ỉꜣḫ-ḫpr-wr* zu lesen, vgl. M.-L. Ryhiner, op. cit., od. M.Z. Allam, op. cit., 64 u. 71f.
d_1) 1. Var dieses Namens bei M.Z. Allam, op. cit., Pl. 17
 2. <*rn=f*> ausgelassen
e_1) nach *pVatikan 48832* u. *pBonn L 1647* <*ir =k n=f*>, nach *pTurin 1791* <*mi ir =k*> ausgelassen

f_1) *i* in der Klammer zu tilgen
g_1) Suffix 3. Sgl. mask. in der Klammer zu tilgen
h_1) *ḥr n.ti* ohne Sinn, Var.: *iꜣ ntf*, dazu paßt das folgende *ntk*, Zufügung von *ṯs pẖr* nur hier
i_1) bei den Par. <*rpi.t*> zugefügt
j_1) ob hier *mnwr* (Wb II, 79 "reinigen") gemeint war (?), Par. schreiben Ø/*nfr* u. weiter *rdi.t r ẖẖ n ꜣẖ*
k_1) anstelle von <*n mꜣw rdi.t*>, vgl. die Par.
l_1) *r* in der Klammer überflüssig
m_1) als < *qd* > zu vervollständigen, vgl. die Par., *s* aus Buchrolle verlesen
n_1) als <*n.ti ḥr.i*>*-tp tꜣ* zu emendieren
o_1) 1. *n=k* in der Klammer zu tilgen
 2. als *wr sp 2* zu lesen
p_1) wohl verderbt für <*m-ẖt*>, vgl. *pJachtes-nacht, pNes-pa-sefj*
q_1) wohl verlesen für <*wnn s.t =f inḥw*>
r_1) zu dem folgenden Ausdruck kein Eintrag im Wb, vgl. Vorschlag von T.G. Allen, BD Documents, 285 u. Anm. z
s_1) als *ḥr stꜣ=f* zu lesen (?), vgl. *pNes-pa-sefj*
t_1) verschrieben für *nṯr.t*, vgl. die Par.
u_1) als *wnn=f* zu lesen, vgl. die Par.
v_1) ausgelassen <*sḏ.t* >, *m-ꜥ* als *m* zu lesen
w_1) als *ḥr.i-tp tꜣ* zu vervollständigen
x_1) als <*sw r ẖẖ=f* > zu lesen, vgl. die Par.
y_1) hier *wḏꜣ* (Wb I, 403 "dahingehen"), mit A 14 als Det., passendes Synonym für Var.: *mt*, vgl. die Par.
z_1) als *wnn=f* zu lesen
a_2) nicht nachvollziehbare Schreibung für *šnꜥ*
b_2) Var.: *sbꜣ.w nb.w n.w dꜣ.t* bei den Par.
c_2) Var.: *m šs mꜣꜥ/m šs mꜣꜥ ḥḥ n sp* bei den Par.
d_2) 1. als *ḏd.ḥr =k* zu lesen
 2. ausgelassen <*rdi.n=k*>
 3. *nṯr* u. Det. in *nṯr.t* + Det. zu emendieren
e_2) als *bꜣ* verschrieben
f_2) die folgende kurze Passage ohne erkennbaren Sinn,
 Var.: *i Ỉmn n nꜣ.w imn pꜣ n.ti m* ... bei *pNes-pa-sefj*
g_2) als *ḥr.t* zu lesen
h_2) als *imi* zu lesen
i_2) als *n* <*tꜣ ẖꜣ.t n*> *sꜣ* <=*k*>..., vgl. *pNes-pa-sefj*

j2) *nn* ohne erkennbaren Sinn, sinnvoll: *swḏ3* <=*k sw*>, vgl. *pNes-pa-sefj*

k2) von der folgenden Passage nur noch Einzel-Elemente als zum Text gehörig erkennbar

Allgemeine Anmerkungen zum Text

Von den insgesamt 84 Sprüchen[32] zeigt eine bemerkenswerte Anzahl[33] nicht den gesamten Spruchtext, sondern ihr Text wurde vorher abgebrochen, ebenso wie auch geschlossene Textpassagen[34] oder Nachschriften[35] den Text nicht bis zum Ende aufweisen.

Auffällig ist der häufige Gebrauch von ungewöhnlichen od. bisher nicht belegten Spruchtiteln bei Tb 42, 99, 43, 44, 45, 63A/B, 80, 71, 72, 91 od. 100 od. der Gebrauch eines für einen Spruch unpassenden Titels (z.B. Tb 85 II), das Fehlen eines Spruchtitels in der Horizontalzeile nach Tb 100. Nachdem der Schreiber aber Spruchtitel im Zeilenverlauf (z.B. bei Tb 128, 129 od. 140) wieder aufgenommen hat, ist wieder eine ganze Reihe von Sprüchen[36] ohne Spruchtitel geblieben.

Die Verwendung von Füllstrichen ohne Bedeutung am Ende einer Zeile ist nicht nur bei einem der vier Schreiber festzustellen, sondern ist allen vier Schreibern eigen[37].

Keiner der vier Schreiber unterscheidet signifikant zwischen dem hierogl. T 28[38] u. W 11[39].

Sechs Sprüche sind mehrfach kopiert worden[40]: Tb 75, 85, 102, 104 u. 106 liegen als zweifache Abschrift vor, Tb 105 sogar als dreifache Kopie/Teilkopie.

Zweimal – dies betrifft nur Schreiber 1 – ist bei Tb 91 u. Tb 92 ein Wechsel in der Schreibrichtung zu beobachten[41].

Folgende Spatientypen sind nachweisbar[42]:
Typ A 1b (am Ende einer Zeile zwischen zwei zu trennenden Texteinheiten)[43],
Typ A 2 Ia (für Nachträge)[44],
Typ A 2 IIb (bei listenartiger Aufreihung)[45],
Typ B 1 (bei Textauslassung)[46].

Eine der engsten textlichen Par. bietet der hierogl. *pParis Louvre N. 3096*[47], dessen eindeutige Datierung u.a. auch für *pHor* bestimmend ist (s. Allgemeine Anmerkungen zu den Vignetten).

Vignetten

Insgesamt sind 65 farbige Vignetten erhalten.

1. Vignette = V Tb 32 (fragm.)
Photo-Taf. 1
Die Schwänze zweier Krokodile übereinander erhalten[48].

2. Vignette = V Tb 33 od. 35
Photo-Taf. 1
Der Verstorbene nach links gerichtet, mit nacktem Oberkörper u. kurzem Schurz, eine mehrfach gewundene Schlange speerend. Auf den Kopf der Schlange ein zusätzliches Messer gerichtet.

3. Vignette = V Tb 36 + V Tb 38B
Photo-Taf. 1
Männliche Figur (wie in V Tb 33 od. 35), einen Käfer speerend. Davor männliche Figur mit nacktem Oberkörper und langem Schurz, in der linken Hand [ein Segel] haltend.

---

32 zwei- u. dreifaches Spruch-Vorkommen mitgezählt
33 39 Sprüche
34 z.B. bei Tb 147 od. Tb 149 od. 11 statt 22 Anrufungen bei Tb 99
35 bei Tb 101 od. Tb 163
36 bei Tb 146, 149, 152, 154, 157, 158, 159, 160, 161
37 Z. 28, 40, 76, 77, 90, 117, 161, 207, 210, 229, 231, 232, 234, 243, 253, 258, 260, 266, 279, 282, 748, 749, 750
38 Z. 12, 14, 24, 66, 79, 173 (2x), 178 u. Tb 145 passim
39 Z. 15, 46, 47, 96, 98, 112, 175, 234, 243, 252, 257, 269, 276, 281, 297, 422
40 ohne plausible Erklärungsmöglichkeit: nur Tb 75 I u. II wurden von unterschiedlichen Schreibern (Schreiber 4 u. 3) kopiert, die übrigen doppelt od. dreifach kopierten Sprüche von jeweils demselben Schreiber (Schreiber 4)
41 ein Grund dafür ist nicht ersichtlich
42 U. Rößler-Köhler, Zum Problem der Spatien in altägyptischen Texten: Versuch einer Systematik von Spatientypen, in: ASAE 70 (1984-1985), 383-408, bes. Abb. 1
43 Z. 76, 79, 103, 110, 115 124 u.a.
44 Z. 138 (?), vgl. Anm. i) Tb 72
45 z.B. Z. 60-70
46 Z. 22, 577, Tb 152, Anm. t) u. x)
47 soweit dieser für einen Textvergleich zur Verfügung stand, vgl. Anm. Tb 39
48 H. Milde, Vignettes, 233-235

4. Vignette = V Tb 39
Photo-Taf. 2
Männliche Figur (wie in V Tb 33 od. 35), eine Schlange speerend.

5. Vignette = V Tb 40
Photo-Taf. 2
Der Verstorbene (wie in V Tb 33 od. 35), das vorgestreckte Vorderbein eines gelagerten Esels speerend. Auf den Kopf des Esels ein zusätzliches Messer gerichtet. Über dem Eselsrücken eine gewundene Schlange, von drei Messern attackiert.

6. Vignette = V Tb 41
Photo-Taf. 3
Männliche Figur (wie in V Tb 33 od. 35), den Kopf einer gewundenen Schlange speerend. Zusätzlich drei Messer. Darunter die Hieroglyphe für Gemetzel, Unheil (F 41).

7. Vignette = V Tb 43
Photo-Taf. 4
Der Verstorbene, nach links gerichtet, mit anbetend erhobenen Armen, der Oberkörper nackt mit langem weitem Schurz, vor einer männlichen Gottheit mit Anch-Zeichen und *w3s*-Zepter[49].

8. Vignette = V Tb 44
Photo-Taf. 4
Der Verstorbene mit nacktem Oberkörper auf einem Stuhl nach rechts sitzend. Bekleidet ist die Figur mit einem langen Schurz. In der Rechten ein [langer Stock][50].

9. Vignette = V Tb 50
Photo-Taf. 4
Der Verstorbene mit nacktem Oberkörper und langem Schurz nach rechts stehend. Dahinter Darstellung der *nm.t*-Richtstätte [mit darüber liegendem Messer][51].

10. Vignette = V Tb 47
Photo-Taf. 4
Über einem breiten Sockel (Wasser?) ist eine Grabfassade wiedergegeben, davor ein Ba-Vogel, dahinter ein Benu-Vogel, beide nach rechts gerichtet[52].

11. Vignette = V Tb 52 + V Tb 51
Photo-Taf. 4
Männliche Figur mit nacktem Oberkörper u. langem Schurz nach rechts auf einem Stuhl sitzend. Die Linke ist einem mit Broten belegten stuhlförmigen Opfertisch entgegengestreckt. Hinter der sitzenden Figur eine zweite nach rechts stehend, mit nacktem Oberkörper und langem weitem Schurz, in der Linken einen langen Stock haltend (V Tb 51).

12. Vignette = V Tb 59
Photo-Taf. 5
Auf einem schmalen Sockel Darstellung einer Sykomore, deren Blätterwerk eine nach links stehende Baumgöttin mit Sonnenscheibe zwischen Kuhgehörn freigibt. Aus zwei *ḥs*-Gefäßen fließt Wasser in eine Schale und in die erhobene Handfläche des davor sitzenden Verstorbenen[53].

13. Vignette = V Tb 57
Photo-Taf. 5
Darstellung einer zweiten Sykomore auf einem schmalen Sockel, diesmal ohne eine ganzfigurige Baumgöttin. Davor, nach rechts, eine männliche Figur mit leicht vorgebeugtem Oberkörper. Zu ergänzen: [Aus dem Baum reichende Hände, die dem Verstorbenen eine Spende darbringen][54].

---

49 vgl. *pLausanne 3389* od. U. Verhoeven, Jachtesnacht 1, 53

50 vgl. *pLausanne 3389* od. U. Verhoeven, Jachtesnacht 1, 53

51 vgl. U. Verhoeven, Jachtesnacht 1, 54

52 vgl. U. Verhoeven, Jachtesnacht 1, 54

53 vgl. U. Verhoeven, Jachtesnacht 1, 54

54 vgl. U. Verhoeven, Jachtesnacht 1, 54 (V Tb 59)

14. Vignette = V Tb 63A
Photo-Taf. 5
Der Verstorbene mit nacktem, leicht gebeugtem Oberkörper, bekleidet mit einem langen Schurz, erhält eine Wasserspende auf die beiden Handflächen[55] aus einem am Boden stehenden Wassergefäß[56].

15. Vignette = V Tb 63B
Photo-Taf. 5
Der Verstorbene mit leicht gebeugtem Oberkörper, nach rechts gewandt, gießt aus einer großen *ḥs*-Vase Wasser über sich. Dahinter ein großes Feuerzeichen[57].

16. Vignette = V Tb 64
Photo-Taf. 6
Der Verstorbene nach rechts stehend mit langem Stab vor einer fünfstrahligen Sonne[58].

17. Vignette = V Tb 71
Photo-Taf. 6
Auf einem gemeinsamen Sockel ist rechts die Kuh Mehet-weret mit Decke auf dem Rücken, dem Menat am Hals und einer Federkrone u. kleiner Sonnenscheibe zwischen den Hörnern dargestellt. Ihr gegenüber die Figur eines Falken mit ausgebreiteten Flügeln. Sowohl Falke als auch Kuh stecken in einer Stoff-Hülle[59].

18. Vignette = V Tb 72
Photo-Taf. 6-7
Der Verstorbene (wie in der 7. V) vor einem Opfertisch und drei auf einer Matte hockenden Gottheiten: die erste mit Götterbart u. einer Feder auf dem Kopf (der Gott Schu), die zweite ohne Götterbart, [löwenköpfig] mit Sonnenscheibe auf dem Kopf u. Anch-Zeichen auf den Knien (als Tefnut zu identifizieren)[60], die dritte Gottheit mit Doppelkrone stellt Atum dar. Die drei Gottheiten als Repräsentanten der im Titel genannten *psḏ.t*[61].

19. Vignette = V Tb 73
Photo-Taf. 7 u. 29
Darstellung des Verstorbenen (wie in V Tb 64). Hinter ihm eine weibliche Gestalt (Ehefrau des Verstorbenen?), in der erhobenen rechten Hand ein Sistrum haltend. Bekleidet ist die Frau mit einem bis zu den Knöcheln reichenden Gewand mit einem Überschlag. An den unteren Rand sind zwei Schmuck-Elemente angebracht. Den Oberkörper bedeckt ein pelerinenartiges Cape[62].

20. Vignette = V Tb 75
Photo-Taf. 7 u. 29
Der Verstorbene mit nacktem Oberkörper und langem weitem Schurz, mit herabhängenden Armen, aber zur Faust geschlossenen Händen[63] nach rechts stehend. Vor ihm ein Iunu-Pfeiler[64].

21. Vignette = V Tb 77
Photo-Taf. 7
Auf einem rechteckigen Sockel ein Gold-Horus mit fein gearbeitetem Gefieder nach rechts gewandt sitzend[65].

22. Vignette = V Tb 87 + Var. V Tb 79
Photo-Taf. 7
Darstellung einer nach links gewundenen Schlange. Davor nach rechts stehend eine

---

55 das konsultierte Farbphoto zeigt keine Gefäße auf den Handflächen
56 P. Barguet, Le Livre des Morts des anciens Egyptiens (LAPO, Paris 1967), 95, V Tb 63A
57 id., op. cit., 95, V Tb 63B
58 vgl. *pTurin 1791*, U. Verhoeven, Jachtesnacht 1, 54; H. Milde, Vignettes, 131-134
59 vgl. *pTurin 1791*, U. Verhoeven, Jachtesnacht 1, 55; H. Milde, Vignettes, 144-147
60 Par. zur löwenköpfigen Göttin Tefnut: *pKrakau XI 1503-1506, 1508-1511*, M. Barwik, Du nouveau sur le Papyrus de Pachremin au Musée Czartoryski à Cracovie, in: RdE 46 (1995), 3-7, Taf. I; D. Gorzelany, Die ägyptische Sammlung des Czartoryski Museums in Krakau, in: Kemet Jg. 12, Heft 2 (2003), 41-45, bes. 43-44, Abb. S. 43 u. V Tb 73 bei *pLondon BM 10257*
61 die Mehrzahl der Par. zeigt nur zwei Gottheiten, vgl. auch *pTurin 1791*, U. Verhoeven, Jachtesnacht 1, 55; H. Milde, Vignettes, 140-143
62 die sp. Par. zeigen ausnahmslos eine stehende Figur mit Stock, vgl. z.B. *pTurin 1791, pLausanne 3389* od. *pRyerson*
63 man vermißt bei gleicher Handhaltung wie in der 25. Vignette in den Händen ein Attribut
64 vgl. *pTurin 1791*, U. Verhoeven, Jachtesnacht 1, 55
65 vgl. *pTurin 1791*, U. Verhoeven, Jachtesnacht 1, 55, H. Milde, Vignettes, 185

männliche Gottheit (Atum)[66] mit *w3s*-Zepter u. Anch-Zeichen, auf dem Kopf die Doppelkrone[67].

23. Vignette = V Tb 89
Photo-Taf. 7-8
Auf einem schmalen Sockel Darstellung einer löwenköpfigen Bahre, darunter [vier] Salbgefäße[68]. Links davon[69] ein Ba-Vogel nach rechts gerichtet, mit ausgebreiteten Flügeln[70].

24. Vignette = V Tb 86
Photo-Taf. 8
Darstellung einer Schwalbe nach rechts gerichtet, auf dem Urhügel[71].

25. Vignette = V Tb 91
Photo-Taf. 8
Der Verstorbene (wie in V Tb 75) mit Stock u. Stoffteil in den Händen[72], nach rechts stehend. Vor ihm in gleicher Richtung ein [Ba]-Vogel[73].

26. Vignette = V Tb 92
Photo-Taf. 8
Der Verstorbene nach rechts stehend, die Tür des Grabes öffnend[74]. Im Grab Darstellung eines Ba-Vogels mit ausgebreiteten Flügeln[75].

27. Vignette = V Tb 93
Photo-Taf. 9
Der Verstorbene im [Rufgestus][76] vor einem Boot auf Wasserstreifen. Die darin befindliche Gottheit mit umgewendetem Kopf. Davor ein *i3b.t.t*-Zeichen[77].

28. Vignette = V Tb 98 od. 99[78]
Photo-Taf. 9
Der Verstorbene nach links stehend im Rufgestus (A 26)[79] vor einem Segelboot[80] auf Wasserstreifen. Als Insasse ein Gott mit Flagellum auf den Knien[81].

29. Vignette = V Tb 100
Photo-Taf. 9
In einem Papyrusboot auf einem Wasserstreifen mit Osiris[82] u. dem Benu-Vogel stakt der Verstorbene dem Gott Osiris u. einem Djed-Pfeiler dahinter entgegen[83].

30. Vignette = V Tb 94[84]
Photo-Taf. 9
Der Verstorbene nach links stehend, in der Rechten einen Wassernapf, in der Linken eine

---

66 als Atum zu interpretieren, weil in Tb 79 Atum angesprochen wird
67 alle sp. V Tb 79 zeigen eine anbetende Figur vor 1, 2, 3 od. 4 Göttern, vgl. *pTurin 1791*, U. Verhoeven, Jachtesnacht 1, 56 u. H. Milde, Vignettes, 68-70
68 bei der Mehrzahl der Darstellungen (insgesamt 60) ist der Raum unter der Bahre leer; vier Salbgefäße zeigt *pLondon BM 9946*, vier Kanopen bei *pNew York Amherst 23*, vier Säckchen bei *pLondon BM 9911* (plus 1 Gefäß), *pLondon BM 9915, pLondon BM 10315, pDetroit 1988.10, pParis BN 24-32, pParis BN 118-127, pLyon H 1579, pSt. Petersburg 2566, pSt. Petersburg 3531*
69 überwiegend zeigen die sp. V den Ba über der Bahre mit Mumie; hier ist er wohl aus Platzmangel an das Fußende der Bahre placiert
70 vgl. *pTurin 1791*, U. Verhoeven, Jachtesnacht 1, 57
71 vgl. *pTurin 1791*, U. Verhoeven, Jachtesnacht 1, 57; H. Milde, Vignettes, 193
72 A. Fehlig, Das sogenannte Taschentuch in den ägyptischen Darstellungen des Alten Reiches, in: SAK 13 (1986), 55-94
73 vgl. *pTurin* 1791, U. Verhoeven, Jachtesnacht 1, 57
74 von 31 untersuchten V zeigen 25 den gleichen V-Typ; eine Var. (z.B. *pJachtesnacht, pBerlin P. 3046*) zeigt den Verstorbenen mit Stock vor dem Grab + Ba-Vogel

75 vgl. *pTurin 1791*, H. Milde, Vignettes, 227-230
76 gleiche Handhaltung wie in der 28. V, Rufgestus (A 26)
77 wohl aus Platzgründen befindet sich das *i3b.t.t*-Zeichen im Boot und nicht wie bei der Mehrzahl der Par. außerhalb des Bootes; vgl. *pTurin 1791, pVatikan 48832*
78 bei den sp. Papyri ist bei Vorhandensein von beiden Tb öfter eine V bei Tb 98 als bei Tb 99 belegt; für eine Zuordnung zu Tb 99 spräche das Vorhandensein von Tb 99 (Z. 60-70) u. die Darstellung eines Segels
79 bei der Mehrzahl der Par. im gleichen Gestus
80 bei keiner der sp. Par. ist ein Segelboot wiedergegeben, bemerkenswert dagegen aber seine Häufigkeit im NR, vgl. I. Munro, Untersuchungen, 95f.
81 vgl. H. Milde, Vignettes, 175-179
82 bei keiner der Par. ist Osiris im Boot wiedergegeben, bei der überwiegenden Mehrzahl der Par. sitzt ein falkenköpfiger Gott mit Sonnenscheibe zusammen mit dem Phönix im Boot
83 vgl. *pTurin 1791* (zusätzlich ein Ost-Zeichen vor Osiris), H. Milde, Vignettes, 93-102
84 die Par. zeigen für V Tb 94 den Verstorbenen mit Schreibgeräten als Weihegabe, in der ähnlich gestalteten Darstellung von Tb 95 steht der Verstorbene ohne Attribute vor Thot

Schreiberpalette haltend. Vor ihm der Gott Thot, ibisköpfig, mit *w3s*-Zepter und Anch-Zeichen[85].

31. Vignette = V Tb 104
Photo-Taf. 9
Der Verstorbene auf einem hohen Podest mit Hohlkehle drei sitzenden Götterfiguren gegenüber sitzend. Diese, mit Götterbart versehen, sind gestaffelt wiedergegeben[86].

32. Vignette = V Tb 108
Photo-Taf. 9
Der Verstorbene mit anbetend erhobenen Händen vor drei Gottheiten: [dem krokodilsköpfigen Sobek][87] mit Federkrone u. Widdergehörn, dem falkenköpfigen Gott Atum mit Doppelkrone und Hathor mit Sonnenscheibe. Die männlichen Gottheiten mit *w3s*-Zepter, Hathor mit *w3ḏ*-Zepter[88].

33. Vignette = V Tb 110[89]
Photo-Taf. 10
V Tb 110c
Die V Tb 110 angeschlossenen Einzelszenen[90] nehmen in vier Registern die gesamte Schrifthöhe des Papyrus ein.
1. Register (von oben):
Darstellung einer Barke auf Wasserstreifen mit einem Opfertisch und Baldachin. Darin sitzt nach rechts eine Gottheit mit einem Skarabäus als Kopf. Vor der Barke stehen nach rechts blickend zwei Göttinnen mit *w3ḏ*-Zepter, die vordere ist als Isis gekennzeichnet, die hintere als [Nephthys][91].

85 vgl. *pTurin 1791*
86 vgl. *pTurin 1791*
87 da die 32. u. 34.-37. Vignette Illustrationen der Sprüche für das Kennen der Bas der heiligen Orte darstellen, kann in Analogie zu allen sp. Par. hier auf den krokodilsköpfigen Sobek geschlossen werden, allerdings steht er bei allen übrigen Par. an zweiter Stelle
88 vgl. *pTurin 1791*, H. Milde, Vignettes, 200-218
89 als neueste Publikation zu V Tb 110 vgl. J. Gesellensetter, Sechet-Iaru; bei *pTurin 1791* unterteilt in Tb 110 a, b u. c
90 J. Gesellensetter, op. cit., 196-199, bei *pTurin 1791* als 110 c (Taf. XLII) bezeichnet
91 zu erschließen in Analogie zu allen par. Darstellungen, z.B. *pTurin 1791, pJachtesnacht*, J. Gesellensetter, Sechet-Iaru, 196

2. Register:
Der Verstorbene mit in Anbetung erhobenen Händen steht zusammen mit einer männlichen [menschenköpfigen] Gottheit[92] vor einem Opfertisch u. dem thronenden Osiris u. Isis.
3. Register:
Der Verstorbene, nach links gerichtet, mit in Anbetung erhobenen Händen vor einem aus *ḥs*-Gefäßen gebildeten Opfertisch mit einem Rinder-Schenkel zwei am Boden sitzenden Göttergestalten gegenüber kniend[93]. Beide Götter ohne jegliche Attribute.
4. Register:
Der Verstorbene (wie im 3. Register) vor einem Opfertisch (wie im 3. Register) mit einer Gazelle als Opfertier zwei nach rechts sitzenden menschengestaltigen Göttern[94] gegenüber.
V Tb 110b = Elysisches Gefilde:
Szenen des *sḫ.t-i3rw* in vier Registern.
1. Register von rechts nach links:
Darstellung des Thot mit Schreibbinse u. Papyrusrolle. Vor ihm zweimal der Verstorbene, im Grußgestus u. in anbetender Haltung Weihrauch spendend vor drei am Boden sitzenden Gottheiten: die erste ist hasenköpfig, die zweite schlangenköpfig u. die dritte stierköpfig wiedergegeben. Daran schließt sich auf einem Wasserstreifen eine Barke an, in der der Verstorbene mit untergeschlagenen Beinen kniet. In den Händen hält er eine Stange zum Staken. Über dem Bug der Barke drei Stadt-Det. übereinander. Am linken Rand steht der Verstorbene nach links, die Linke in Anbetung erhoben, in gleicher Richtung auf einem hohen Sockel ein Horus-Falke. Davor, dem Verstorbenen u. dem Horus-Falken gegenüber die nach rechts stehende mumiengestaltige Figur des Hapi, mit einer Papyrusstaude auf dem Kopf[95].

92 vgl. *pTurin 1791, pVatikan 48832*; der Verstorbene kann aber auch allein vor Osiris u. Isis treten, z.B. *pJachtesnacht, pLondon BM 10097, pTurin 1831*
93 Par. kennzeichnen sie als Hu und Sia, vgl. J. Gesellensetter, Sechet-Iaru, 198, 339, Abb. 1, 340, Abb. 2
94 durch Par. als göttliche Personifikationen des Sehens u. Hörens zu deuten, vgl. J. Gesellensetter, op. cit., z.B. 339, Abb. 1, 340, Abb. 2
95 J. Gesellensetter, Sechet-Iaru, 55f.

2. Register von rechts nach links:
Zweimal die fast identische Szene[96] des Getreide-Erntens durch den Verstorbenen. Davor eine Dresch-Szene: Der Verstorbene treibt mit einem Flegel zwei Rinder über das auf dem Boden ausgeschüttete Korn (in Form eines Fremdland-Zeichens). Links schließt sich eine Anbetungsszene an: Der Verstorbene vor einem Benu-Vogel auf einem spitzen Dreieck (als *bꜥḥ*-Szene zu interpretieren[97]). Die Basis dieses Dreiecks bildet ein *ḏw*-Zeichen. Sowohl der anbetende Verstorbene als auch der Benu-Vogel sind nach links gerichtet. Den Abschluß des Registers bildet die nach links auf den untergeschlagenen Beinen sitzende Figur des Toten, vor ihm übereinander zwei Horizont-Zeichen.
3. Register von rechts nach links:
Der Verstorbene nach links, die Rechte einen Pflug hinter einer Kuh führend[98]. Davor ein Laubbaum u. am oberen Registerrand nebeneinander zwei Horizont-Zeichen u. vier Ovale.
4. Register von rechts nach links:
In dem unteren größeren der beiden Doppelbögen hocken nach links gerichtet drei menschenköpfige Götterfiguren, hinter der letzten eine kleine Treppe[99]. Davor eine Schlangen-Barke (Schlangenköpfe an Bug und Heck), an einer hohen Treppe anlandend. Vorne und hinten in der Barke jeweils drei Ruder. Links eine Papyrus-Barke mit einer Treppe, über Bug und Heck, nahe dem oberen Registerrand, je zwei Ovale[100].

34. Vignette = V Tb 112
Photo-Taf. 11
Der Verstorbene mit anbetend erhobenen Händen vor dem falkenköpfigen Horus mit Doppelkrone, *wꜣs*-Zepter u. Anch-Zeichen als Attribute, dem menschenköpfigen Amset u. dem paviansköpfigen Hapi. Amset u. Hapi mit *wꜣs*-Zepter. Vor den Gottheiten ein Opfertisch mit einem *nw*-Topf u. seitlich je einem kleinen Brot (?). Darüber eine Blüte[101].

35. Vignette = V Tb 113
Photo-Taf. 11
Der Verstorbene (wie in der 34. V) vor dem falkenköpfigen Horus mit Doppelkrone, *wꜣs*-Zepter u. Anch-Zeichen als Attribute, dem schakalsköpfigen Duamutef mit *wꜣs*-Zepter u. dem mumiengestaltigen falkenköpfigen Qebehsenuf. Vor den Gottheiten ein Opfertisch (vgl. die 34. V)[102].

36. Vignette = V Tb 114[103]
Photo-Taf. 11
Der Verstorbene (wie in der 34. V) vor dem ibisköpfigen Thot u. einer menschengestaltigen Gottheit (der Gott Sia)[104], beide mit *wꜣs*-Zepter und Anch-Zeichen[105]. Vor den Gottheiten ein Opfertisch.

37. Vignette = V Tb 115
Photo-Taf. 12
Der Verstorbene in gleicher Haltung wie in der 34. V vor dem menschengestaltigen Re mit Doppelkrone, dem Gott Schu, kenntlich an der *šw*-Feder, und einer löwenköpfigen Göttin mit Sonnenscheibe (Tefnut)[106].

---

96 nur die Anzahl der Getreidehalme ist unterschiedlich
97 J. Gesellensetter, op. cit., 111-120
98 J. Gesellensetter, Sechet-Iaru, 139-152
99 ead., op. cit., 190
100 ead., op. cit., 166-173

101 vgl. *pTurin 1791, pKairo CG 40029, pLausanne 3389, pLondon BM 10257, pParis BN 1-19*, H. Milde, Vignettes, 207ff., U. Verhoeven, Jachtesnacht 1, 59
102 vgl. *pTurin 1791, pKairo CG 40029, pLausanne 3389, pLondon BM 10257, pParis BN 1-19, pVatikan 48832*, Pl. XVIII, 63, *pRyerson*
103 V Tb 116 hat dieselbe Abfolge der Gottheiten wie V Tb 114, vgl. *pTurin 1791*; für die Zuordnung zu Tb 114 spricht die Stellung zwischen V Tb 113 u. V Tb 115
104 erschlossen in Analogie zu den par. Darstellungen; hier aber nur zwei Gottheiten dargestellt, Atum als üblicherweise 3. Gottheit fehlt, ebenfalls nur zwei Götter bei *pJachtesnacht*
105 vgl. *pTurin 1791, pKairo CG 40029, pLausanne 3389, pParis BN 1-19, pVatikan 48832*, Pl. XVIII, 64, *pMilbank, pRyerson*
106 vgl. *pTurin 1791, pKairo CG 40029, pLausanne 3389, pParis BN 1-19, pMilbank, pRyerson*; H. Milde, Vignettes, 205f.; U. Verhoeven, Jachtesnacht 1, 59

38. Vignette = V Tb 119 + V Tb 120[107]
Photo-Taf. 12
Der Verstorbene in Anbetungshaltung nach links stehend vor einem Schrein mit offener Tür. Davor, ebenfalls nach links schauend, ein zweites Mal der Verstorbene, diesmal mit seitlich herabhängenden Armen.

39. Vignette = TG[108]
Photo-Taf. 14
Das TG nimmt unterhalb der durchgehenden Horizontalzeile das gesamte Schriftfeld ein.
Die Szene wird innerhalb der Gerichtshalle als Kiosk mit offen stehenden Türen wiedergegeben. Das Dach ist als Hohlkehle gestaltet und wird seitlich von zwei Papyrus-Säulen[109] mit seitlichen Uräen gestützt. Darunter kniet rechts der Verstorbene in anbetender Haltung vor 42 mumiengestaltigen Totenrichtern und einem Opfertisch. Alle sind menschenköpfig, tragen den Götterbart u. eine Maat-Feder auf dem Kopf. Unterhalb dieser Szene verläuft die Beischrift zum TG, die durch die farbliche Unterlegung mit blaß-blauer Farbe alternierend mit gelb und die zusätzlichen hellblauen Zeilenabgrenzungen einen starken Blickfang bildet. Eingeführt wird der Verstorbene in die Gerichtshalle von zwei Maat-Göttinnen (kenntlich an der Maat-Feder). Sie rahmen einander zugewandt den Toten. Die rechte Göttin ist etwas kleiner als die linke. Beide tragen ein enges Trägerkleid, die Brust ist unbetont, in den jeweils herabhängenden Händen befindet sich ein Anch-Zeichen. Die rechte Maat hat grüßend ihre Rechte erhoben, die linke Göttin trägt in der Linken ein *w3s*-Zepter. Der Verstorbene steht mit Blickrichtung auf die Wiege-Szene u. hat beide Hände im Jubelgestus erhoben[110]. Über den nackten Oberkörper trägt er nur eine schmale Binde, bekleidet ist er mit einem langen Rock mit Überschlag.
Die Haupt-Szene wird links von der übergroßen Sitz-Figur des Osiris dominiert, dessen Füße auf einem Sockel in Form eines Maat-Zeichens ruhen u. aus dem ein Lotoskelch mit den vier Horus-Söhnen herauswächst Sie sind dem Gott zugewandt u. kenntlich an ihren unterschiedlichen Köpfen u. der zugehörigen Beischrift. Der Gott trägt die Atef-Krone u. in den Händen Krummstab u. Geißel. Dem Gott ebenso zugewandt steht die "Große Fresserin" auf einem hohen Podest. Zwischen ihr u. den Horus-Söhnen befindet sich ein schmaler Opferständer mit einem Wassergefäß, zwei Broten u. einer Lotosblüte.
Vor der Wiege-Szene steht der ibisköpfige Thot mit Schreibpalette u. Binse zum Report des Wiege-Ergebnisses Osiris zugewandt. Mit dem Wiege-Akt sind zwei Götter beschäftigt: Der falkenköpfige Horus, der mit der Linken die Aufhängung der linken Waagschale hält, blickt zwar in Richtung des Osiris, ist aber mit den Füßen dem Verstorbenen zugewandt. Der zweite Gott, Anubis, in gleicher Schrittstellung u. Blickrichtung wie Horus, hält mit der Linken die Aufhängung der rechten Waagschale, mit der Rechten das Lot. Die Standwaage hat einen in Papyrusdolden auslaufenden Waagebalken, der von einer kleinen Paviansfigur gekrönt ist. Auf den Waagschalen ist links ein Herz und rechts eine kleine Maat-Figur zu sehen. Vor der Waage steht eine kleine anbetende Figur des Verstorbenen mit Blickrichtung auf die Wiege-Szene.

---

107 die Zuordnung der V ist nicht ganz sicher, von den möglichen V zwischen Tb 115 u. Tb 125 könnten V Tb 117-V Tb 122 in Betracht kommen, die alle eine sehr ähnliche Thematik zeigen, vgl. drei identische Darstellungen bei *pVatikan 48832*; auch scheinen die Variationen innerhalb dieser V nicht festgelegt zu sein; bei der Mehrzahl der Hss. sind V Tb 117 u. V Tb 119 wiedergegeben; *pNew York Amherst 34* zeigt bei V Tb 117 den Toten mit Segel u. in anbetender Haltung vor dem Schrein, *pJachtesnacht* zeigt den anbetenden Verstorbenen vor dem Schrein bei V Tb 119; am ehesten scheint es sich um eine kombinierte Darstellung von V Tb 119 u. V Tb 120 zu handeln, vgl. z.B. *pLondon BM 10257* od. *pParis Louvre N. 3129*, wo auf den Verstorbenen vor einem Schrein (V Tb 119) als V Tb 120 der Verstorbene mit herabhängenden Armen als Darstellung folgt

108 Monographie über die einzelnen ikonographischen Elemente des TG: Chr. Seeber, TG; eingehende Behandlung bei H. Milde, Vignettes, 84-92

109 P. Jaroši/D. Arnold, Säule, in: LÄ V, 346f.

110 Chr. Seeber, TG, 98ff.

Zwischen der Waage u. dem Gott Thot ist eine kleine Figur nach links in Hockstellung auf einem Krummstab wiedergeben[111]. Vor Thot die Darstellung der Meschenet in Form des Geburtsziegels *msḫn t* [112], meist, wie auch hier über den Horus-Söhnen, zusammen mit den Gottheiten Schai u. Renenet abgebildet [113].

40. Vignette = V Tb 126
Photo-Taf. 15
Der Feuersee ist von zwei ineinander geschachtelten, farblich unterschiedenen breitrechteckigen Flächen (die innere rot, die äußere grünlich-blau) gebildet, die wegen ihrer Binnenzeichnung als Wasser zu interpretieren sind. An den Breitseiten oben und unten sitzen je zwei einander zugewandte Paviane. An den Schmalseiten mittig je ein Feuerzeichen.

41. Vignette = V Tb 129 + V Tb 130
Photo-Taf. 15
Vor einem Papyrusboot, darin ein Benu-Vogel u. ein Götterbild in Form eines hockenden Falken (*ꜥḫm*), ein schmaler Opferständer mit *nw*-Gefäß zwischen zwei Broten u. Lotosblüte darüber. Der Barke u. dem Opferständer zugewandt steht die Figur des Osiris mit Atef-Krone u. *wꜣs*-Zepter.
V Tb 130 folgt ohne die sonst vorhandenen Abgrenzungslinien: Es schließt sich ein etwas kleineres Papyrusboot an mit einem Steuerruder im Heck. Darin stehen eine Göttin (als Isis zu interpretieren)[114] in engem Kleid mit *wꜣḏ*-Zepter u. Anch-Zeichen in den Händen. Auf dem Kopf eine Sonnenscheibe zwischen Kuhgehörn. Der zweite Gott ist der falkenköpfige Re mit Sonnenscheibe, von einer Uräusschlange umwunden. In den Händen *wꜣs*-Zepter u. Anch-Zeichen. Ihm folgen, eng gestaffelt wiedergegeben, zwei menschengestaltige Götter mit *wꜣs*-Zepter[115].

42. Vignette = V Tb 132 (?)[116] + V Tb 133 + V Tb 134 + V Tb 135
Photo-Taf. 15
Rechts Darstellung eines hohen Schreins mit nach rechts offener Tür auf einem Schlitten als Substitut für V Tb 132[117]. Es schließt sich ein kleines Papyrusboot mit Ruder im Heck an, das der Verstorbene nach rechts gewandt stakt. In der Barke hockt der falkenköpfige Re mit Sonnenscheibe auf dem Kopf in einer großen Sonnenscheibe (V Tb 133)[118]. Das folgende, etwas größere Papyrusboot ist von einer großen Sonnenscheibe ausgefüllt, in der übereinander auf einer Linie nach rechts sitzend die Figur eines Vogels (Falke?) u. zehn Gottheiten dargestellt sind[119]. Beide Papyrusboote auf einem schmalen Wasserstreifen. Links schließt V Tb 135 an: der Verstorbene in anbetender Haltung stehend vor dem hockenden falkenköpfigen Re mit Sonnenscheibe[120].

43. Vignette = V Tb 136 + V Tb 140
Photo-Taf. 16
Rechts sitzt der falkenköpfige Re als einziger Insasse nach rechts blickend mit Sonnenscheibe in einem Papyrusboot. Unter ihm ist ein Wasserstreifen wiedergegeben. Im Heck des Bootes das Ruder (V Tb 136)[121].

---

[111] Chr. Seeber, TG, 103ff.
[112] ead., op. cit., 83ff.; sehr ähnlich bei *pParis Louvre N. 3096*, vgl. J.-L. de Cenival, Le livre pour sortir le jour (Le Bouscat 1992), 24 u. 25 (Abb.)
[113] Chr. Seeber, TG, 83ff.
[114] *pJachtesnacht*, Kol. 61
[115] vgl. *pTurin 1791* (hier ist der Verstorbene zugefügt), U. Verhoeven, Jachtesnacht 1, 62
[116] anstelle einer eigenständigen Vignette (der Schrein als Teil von V Tb 132) könnte der Schrein auch Teil von V Tb 133 sein, vgl. *pTurin 1791, pLausanne 3389, pKairo CG 40029*
[117] üblich ist die Darstellung des Verstorbenen mit langem Stab vor einem Schrein, vgl. *pTurin 1791, pJachtesnacht, pVatikan 48832, pKairo CG 40029*
[118] vgl. *pJachtesnacht, pVatikan 48832*, Pl. XXII, 80
[119] vgl. *pJachtesnacht* (Sonnenscheibe ohne Götter), *pVatikan 48832*, Pl. XXII, 81; H. Milde, Vignettes, 169-171
[120] vgl. *pParis Louvre N. 3081* (Verstorbener im Boot in Anbetung vor dem falkenköpfigen Re), die Mehrzahl der Par. aber zeigt den Verstorbenen in einem Boot vor einem menschengestaltigen Gott mit Mondscheibe
[121] vgl. *pTurin 1791* u. *pJachtesnacht* mit stakendem Verstorbenen im Boot, *pVatikan 48832* mit Verstorbenem + Opfertisch; H. Milde, Vignettes, 166-168

Links anschließend V Tb 140: Eine kleine Figur des Verstorbenen nach links gerichtet in Anbetung vor einem hohen pylonartigen Podest. Darauf ist ein Anubis gelagert, hinter dem ein *sḫm*-Zepter sichtbar ist[122]. Hinter Anubis auf dem Podest eine mit untergeschlagenen Beinen am Boden sitzende Figur des Gottes Heh (?), mit beiden Armen erhoben. Auf dem Kopf trägt er ein Udjat-Auge. Ihm folgt die hockende Figur einer falkenköpfigen Gottheit mit Sonnenscheibe[123].

44. Vignette = V Tb 143
Photo-Taf. 16
Die das gesamte Schriftfeld unterhalb der Horizontalzeile einnehmende Vignette ist in fünf Register unterteilt[124].
1. Register von oben:
Eine löwenköpfige Göttin in engem Trägerkleid mit Anch-Zeichen u. *w3ḏ*-Zepter in den Händen, in einem Papyrusboot auf Wasserstreifen nach rechts gerichtet stehend.
2. Register von oben:
Falke auf Standarte nach rechts in einer Barke auf Wasserstreifen.
3. Register von oben:
Zwei Falken auf ihren Standarten nach rechts in einer Barke auf Wasserstreifen. Die Barke mit einer Bug-Verkleidung versehen.
4. Register von oben[125]:
Der Verstorbene in anbetender Haltung nach rechts gewandt vor einer großen Sonnenscheibe in einer Barke auf Wasserstreifen. Im Heck des Schiffes ein Steuerruder.
Unterstes Register:
Der Verstorbene in anbetender Haltung vor einem Opferständer und dem Gott Ptah mit *w3s*-Zepter.

45. Vignette = V Tb 144
Photo-Taf. 18
Dargestellt sind je zwei menschengestaltige Wächter (zu sieben Toren gehörig) mit kurzem Schurz. Jeder trägt zwei Messer. Die Figuren der Wächter mit unterschiedlichen Köpfen[126]:
1. Wächter mit Widderkopf u. -Gehörn,
2. Wächter mit Falkenkopf,
3. Wächter mit Widderkopf u. -Gehörn,
4. Wächter mit Rinderkopf u. -Gehörn,
5. Wächter mit Menschenkopf,
6. Wächter mit Widderkopf u. -Gehörn,
7. Wächter mit Schlangenkopf,
8. Wächter mit Menschenkopf,
9. Wächter mit Falkenkopf,
10. Wächter mit Rinderkopf u. -Gehörn,
11. Wächter mit Widderkopf,
12. Wächter mit Falkenkopf,
13. Wächter mit Widderkopf u. -Gehörn,
14. Wächter mit Affenkopf.

46. Vignette = V Tb 145
Photo-Taf. 18-20
Darstellung des Verstorbenen, in anbetender Haltung nach links gerichtet stehend vor einem mit *ḫqr*-Fries geschmückten Schrein auf einem Schlitten und mit offener Tür. Dahinter jeweils eine Wächterfigur, menschlich gestaltet, mit kurzem Schurz u. mit je einem Messer in den Händen. Diese Szene wiederholt sich 21fach, mit wechselnden Köpfen der Wächter[127]:

---

122 *sḫm*-Zepter ebenso bei *pTurin 1791, pDublin 1670, pLausanne 3389, pLondon BM* 10257, ein Abydos-Emblem zeigen *pKairo CG 40029, pKairo J.E. 32887, pParis Louvre N. 3081* u. *pMilbank*, ein *sḫm*-Zepter + Abydos-Emblem bei *pDetroit 1988.10*; bei *pJachtesnacht* (Kol. 66, U. Verhoeven, Jachtesnacht 1, 63) dürfte auch eher das Abydos-Emblem als ein Imiut wiedergegeben sein

123 vgl. *pTurin 1791, pKairo CG 40029*; die bei *pTurin 1791* zu Tb 140 als Vignette wiedergegebene Darstellung wird bei einigen Papyri in zwei Vignetten aufgespalten (V Tb 138 + V Tb 140): z.B. *pKairo J.E. 32887, pParis Louvre N. 3081, pVatikan 48832, pMilbank*

124 fünf Register ebenso bei *pTurin 1791*, sonst ist diese Par. aber im Detail unterschiedlich; auch bei den übrigen konsultierten sp. Par. keine ähnliche Vignette gefunden

125 das 4. u. 5. Register zusammen nehmen genau so viel Platz ein wie die vorigen Register einzeln

126 die Mehrzahl der sp. Par. zeigen die Wächter-figuren ebenso mit variierenden Köpfen; die engste Par. bietet *pLondon BM 10539 + 10700 + 10733* (thebanische Provenienz, 30. Dyn. - frühptol.): bis auf eine Wächterfigur ist er mit *pCologny* identisch

127 unter den verfügbaren sp. Par. ist nur *pLondon BM 10539 + 10700 + 10733* in der Abfolge vergleichbar; allerdings fehlen bei diesem Ms. die Darstellungen der

1. Wächter mit Falkenkopf,
2. Wächter mit Falkenkopf,
3. Wächter mit einem Kopf in Frontalwiedergabe mit kurzen Stoppelhaaren: ein Bes ohne Federkrone od. verkürzter Krone (?)[128],
4. Wächter mit Katzen- od. Löwenkopf,
5. Wächter mit Widderkopf,
6. Wächter mit Hasenkopf,
7. Wächter mit Falkenkopf,
8. Wächter mit Katzen- od. Löwenkopf,
9. Wächter mit Schakalskopf,
10. Wächter mit Kopf in Frontalwiedergabe und Stoppelhaaren, seitlich zwei Schlangen (?)[129],
11. Wächter mit Widderkopf,
12. Wächter mit Krokodilskopf u. Federkrone,
13. Wächter mit Rinderkopf,
14. Wächter mit zwei Menschenköpfen,
15. Wächter mit Falkenkopf,
16. Wächter mit Widderkopf,
17. Wächter mit Rinderkopf,
18. Wächter mit Falkenkopf,
19. Wächter mit Menschenkopf,
20. Wächter mit Ibiskopf,
21. Wächter mit Kopf in Frontalwiedergabe[130].

47. Vignette = V Tb 146
Photo-Taf. 21
Darstellung von 15 Toren mit je einem am Boden sitzenden Wächter. Jeder trägt auf den Knien ein Messer. Sowohl die Bekrönungen der quadratischen od. rechteckigen Toröffnungen als auch die Köpfe der Wächter variieren[131].

Bekrönung des 1., 4. u. 5. Tores: Schlange mit drei Windungen,
Bekrönung des 2., 6., 7., 9. u. 12. Tores: Schlange mit zwei Windungen,
Bekrönung des 3. Tores: Anch-Zeichen zwischen je drei nach außen gerichteten Uräusschlangen,
Bekrönung des 10. u. 15. Tores: *ḫkr*-Fries,
Bekrönung des 11. Tores: zwei nach rechts sitzende Katzen[132],
Bekrönung des 13. Tores: zwei kniende menschliche Figuren, die Hände am Boden aufstützend[133],
Bekrönung des 14. Tores: Rinderkopf nach rechts, dahinter eine Schlange mit zwei Windungen.
Die variierenden Köpfe der Wächter:
1. Wächter mit Affenkopf,
2. Wächter mit Krokodilskopf u. Federkrone,
3. Wächter mit Löwenkopf u. Schlange,
4. Wächter mit Rinderkopf,
5. Wächter mit Menschenkopf,
6. Wächter mit Ibiskopf,
7. Wächter mit Menschenkopf,
8. Wächter mit Hasenkopf,
9. Wächter mit Menschenkopf,
10. Wächter mit Nilpferdkopf u. Federkrone,
11. Wächter mit Affenkopf,
12. Wächter mit Schakalskopf,
13. Wächter mit Nilpferdkopf,
14. Wächter mit Geierkopf,
15. Wächter mit Menschenkopf.

48. Vignette = V Tb 147
Photo-Taf. 22
Siebenmal die identische Darstellung des Verstorbenen in anbetender Haltung vor einem affenköpfigen Wächtergott mit kurzem Schurz. In der rechten Hand hält er ein Anch-Zeichen, in der Linken einen langen Fackelstab.

14.-20. Wächter; alle übrigen Par. zeigen starke Unterschiede in der Abfolge der Wächter, vgl. auch U. Verhoeven, Jachtesnacht 1, 64f. u. A. Gasse, pPacherientaihet, 19f.

[128] die Par. zeigt ein Bes-Gesicht, vgl. auch *pTurin 1791* beim 5. Tor; derselbe messerbewaffnete Gott bei der 1. Stätte von V Tb 149 dargestellt (hier deutlich als Bes zu erkennen) bei *pLeiden T 16, pLondon BM 10097, pLondon BM 10098, pLondon BM 10257, pMoskau I, 1b, 1023 B, pVatikan 48832*, als Wächter mit Kopf in Frontalwiedergabe bei *pBerlin P. 10478*

[129] vgl. *pTurin 1791* beim 2. od. 8. Tor od. *pVatikan 48832* beim 2. Tor

[130] der Kopf ist zerstört, nur aus den Umrissen u. in Analogie zu der Par. *pLondon BM 10539 + 10700 + 10733, pJachtesnacht* u. *pVatikan 48832* erschlossen

[131] unter den verfügbaren sp. Par. ist nur *pLondon BM 10539 + BM10700 + BM 10733* für die ersten sechs Wächter in der Abfolge vergleichbar; allerdings sind bei diesem Ms. nur neun statt 15 Wächter dargestellt

[132] wie die Mehrzahl der sp. Par., zwei Löwen bei *pJachtesnacht, pKairo J.E. 95859, pLondon BM 10098*

[133] Det. von *nḏ* (Wb II, 369f.) od. *s3ṯ* (Wb III, 422f. "Wasserspende in der Opferliste"); singuläres Motiv, die Par. zeigen zwei Nilgötter, vgl. *pTurin 1791, pJachtesnacht*

Zwischen dem Anbetenden und dem Wächter steht jeweils ein Opfertisch mit Wassergefäß zwischen zwei Broten u. darüber ein Papyrusstengel[134].

49. Vignette = V Tb 148
Photo-Taf. 23
V Tb 148 nimmt das gesamte Schriftfeld ein u. ist seitlich durch je eine Säule zwischen doppelten Abgrenzungslinien gekennzeichnet. Sie besteht aus einer Anbetungsszene, der Darstellung der sieben Kühe u. des Stieres, der vier himmlischen Ruder u. der vier Horussöhne.
Anbetungsszene:
Unter dem Text von Tb 148 steht der Verstorbene mit langem Rock in Anbetung nach links gewandt vor Osiris, mumienförmig, mit Falkenkopf u. Atef-Krone. Er wird schützend umfaßt von einer weiblichen Gottheit in enganliegendem Kleid, durch den Falken als Göttin des Westens gekennzeichnet. Beide Gottheiten auf einem schmalen Podest in Form des Maat-Zeichens. Hinter dem Verstorbenen steht die Göttin Maat in engem Kleid mit erhobenem rechten Arm, auf dem Kopf die Maat-Feder. Zwischen dem Verstorbenen u. den beiden angebeteten Göttern ein Opfertisch mit Wassergefäß zwischen zwei Broten u. einer Papyrusdolde. Unter dem Tisch seitlich je ein Salbgefäß auf einem Ständer.
Kühe u. Stier:
Auf pylonartigen Podesten in unterschiedlicher Höhe u. Breite sind nach rechts gerichtet sieben gelagerte Kühe dargestellt[135], den Körper bis auf Kopf u. Hals bedeckt, auf dem Kopf zwischen den Hörnern eine Federkrone. Vor den Kühen je ein Opferständer, darüber freischwebend ein Korb mit Gras (?) od. ein Feuerbecken. Als letzter ist der zugehörige Stier stehend nach rechts dargestellt.

[134] vgl. *pTurin 1791, pJachtesnacht, pVatikan 48832*; überwiegend zeigen die sp. Par. affenköpfige Wächter, nur *pNew York MMA 35.9.20* u. *pMilbank* geben widderköpfige Wächter wieder

[135] bei den sp. Par. sind die Kühe überwiegend liegend dargestellt (Ausnahmen: *pTurin 1791, pKairo J.E. 95859*)

Die himmlischen Ruder:
Untereinander Darstellung der vier himmlischen Steuerruder, in Falkenköpfen auslaufend, am Blatt ist je eine Uräusschlange angebracht. Die linke Ecke des jeweiligen Feldes nimmt ein Udjat-Auge ein.
Die Horus-Söhne:
Untereinander Darstellung der vier Horus-Söhne mit den für sie charakteristischen Köpfen: menschenköpfig, affenköpfig, schakalsköpfig und falkenköpfig. In den Händen halten sie Stoffstreifen, die bis zum Boden reichen.

50. Vignette = V Tb 149
Photo-Taf. 24-25
Darstellung von 14 Jenseitsstätten u. ihren Wächtern[136], die Stätten als Einzel-Segmente durch Doppellinien abgetrennt.
1. Stätte:
Variante der Haus-Hieroglyphe, dahinter ein menschengestaltiger Wächter mit Bes-Kopf u. kurzem Schurz. In den Händen je ein Messer.
2. Stätte:
Ein *ḏw*-Gebirge, dahinter ein Affe mit zwei Messern.
3. Stätte:
Stätte in Form der Hieroglyphe V 13, dahinter ein löwenköpfiger Wächtergott mit zwei Messern.
4. Stätte:
Gebäude, dessen Dach von drei männlichen Figuren hochgehalten wird, darüber eine nach rechts gerichtete mehrfach gewundene Schlange. Dahinter eine weibliche Gottheit mit engem Kleid und herabhängenden Armen, ihren Kopf bilden drei Schlangenköpfe nach rechts.
5. Stätte:
Darstellung eines auf der Standfläche nach rechts gelagerten Löwen. Über seinem Kopf die Figur des Gottes Thot mit Ibiskopf, in der linken Hand ein Udjat-Auge hochhebend.

[136] vor der 3. ZwZt sind nur die Jenseitsstätten dargestellt, Wächter erscheinen in der 3. ZwZt zunächst vereinzelt, bekannt ist nur *pLondon BM 10041*, bei den sp. Textzeugen gehören sie zum festen Bestandteil von V Tb 149, vgl. auch H. Milde, Vignettes, 113-126

6. Stätte:
Stätte mit dem Umriß eines offenen Ovals, darin die Hieroglyphe V 26. Der zugehörige Wächter ist falkenköpfig u. hält in jeder Hand ein Messer erhoben.
7. Stätte:
Stätte im Umriß eines offenen Ovals, mit einem widderköpfigen Wächter dahinter, in den Händen je ein Messer, in unterschiedlicher Höhe gehalten.
8. Stätte:
Hufeisenförmige Stätte, dahinter eine nilpferdgestaltige Göttin, mit einer gewundenen Schlange auf dem Kopf, in den menschlichen Händen je ein Messer.
9. Stätte:
Darstellung eines menschengestaltigen Wächters mit einem Messer in der linken Hand. Den Kopf bilden drei nach rechts gerichtete Schlangenköpfe. Davor ein Krokodil dargestellt, das fast die gesamte Höhe der Vignette einnimmt.
10. Stätte:
Rechts ein hoch-rechteckiger Kasten, dahinter ein menschenköpfiger Wächter mit je einem Messer in den erhobenen Händen. Hinter ihm eine geflügelte Schlange mit menschlichen Beinen und einer Federkrone.
11. Stätte:
Örtlichkeit mit Kennzeichnung einer Treppe, darin die Darstellung einer Göttin in enganliegendem Kleid, in der Linken ein Messer (?), auf dem Kopf eine Sonnenscheibe zwischen Kuhgehörn (Hathor-Krone)[137]. Dahinter ein falkenköpfiger Gott mit schlangengestaltigem Schwanz, in beiden erhobenen Händen je ein Messer.
12. Stätte:
Darstellung eines weißen Nilpferdes mit Schlangenschwanz, darüber ein Korb od. Schild, in dem drei Pfeile zwischen je zwei Messern stecken.
13. Stätte:
Links eine mumienfömige hasenköpfige Wächtergestalt mit zwei erhobenen Messern auf einem Thron sitzend, davor eine Stätte in Form eines offenen Ovals u. eines Doppelbogens. Dem hasenköpfigen Wächter gegenüber steht ein aufgerichtetes Nilpferd, das einen Skarabäus vor ihm berührt.
14. Stätte:
Nach rechts gerichtete Darstellung von einer zweifach gewundenen Schlange mit Falkenkopf, einer stehenden Figur des Gottes Anubis, mit einer Hand die Schlange berührend. Dahinter ein großes *ḥs*-Gefäß, eine menschliche Figur mit anbetend erhobenen Armen, ein kleiner Falke u. eine doppelgesichtige menschliche Figur mit herabhängenden Armen, deren Unterleib spitz zulaufend dargestellt ist[138]. Darüber Darstellung eines Krokodils, darunter zwei kleine Ru-Löwen, dahinter eine hockende Figur mit roter Krone u. eine kleine stehende menschliche Figur in Anbetungshaltung.

51. Vignette = V Tb 150
Photo-Taf. 25
Über das gesamte Schriftfeld reichende Kolumne, durch 14 Horizontallinien abgegrenzt. Das oberste Feld mit Darstellung von drei dreifach gewundenen Schlangen nimmt die Höhe der kleinformatigen Vignetten ein. Darunter die Felder für die Umrisse der Jenseitsstätten, das 6. Feld doppelt belegt[139].

52. Vignette = V Tb 151
Photo-Taf. 25
Dreiteilige Gliederung: Oben nach rechts gelagerter Anubis auf einem pylonartigen Podest, flankiert von zwei stehenden mumienfömigen Figuren (zwei Horus-Söhne). Mittig eine löwenköpfige Bahre mit der Mumie[140], an Kopf-

[137] die Mehrzahl der sp. Par. zeigt hier die löwenköpfige Sachmet; vgl. LGG VI, 556: Sachmet löwenköpfig mit Hathor-Krone

[138] ebenso bei *pLondon BM 10558*, zusätzlich mit zwei Messern bei *pBerlin P. 10478*, *pKairo J.E. 95859*, mit einem erkennbaren Schlangenkörper bei *pNew York MMA 35.9.20* od. *pVatikan 48832*, mit zwei menschlichen Füßen bei *pMoskau I, 1b, 1023 B*

[139] die Jenseitsstätten ebenfalls in einer einzigen Kolumne untereinander nur bei *pLondon BM 10539 + 10700 + 10733*

[140] die Mehrzahl der sp. Par. fügt Anubis zu, der mit der Mumie beschäftigt ist, vgl. z.B. *pVatikan 48832*

u. Fußende je eine kniende weibliche Figur, die vorgestreckten Arme am Boden auf einen *šn*-Ring stützend[141]. Unten die fast identische Szene wie oben, die zwei Horus-Söhne u. das pylonartige Podest nur in größerem Format.

53. Vignette = V Tb 152[142]
Photo-Taf. 25
Zweiteilige Gliederung: Der Verstorbene, auf einem löwenfüßigen Sessel nach links sitzend u. von einer weiblichen Figur (die im Text angesprochene Sykomoren-Göttin) aus einem *ḥs*-Gefäß eine Wasserspende entgegennehmend.
Die untere Szene ist bis auf die unterschiedliche Arm- u. Handhaltung des Verstorbenen identisch.

54. Vignette = V Tb 154
Photo-Taf. 25
Darstellung einer Mumie auf einer Löwenbahre. Darüber eine Strahlensonne[143].

55. Vignette = V Tb 155
Photo-Taf. 25
Darstellung eines Djed-Pfeilers.

56. Vignette = V Tb 156
Photo-Taf. 26
Darstellung eines Tit-Amuletts.

57. Vignette = V Tb 157
Photo-Taf. 26
Darstellung eines Geier-Pektorals. Der Geier mit ausgebreiteten Flügeln.

58. Vignette = V Tb 158
Photo-Taf. 26
Darstellung eines goldenen Halskragens, sein Verschluß in Falkenköpfen auslaufend.

59. Vignette = V Tb 159
Photo-Taf. 26
Darstellung einer Papyrus-Säule (*w3ḏ*-Zeichen) in einem rechteckigen Rahmen.

60. Vignette = V Tb 160
Photo-Taf. 26
Darstellung identisch mit der 59. Vignette.

61. Vignette = V Tb 161
Photo-Taf. 26
Viermal die Darstellung des Gottes Thot, der mit beiden Händen einen vertikalen Stab (hier Zeilen-Linie) ergreift[144].

62. Vignette = V Tb 163
Photo-Taf. 26
Darstellung der in der Nachschrift angesprochenen Wesen[145]: eine gewundene Schlange auf menschlichen Beinen, auf dem Schlangenkopf ein Widdergehörn mit Sonnenscheibe. Vor der Schlange zwei geflügelte Udjat-Augen auf menschlichen Beinen, wie die Schlange nach rechts gerichtet.

---

141 bei der Mehrzahl der sp. Par. als Isis u. Nephthys gekennzeichnet, vgl. z.B. *pTurin 1791*

142 die hier als V Tb 152 bezeichnete Vignette wird bei M. Mosher Jr., The Papyrus of Hor (Catalogue of the Books of the Dead in the British Museum, Vol. II, London 2001), 106f. u. Pl. 11 als an V Tb 151 angefügte Vignette angesehen. Die in *pLondon BM 10479* als ganzseitig konzipierte kombinierte Vignette könnte in der Tat dazu verleiten. Die Durchsicht der sp. Par. im Totenbuch-Archiv Bonn ergab jedoch, daß das ganzseitige Tableau wie in Pl. 11 durchaus nicht das übliche ist. Es scheint vielmehr, daß die sp. Par. (Ausnahme *pTurin 1791*) Tb 152 mit zwei Vignetten versehen haben, mit der Darstellung des Verstorbenen vor seinem Grab u. mit der Speisung des Verstorbenen durch Nut. In den überwiegenden Fällen ist V Tb 151 eingebettet in Tb 152 (mit u. ohne Vignette) und dem weiterführenden Text der Sykomoren-Göttin mit der entsprechenden Vignette. Bei *pLondon BM 10097* ist Tb 151 V u. Tb 152 V räumlich weit getrennt. Zu dieser Diskussion vgl. auch die Rezension von I. Régen, M. Mosher Jr., The Papyrus of Hor, in: CdE 79 (2004), 137-138

143 vgl. *pJachtesnacht* od. *pVatikan 48832*; eine geringfügige Var. bieten eine Reihe von anderen sp. Par., z.B. *pTurin 1791*: mit einem zusätzlichen *p.t*-Zeichen

144 vgl. *pTurin 1791*, überwiegend zeigen die Par. über den vier Thot-Gestalten ein Himmelszeichen, auch mit Sternen versehen (z.B. *pJachtesnacht, pVatikan 48832)*; andere Par. zeigen zweimal den Gott Thot u. zweimal Horus in gleicher Haltung

145 z.B. *pTurin 1791*, Übersetzung bei U. Verhoeven, Jachtesnacht 1, 334

63. Vignette = V Tb 164
Photo-Taf. 27
Darstellung der in der Nachschrift angesprochenen Göttin Mut[146] mit drei Köpfen: der mittlere menschliche Kopf trägt die Doppelkrone, der rechte, ein Geierkopf, ist mit einer Federkrone versehen, der linke, ein Löwenkopf, ebenfalls mit Federkrone. Die Göttin trägt ein enganliegendes Kleid. Sie ist ithyphallisch dargestellt und steht auf Löwenfüßen. Die Arme sind ausgebreitet und bilden das Gerüst für die doppelten seitlichen Vogel-Schwingen. Der Göttin zugewandt stehen antithetisch symmetrisch zwei ithyphallische Zwergengestalten mit Kurzhaar, der rechte Arm abgewinkelt erhoben mit darüber schwebender Geißel (übliche Haltung des Min)[147].

64. Vignette = V Tb 165
Photo-Taf. 27
Darstellung des in der Nachschrift beschriebenen Gottes[148]: eines großen ithyphallischen Skarabäus mit Menschenkopf und einer Federkrone, mit menschlichen Beinen und menschlichen Armen. Sein rechter Arm ist abgewinkelt erhoben, über ihm schwebt das Flagellum. Mit der linken Hand ergreift er den erigierten Phallus. Hinter ihm, ebenfalls nach rechts gerichtet ein menschengestaltiger Gott mit herabhängenden Armen, aus seinen Schultern wächst je ein Widderkopf heraus[149].

65. Vignette = V Tb 162
Photo-Taf. 27-28
Darstellung einer nach rechts gerichteten Kuh, mit einem Menit und dessen Gegengewicht geschmückt, vor einem Opfertisch[150].

Farben und Maltechnik der Vignetten

pHor zeichnet sich durch ein überaus breites Farbspektrum aus, das hier dank der farbigen Photo-Taf. der fast zehn Meter langen Partie der Bodmer-Stiftung dem Benutzer zugänglich ist und eine detaillierte Farbbeschreibung erübrigt. Zu betonen ist aber die unübersehbare Differenzierung z.B. der roten Farbtöne: Ihre Nuancen reichen von einem Blaßrot-rosa für die unbekleideten Körperteile der Ehefrau des Besitzers (in V Tb 73) od. für das ausgeschüttete Korn in V Tb 110, einem Hellrot mit Orange-Beimischung für die Haarkappe des Verstorbenen, einem kräftigen Rot für die Wiedergabe des Herzens auf der Waagschale (TG) od. das Tit-Amulett (V Tb 156) od. einem Dunkelrot als Körperfarbe für den Verstorbenen.
Die Zeichnungen sind alle mit schwarzen Konturlinien versehen, die dann mit der entsprechenden Farbe ausgemalt wurden. Dabei kann die Farbe, besonders an Fußpartien, die Konturen überdecken u. die sonst feingliedrige Zeichnung etwas vergröbern[151]. Nach Ausmalen der Konturen mit Farbe ist reichhaltige u. detaillierte Binnenzeichnung in schwarzer Farbe angebracht worden[152]. Ohne schwarze Konturlinien fallen rot wiedergegebene Formen auf wie das Herz auf der Waagschale, der Ständer der Standwaage, das Tit-Amulett od. auch die Beine von Vögeln (z.B. V Tb 86). Rote Vorzeichnung ist bei V Tb 86 u. den Fußpartien sowohl der Westgöttin als auch der Maat in der Anbetungsszene von V Tb 148 erhalten.

---

146 vgl. U. Verhoeven, Jachtesnacht 1, 337
147 die sp. Par. tradieren im wesentlichen die Zwerge unterschiedlich: es kann eine menschenköpfige und eine falkenköpfige Zwergengestalt dargestellt sein, vgl. z.B. *pJachtesnacht*, *pVatikan 48832*, od. beide Zwerge sind doppelköpfig (Mensch/Falke) wiedergegeben, vgl. z.B. *pTurin 1791*; eine einzige Par. (*pNew York MMA 35.9.20*) ist für die Darstellung von zwei menschenköpfigen Zwergen bekannt
148 U. Verhoeven, Jachtesnacht 1, 338f.
149 vgl. auch *pTurin 1791*; die Var. dieser Vignette beziehen sich hauptsächlich auf die Darstellung des menschengestaltigen Gottes: er kann menschengestaltig, aber mit zwei Widderköpfen wiedergegeben sein, z.B. *pVatikan 48832*
150 Var. zeigen die Kuh zusätzlich mit der Sonnenscheibe zwischen der Federkrone (*pTurin 1791, pVatikan 48832*), zusätzlich mit dem anbetenden Verstorbenen davor od. einer menschengestaltigen Ihat-Kuh
151 z.B. V Tb 73 (19. V) od. V Tb 100 (29. V)
152 z.B. Anbetungsszene von V Tb 148 (49. V), V Tb 155 (55. V), V Tb 157 (57. V), V Tb 164 (63. V), V Tb 162 (65. V) u.a.

Allgemeine Anmerkungen zu den Vignetten

Die Vignetten sind unter der Horizontalzeile am oberen Schriftspiegel auf einer doppelten Begrenzungslinie angebracht. Ausnahmen bilden die Vignetten in voller Höhe (33. V, 39. V, 44. V, 49. V, 51. V, 52. V, 53. V u. 61. V). Sie verlaufen nach dem sp. numerisch ansteigenden Kanon[153] u. entsprechen – besonders im mittleren Teil (ab Tb 105 I - Tb 140) nicht den darunter kopierten Sprüchen. Schreiber u. Zeichner sind in diesem Bereich unabhängig voneinander ihren jeweiligen Vorlagen gefolgt. Es ist nicht auszumachen, ob die Texte vor den Vignetten kopiert od. umgekehrt die Vignetten vorher gezeichnet worden sind.

Der Verstorbene ist überwiegend mit nacktem Oberkörper u. einem wadenlangen Schurz wiedergegeben, entweder in anbetender Haltung od. sitzend, Opfergaben od. Libation entgegennehmend. Eine Ausnahme bildet die 33. V, in der bei V Tb 110c im 3. u. 4. Register der Verstorbene zwar auch im Anbetungsgestus, aber mit kurzem Rock kniet u. bei V Tb 110b mit untergeschlagenen Beinen am Boden sitzt. Einen kurzen Rock, in der Aktion des Speerens feindlicher Tiere, trägt der Verstorbene dagegen nur fünfmal (2. V, 3. V, 4. V, 5. V u. 6. V).

Sowohl in den kleinformatigen als auch in den Vignetten in voller Höhe sind die angebeteten od. begleitenden Gottheiten mehrheitlich gleich groß mit dem Verstorbenen wiedergegeben, zweimal, in der 42. V u. 43. V, ist die stehende Figur des Verstorbenen gleich groß wie die hockende Götterdarstellung. Als Sitzender überragt sogar der Verstorbene in der 53. V. die libierenden Göttinnen-Figuren.

Der Figurenstil des Verstorbenen u. der begleitenden Ehefrau ist bei den kleinformatigen Vignetten am deutlichsten in der 19. V u. 20. V erkennbar[154], für die Vignetten in voller Höhe bei der 39. V u. 49. V[155]. Der schlanke männliche Körper ist wohlausgewogen proportioniert u. in der Taille stark eingezogen. Der Oberkörper ist nackt od. mit Schärpe wiedergegeben[156]. Der Kopf des Verstorbenen mit der kurzen Haarkappe ist durch einen ausladenden Schädel geprägt. Sowohl durch die schmale Taille als auch durch den bis unterhalb der Waden reichenden weiten Rock erhalten die Figuren eine elegante Prägung, die sie aber deutlich von dem feingliedrigen Stil und den so typischen überlängten Proportionen der Saitenzeit unterscheidet. Die Frauenfigur trägt ein pelerinenartiges Gewandoberteil, aus dem nur die beiden Unterarme herausragen. Dieser Gewandstil ist auf weiteren Papyri belegt[157], die in Theben zwischen 320-306 v. Chr. bzw. 330-320 v. Chr. sicher zu datieren sind[158] und der Stilphase III-IV entsprechen[159].

Es folgen einige Papyri dieser Stilphase, die gute Vergleichsmöglichkeiten u. Übereinstimmungen, gleiche stilistische Merkmale, gleiche ikonographische Details, gleiche Vignetten-Motive od. gleiche Farbigkeit *pHor* betreffend bieten:

pBerlin P. 3058[160]:
- pelerinenartige Gewänder bei der Verstorbenen,
- Darstellung der männlichen Figuren identisch,
- Darstellung der Göttinnen in engen, die unbetonte Brust freilassenden Trägerkleidern,
- gleiche Farbigkeit.

pBerlin P. 3039[161]:
- männlicher Figurenstil übereinstimmend in ausladendem Schädel, kurzer Haarkappe, langem Rock,
- Figuren der Göttinnen mit Trägerkleid, unbetonter Brust,

[153] deshalb ist die 16. V als V Tb 64 u. nicht als V Tb 80 (ohne Gott) anzusehen
[154] Photo-Taf. 29
[155] Photo-Taf. 14 u. 23

[156] mit Schärpe: 39. V, 44. V, 49. V, 53. V
[157] *pBerlin P. 3058*, P. Munro, Die spätägyptischen Totenstelen (ÄF 25, Glückstadt 1973), 45, 58, Abb. 60; *pLondon BM 10097, pLondon BM 9944, pTurin 1833,*
[158] P. Munro, op. cit., 56, 58; M. Bietak/E. Reiser-Haslauer, Das Grab des Anch-Hor I (DÖAW VII, Wien 1982), 252 (Stammbaum), 276, G14+G77+G78; P. Munro, op. cit., 229f. u. Abb. 51; H. de Meulenaere, Notes de prosopographie thébaine, in: CdE 64 (1989), 55-73, bes. 63-69
[159] P. Munro, op cit., 43-61
[160] s. Anm.157
[161] Datierung in die sebennytisch-frühptolemäische Zeit, vgl. P. Munro, op. cit., 150, Anm. 4; Titel thebanisch

- Einteilung des TG gut vergleichbar.

pLondon BM 9944[162]:
- pelerinenartige Bekleidung,
- männlicher Figurenstil wie bei *pHor*.

pLondon BM 10089[163]:
- männlicher Figurenstil wie bei *pHor*,
- Figuren der Göttinnen mit Trägerkleid, unbetonter Brust,
- Einteilung des TG gut vergleichbar.

pLondon BM 10097[164]:
- pelerinenartiges Gewand der Ehefrau,
- männlicher Figurenstil wie bei *pHor*,
- Figuren der Göttinnen mit Trägerkleid und unbetonter Brust,
- V Tb 110 u. TG gut vergleichbar.

pLondon BM 10539 + 10700 + 10733[165]:
- männlicher Figurenstil identisch,
- V Tb 110, V Tb 144, V Tb 145, V Tb 146 u. V Tb 150 gut vergleichbar.

pParis Louvre N. 3096[166]:
- männlicher Figurenstil wie *pHor*,
- Göttinnen mit Trägerkleid bei unbetonter Brust,
- Einteilung des TG mit *pHor* gut vergleichbar.

Weitere Beispiele der Stilphase III/IV (nach P. Munro) mit gleichen ikonographischen Details und gleichen Stilmerkmalen sind bekannt, die aber prosopographisch bisher noch nicht sicher zuzuordnen sind[167].

Generelle Anmerkungen

Bei *pHor* handelt es sich nicht um einen im voraus angefertigten Papyrus, sondern er wurde in direktem Auftrag hergestellt, wie man aus den unterschiedlichen Titeln, dem variierenden Zusatz von Vaters- u./od. Muttersnamen und den in den allgemeinen Textfluß integrierten Namen schließen kann. An einer einzigen Stelle (Z. 405) blieb allerdings der freigelassene Platz für den Namen leer.

Sämtliche Titel des Tb-Besitzers, des Vaters sowie der Mutter weisen auf eine thebanische Provenienz. Ebenso sprechen die stilistischen Merkmale für Theben in der Zeit 30. Dyn. bis frühe Ptolemäerzeit (vgl. Allgemeine Anmerkungen zu den Vignetten). Eine farblich alternierende Unterlegung der Beischrift zum TG wie bei *pHor* (39. Vignette, vgl. Farben für den Text u. Photo-Taf. 14) ist besonders bei thebanischen Tb-Exemplaren festzustellen[168].

Die engste textliche Par.[169] bietet ein thebanischer Textzeuge, *pParis Louvre N. 3096* (vgl. auch Allgemeine Anmerkungen zum Text).

---

162 Datierung 30. Dyn.-frühptolemäisch, vgl. M. Bietak/E. Reiser-Haslauer, op. cit., 277, G87

163 Datierung 30. Dyn.-frühptolemäisch, vgl. M. Bietak/E. Reiser-Haslauer, op. cit., 255 (Stammbaum), 272, G56+G57

164 Datierung 330-320 v. Chr., vgl. Anm. 158

165 Datierung 30. Dyn.-frühptolemäisch, vgl. M. Bietak/E. Reiser-Haslauer, op. cit., 274, G65+G66

166 Datierung 30. Dyn.-frühptolemäisch, vgl. H. De Meulenaere, Trois membres d'une famille sacerdotale thébaine, in: CdE 68 (1993), 45-64, bes. 61; B.V. Bothmer, Egyptian Sculpture, 102f.; Chr. Ziegler, Un Ptah-Sokar-Osiris au nom d'Ankhpakhered, fils de Nesmin, in: Fs Faysa Haikal (N. Grimal/A. Kamel/C. May-Sheikholeslami Hg., BdE 138, Kairo 2003), 319f. u. Fig. 10

167 *pParis N. 3094*, vgl. A. Charon (Hg.), La mort n'est pas une fin. Pratiques funéraires en Egypte d'Alexandre à Cléopâtre (Katalog Arles 2002), 152-171, Nr. 73; *pParis BN 1-19*, vgl. G. Néret, Description de l'Egypte II (Nachdruck, Köln 1994), Taf. 72-75; *pParis BN 94-95, 112-117*, vgl. G. Néret, op. cit., Taf. 66-71 u. M. Dewachter, Pour les yeux d'Isis (Katalog Carcassonne, Roanne, Rouen, Paris 1998), 115, Nr. 119, Photo S. 96f.; *pTurin 1831*, *pTurin 1833*; *pVatikan 38598*, vgl. A. Gasse, Les papyrus hiératiques et hiéroglyphiques du Museo Gregoriano Egizio (Vatikanstadt 1993), 65f., Nr. 54, Taf. 43-44; *pVatikan 38611*, vgl. A. Gasse, op. cit., 63ff., Nr. 53, Taf. 42

168 *pParis Louvre N. 3096*, s. Anm. 164; *pLondon BM 9912, pLondon BM 9946, pLondon BM 10017, pLondon BM 10539 + 10700 + 10733, pParis BN 1-19, pParis BN 24-32, pTurin 1792, pTurin 1794, pTurin 1808, pTurin 1833*

169 soweit sie zur Verfügung stand

Bibliographie

Ancient Egyptian Art. The Magnificent Collection Formed by M.A. Mansoor, Auktionskatalog Parke-Bernet Galleries Inc (New York, 1952), 86, Nr. 307 mit Abb.

Fondation Martin Bodmer. Bibliothèque et Musée, Kleiner Museumsführer (ohne Jahr), 16, 1.15

The Fisher Papyrus of the Egyptian Book of the Dead. A Loan Exhibit. The University of Michigan Kelsey Museum of Archaeology, 1953

S. Bickel, Entre angoisse et espoir: le Livre des Morts, in : [Sortir au jour]. Art égyptien de la Fondation Martin Bodmer (Cahiers de la Société d'Égyptologie 7, J.-L. Chappaz/S. Vuilleumier Hg., Genf 2001) = Ausstellungskatalog Musée d'art et d'histoire, Genf 2001, 117-134, Fig. 33, 36, 37, 38

W. Clarysse, Prosopographia Ptolemaica IX, Addenda et corrigenda au volume III (1956), (Studia Hellenistica 25, Leuven, 1981), 94, Nr. 5676b, 129, Nr. 5903b, 229, Nr. 7245d

J. Gesellensetter, Das Sechet-Iaru. Untersuchungen zur Vignette des Kapitels 110 im Ägyptischen Totenbuch, Dissertation Würzburg 1997 (Würzburg 2002, Internet-Publikation: http://opus.bibliothek.uni-wuerzburg.de/opus/volltexte/2002/375), 257, Kat.Nr. 128

I. Munro, Altägyptische Totenbuch-Papyri, in: Corona nova 1 (Bulletin de la Bibliotheca Bodmeriana/Fondation Martin Bodmer, Cologny, Hg. M. Bircher, München 2001) 107-120, bes. 113-120, Abb. p. 114/115

I. Munro, Le Livre des Morts d'Hor (à propos du papyrus Bodmer 105), in: [Sortir au jour]. Art égyptien de la Fondation Martin Bodmer (Cahiers de la Société d'Égyptologie 7, J.-L. Chappaz/S. Vuilleumier Hg., Genf 2001) = Ausstellungskatalog Musée d'art et d'histoire (Genf 2001), 147-150, Fig. 46

M. Valloggia, Les manuscrits hiératiques et hiéroglyphiques de la Bibliotheca Bodmeriana, in: [Sortir au jour]. Art égyptien de la Fondation Martin Bodmer (Cahiers de la Société d'Égyptologie 7, J-L. Chappaz/S. Vuilleumier Hg., Genf 2001) = Ausstellungskatalog Musée d'art et d'histoire, Genf 2001, 135-146, bes. 143, Fig. 43

U. Verhoeven, Internationales Totenbuch-Puzzle, in: RdE 49 (1998), 221-232, bes. 229-230

Index der vorkommenden Tb in numerischer Reihenfolge

Photo-Tafeln

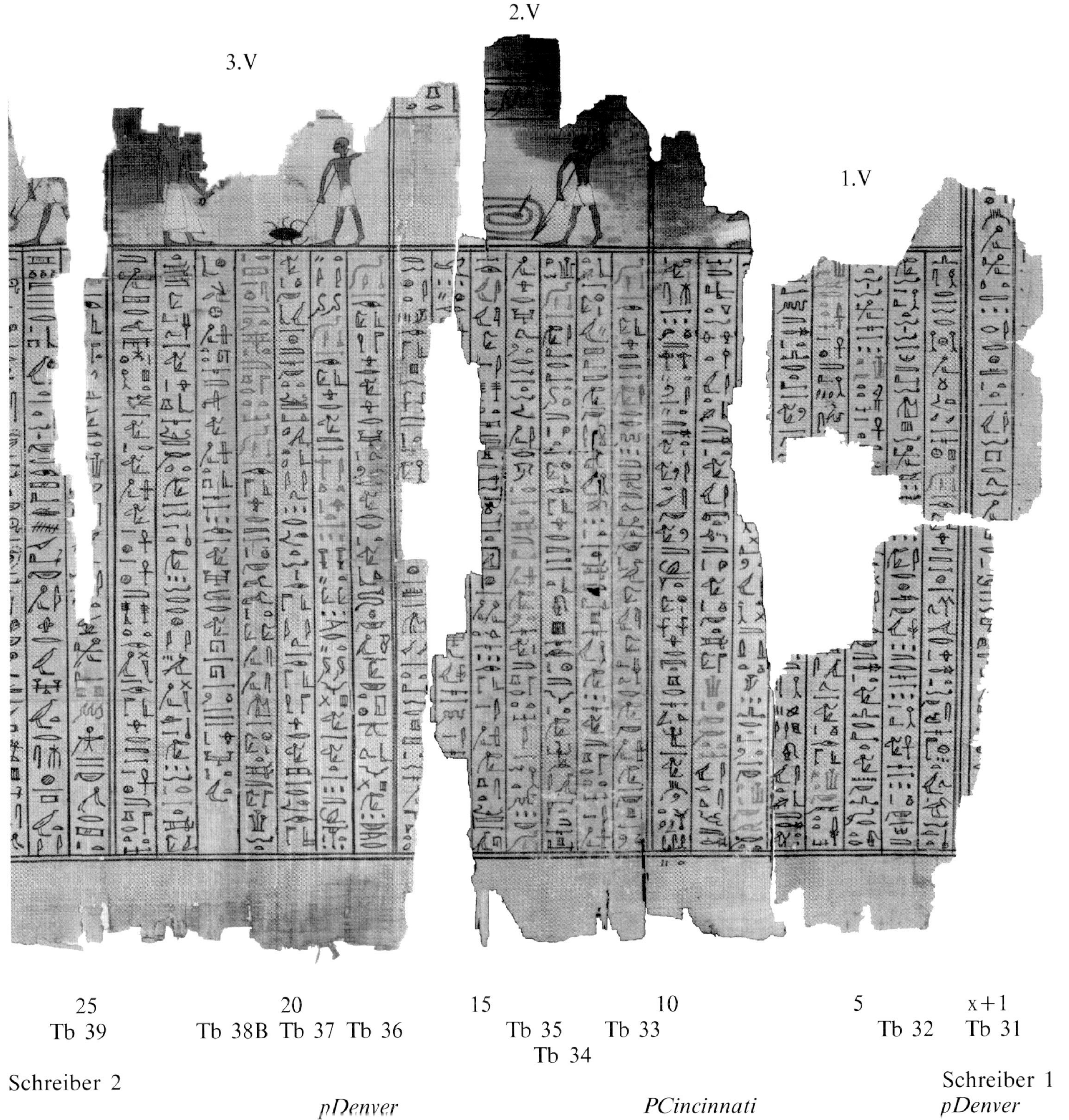
3.V
2.V
1.V
25
Tb 39
20
Tb 38B Tb 37 Tb 36
15
Tb 35
Tb 34
10
Tb 33
5
Tb 32
x+1
Tb 31
Schreiber 2
pDenver
PCincinnati
Schreiber 1
pDenver

4.V

5.V

Tb 39
Schreiber 2
pDenver (Forts.)

Tb 40
Schreiber 3

Tb 41

6.V

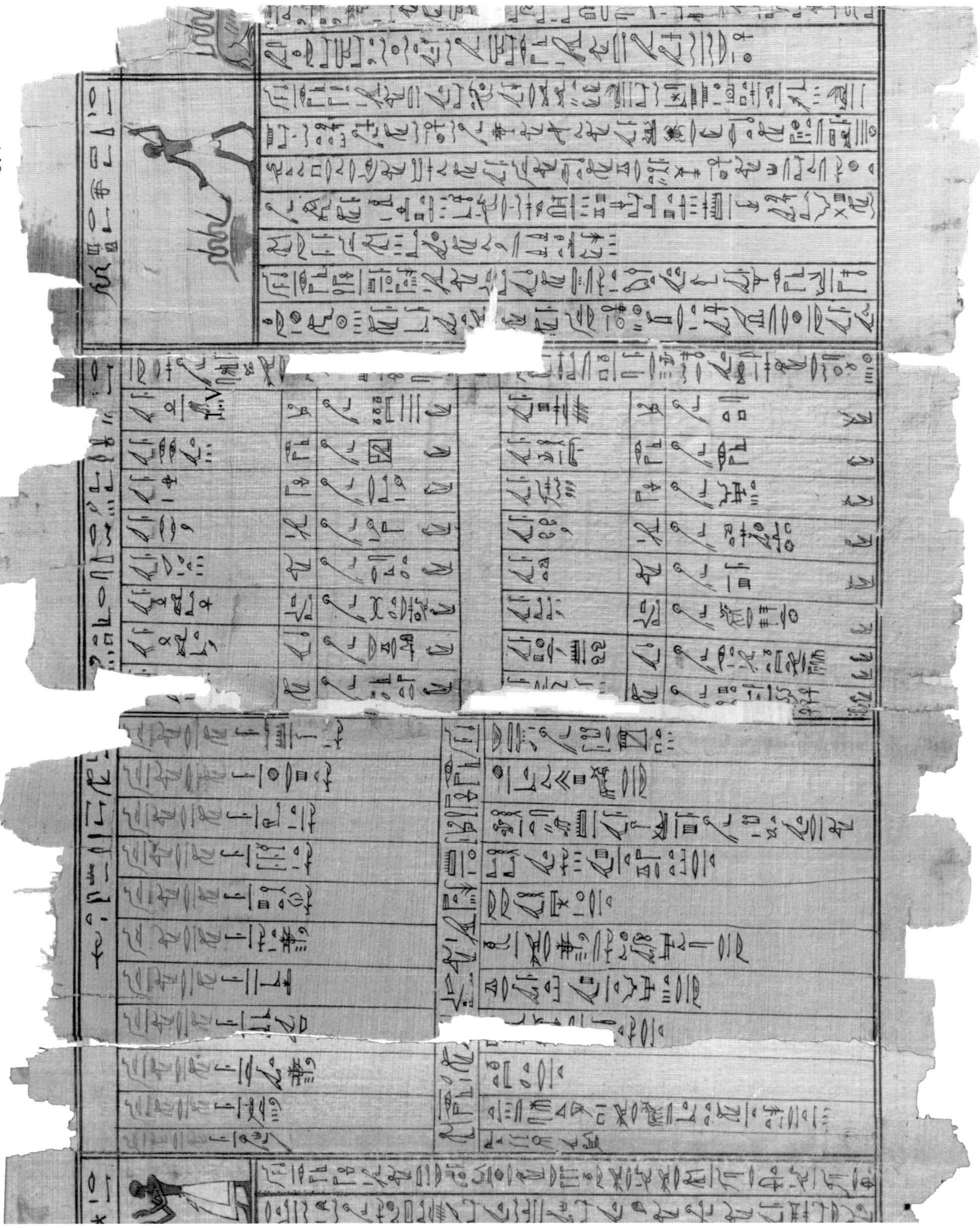

Tb 41

Schreiber 4
pDenver (Forts.)

Tb 42

Tb 99

pCincinnati

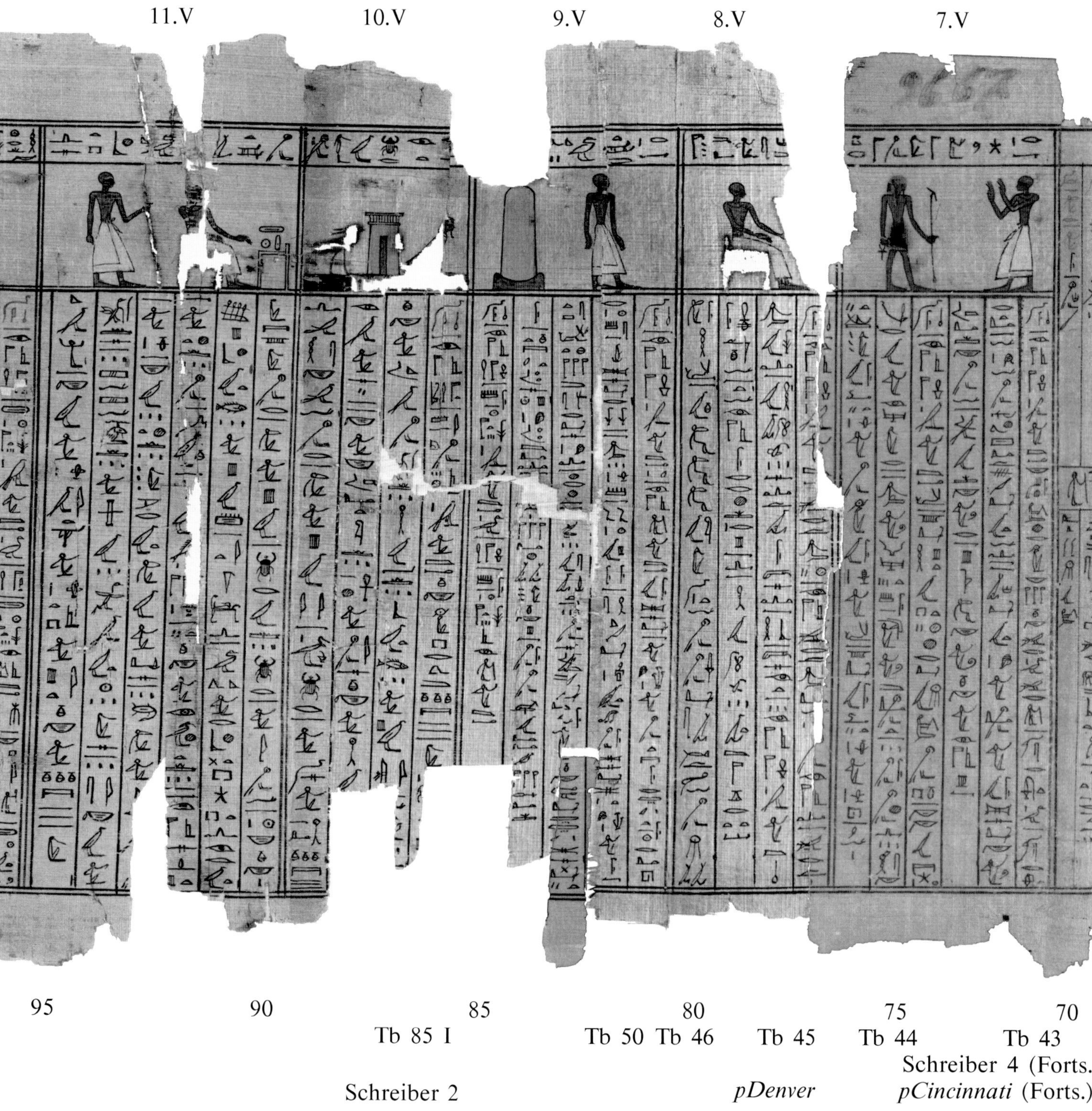
11.V
10.V
9.V
8.V
7.V
Tb 85 I
Tb 50
Tb 46
Tb 45
Tb 44
Tb 43
Schreiber 4 (Forts.)
Schreiber 2
pDenver
pCincinnati (Forts.)

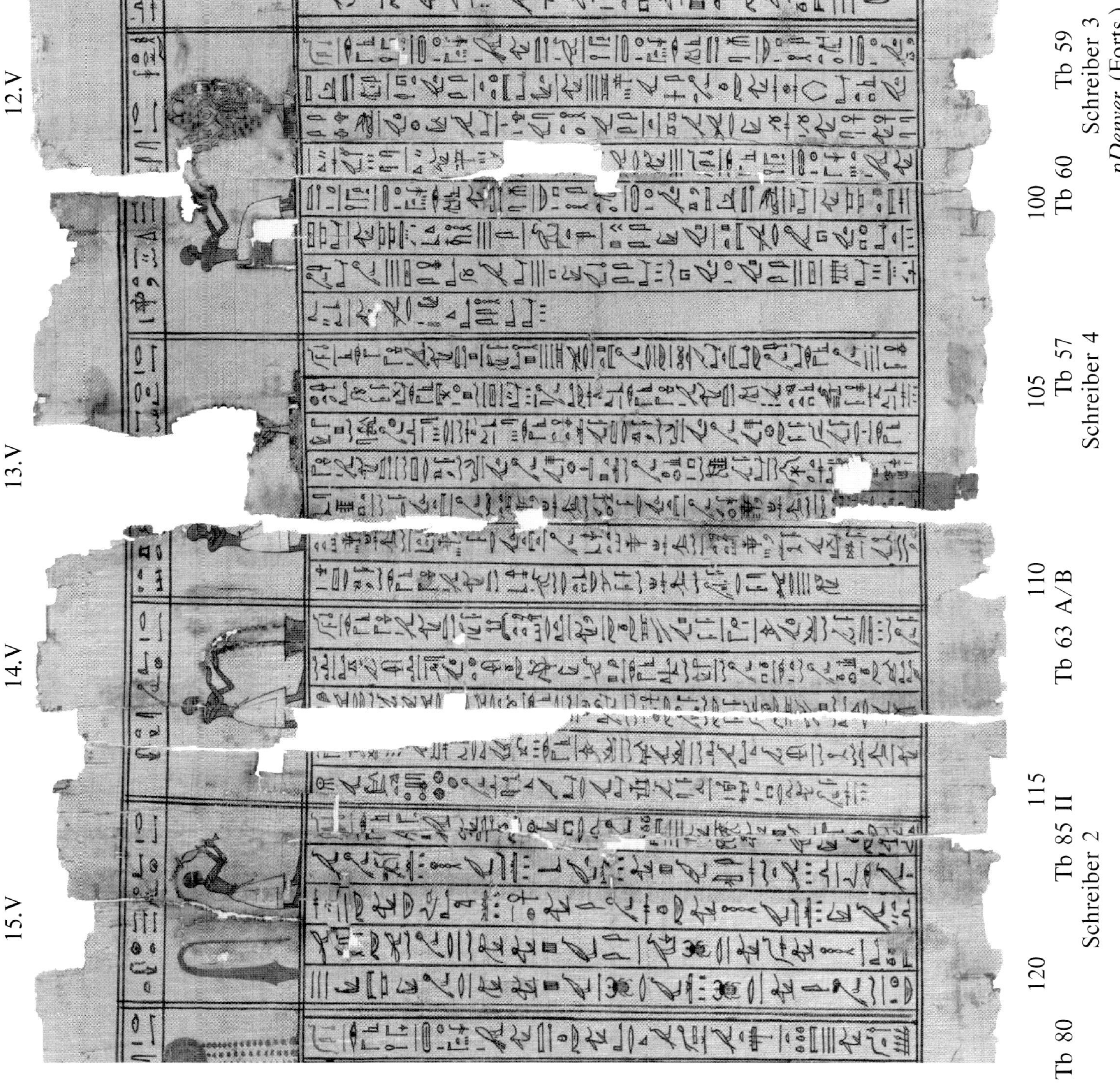
12.V
13.V
14.V
15.V
Tb 59
Schreiber 3
pDenver (Forts.)
100
Tb 60
105
Tb 57
Schreiber 4
110
Tb 63 A/B
115
Tb 85 II
Schreiber 2
120
Tb 80

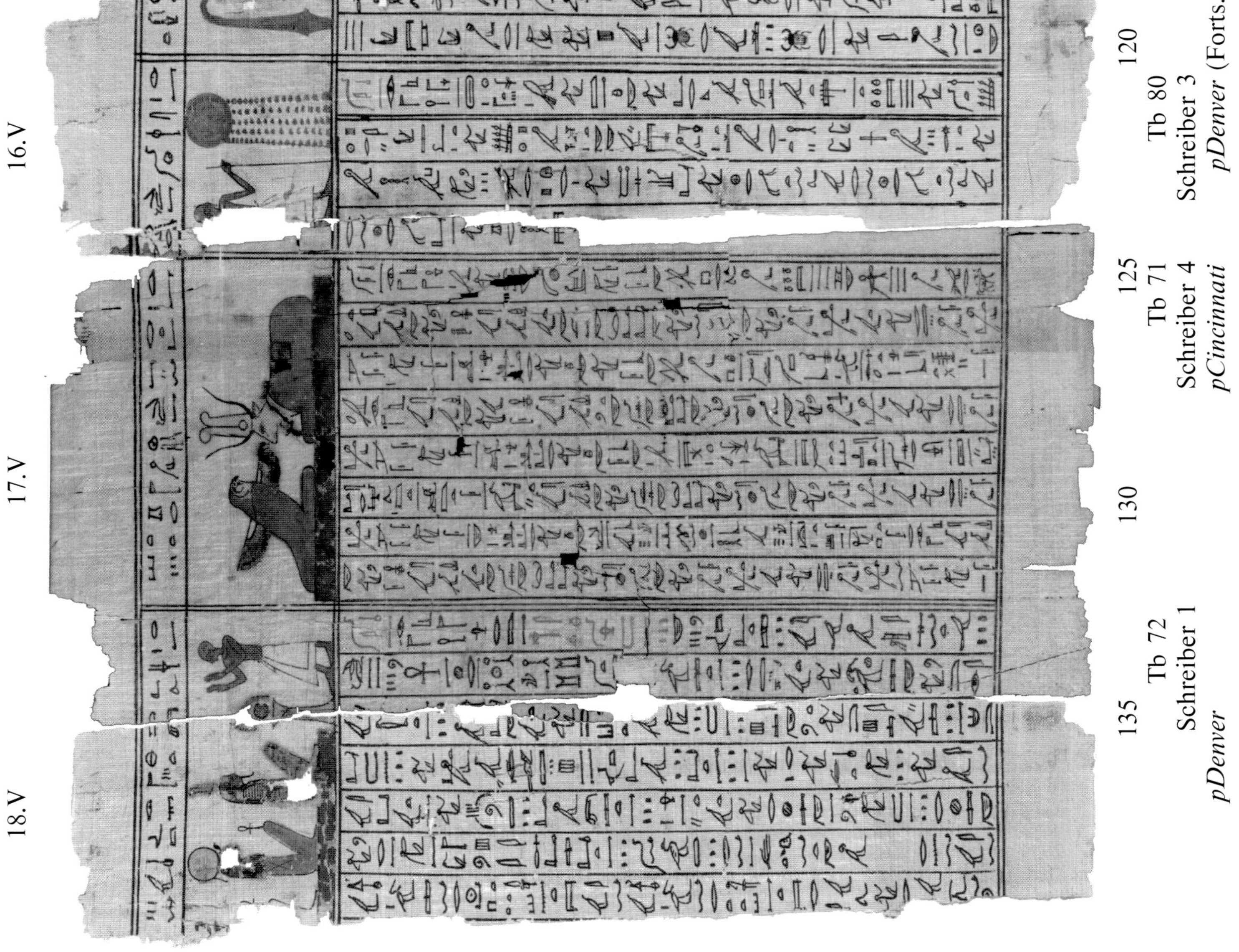
16.V
17.V
18.V
120
Tb 80
Schreiber 3
pDenver (Forts.)
125
Tb 71
Schreiber 4
pCincinnati
130
135
Tb 72
Schreiber 1
pDenver

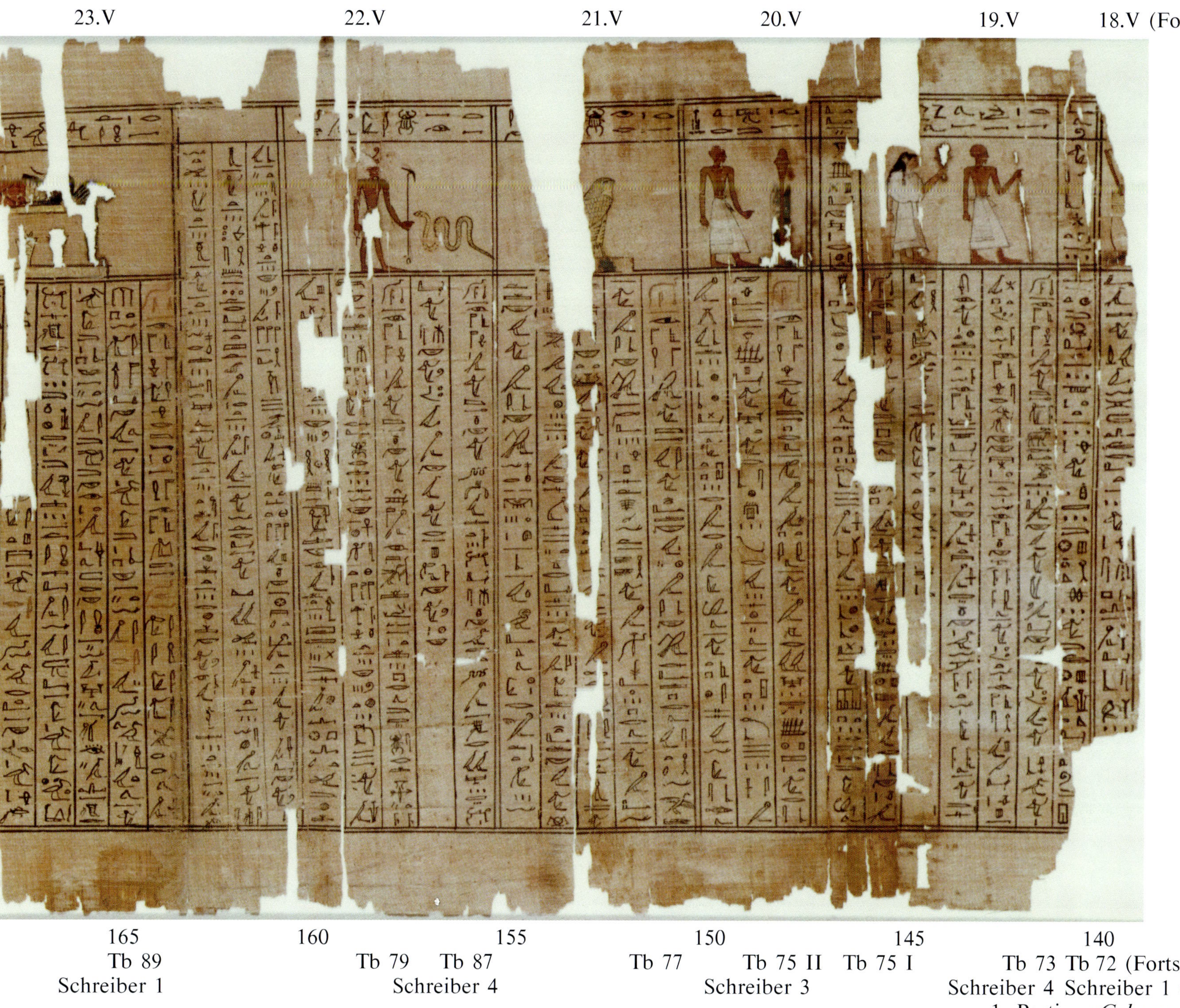

1. Partie, *pCologny*

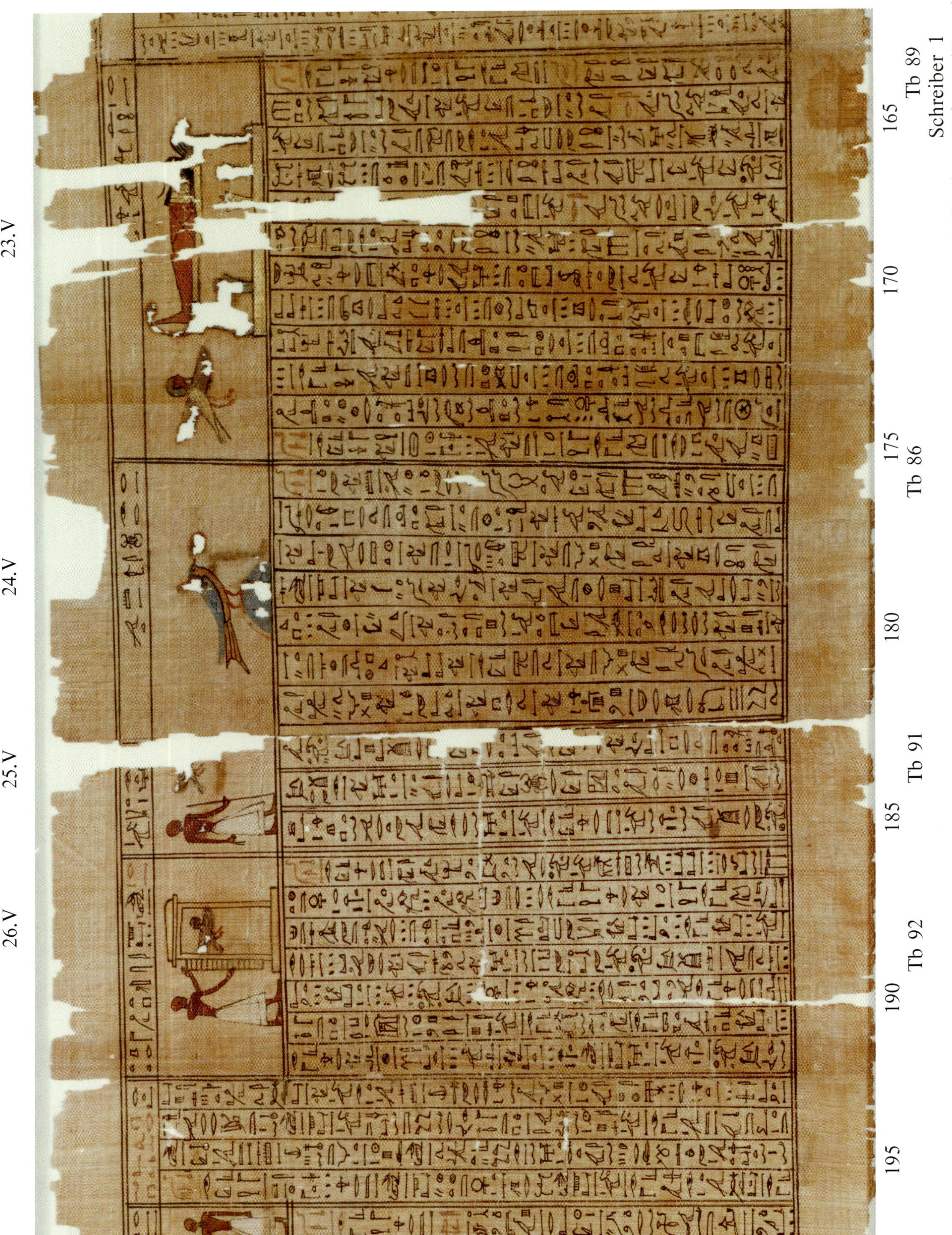

1. Partie, *pCologny* (Forts.)
Schreiber 1

32.V 31.V 30.V 29.V 28. V 27. V

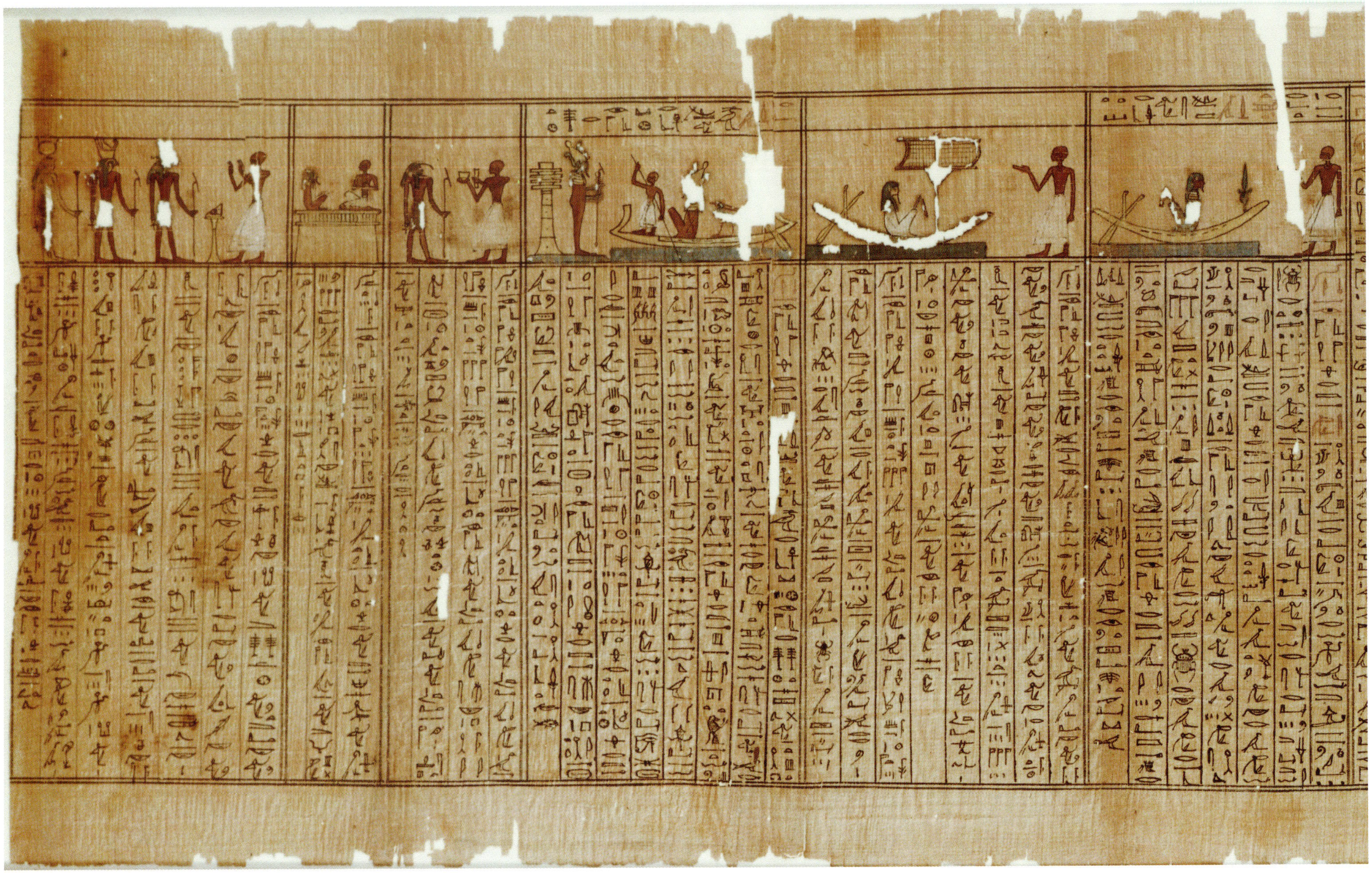

230 225 220 215 210 205 200

Tb 105 I Tb 104 I Tb 96 Tb 100 Tb 95 Tb 94 Tb 93

Schreiber 4

Schreiber 1 (Forts.)

1. Partie, *pCologny* (Forts.)

33. V

V Tb 110

2. Partie, *pCologny* (Forts.)

34. V

35.V

36.V

235 Tb 101

Schreiber 4 (Forts.)

2. Partie, *pCologny* (Forts.)

240

Tb 102 I

245

250 Tb 102 II

255 Tb 104 II Tb 103

Tb 106 I

37. V

38. V

Tb 105 III Tb 105 II Tb 106 I
Schreiber 4 (Forts.)
2. Partie, *pCologny* (Forts.)

Tb 106 II

Tb 107

Tb 125 A
Schreiber 2

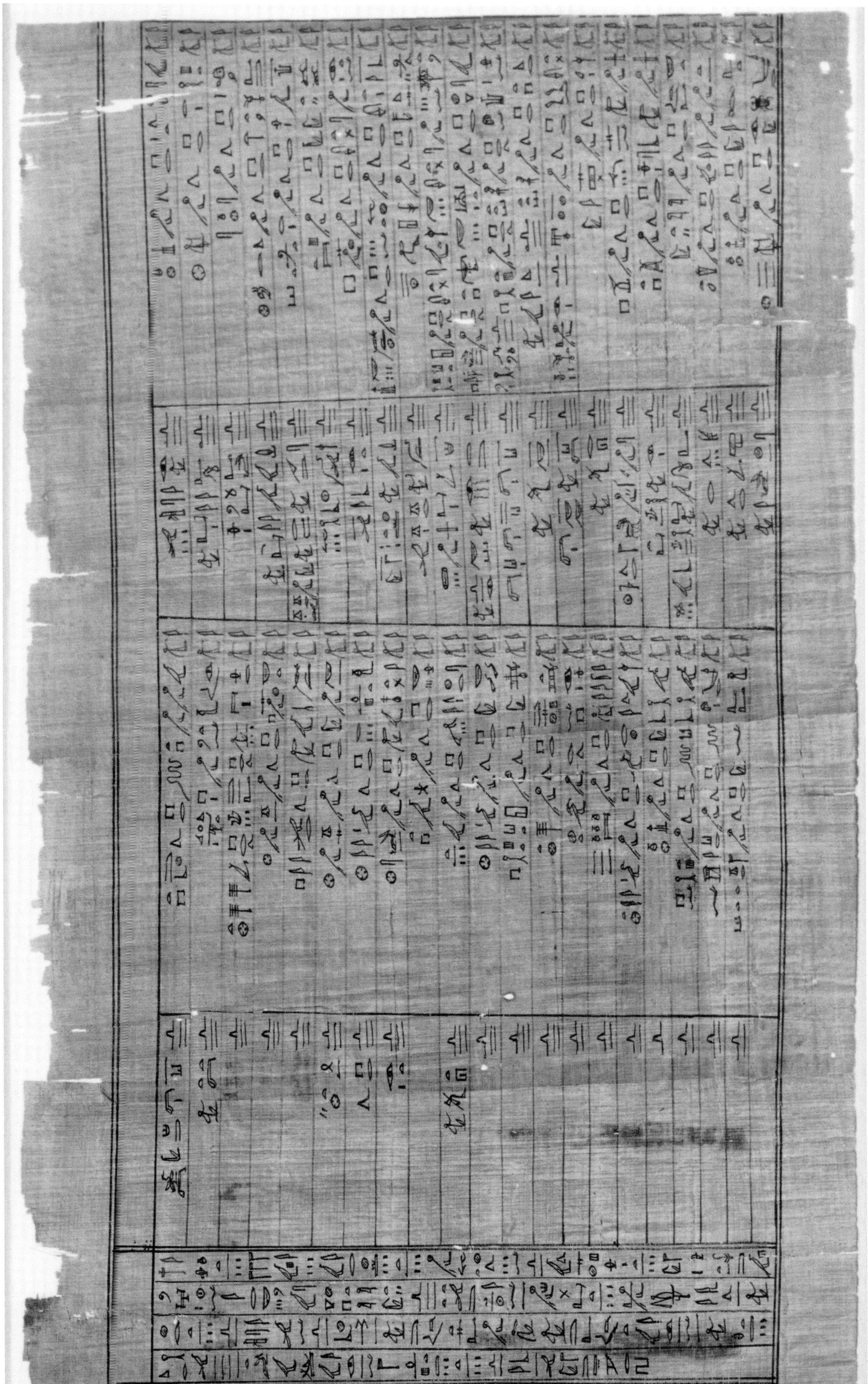

289 – 309
Tb 125 B
Schreiber 2 (Forts.)
3. Partie, *pCologny* (Forts.)

310 – 330

Tb 125 C

39. V

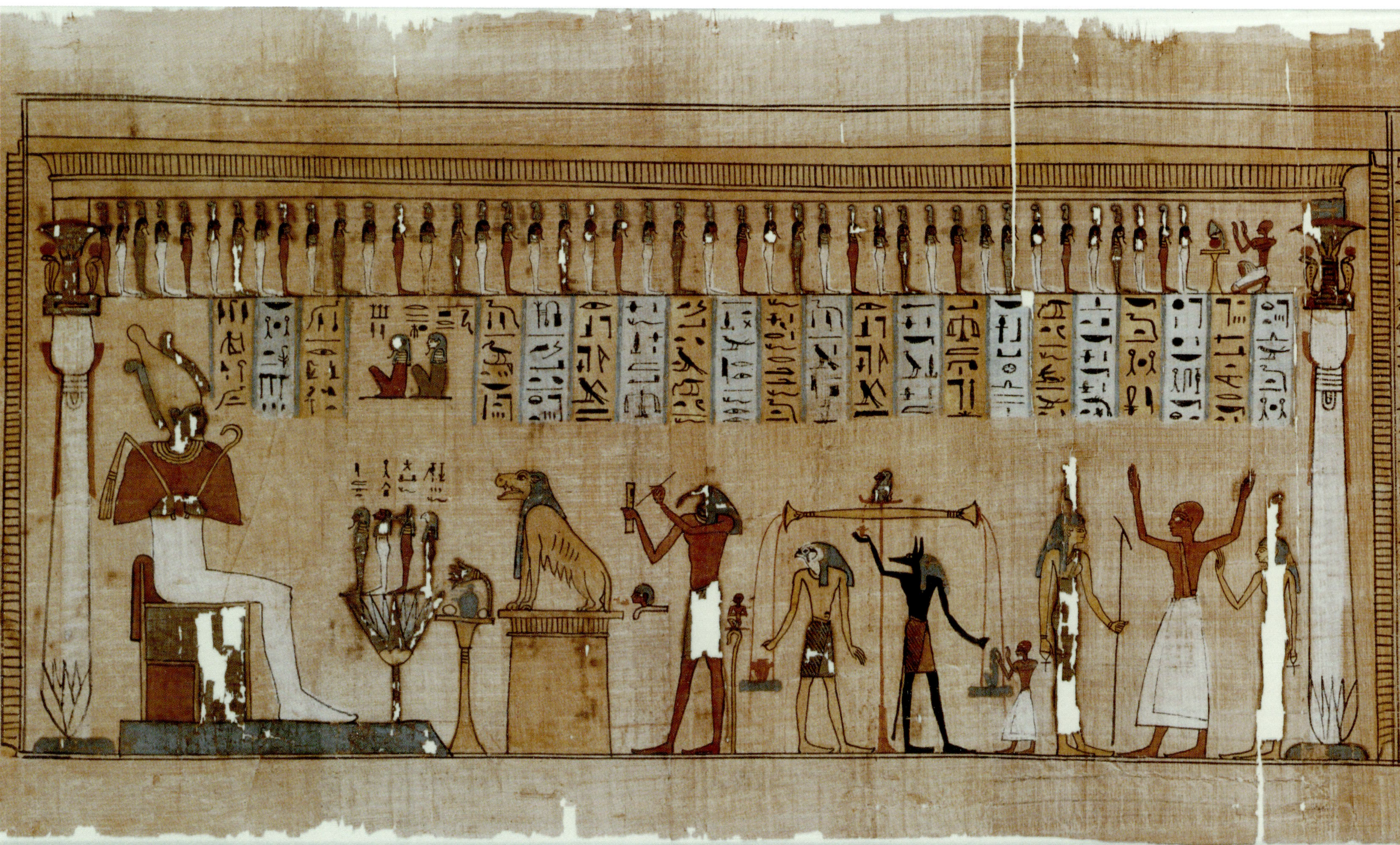

TG

3. Partie, *pCologny* (Forts.)

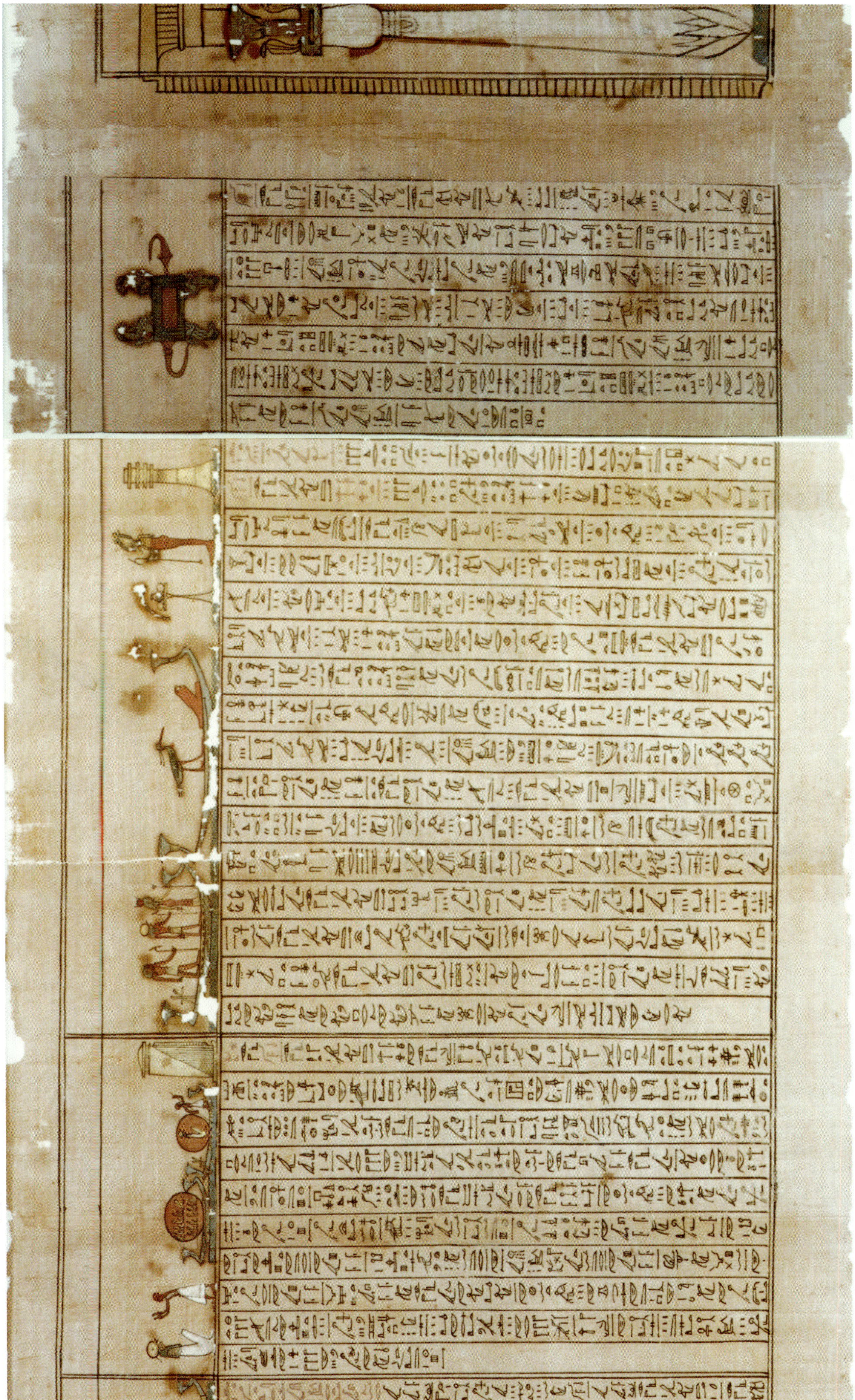

40.V

Tb126

Schreiber 4 (Forts.)

3. Partie, *pCologny* (Forts.)

41. V

Tb 127

4. Partie

42.V

Tb 128

43. V

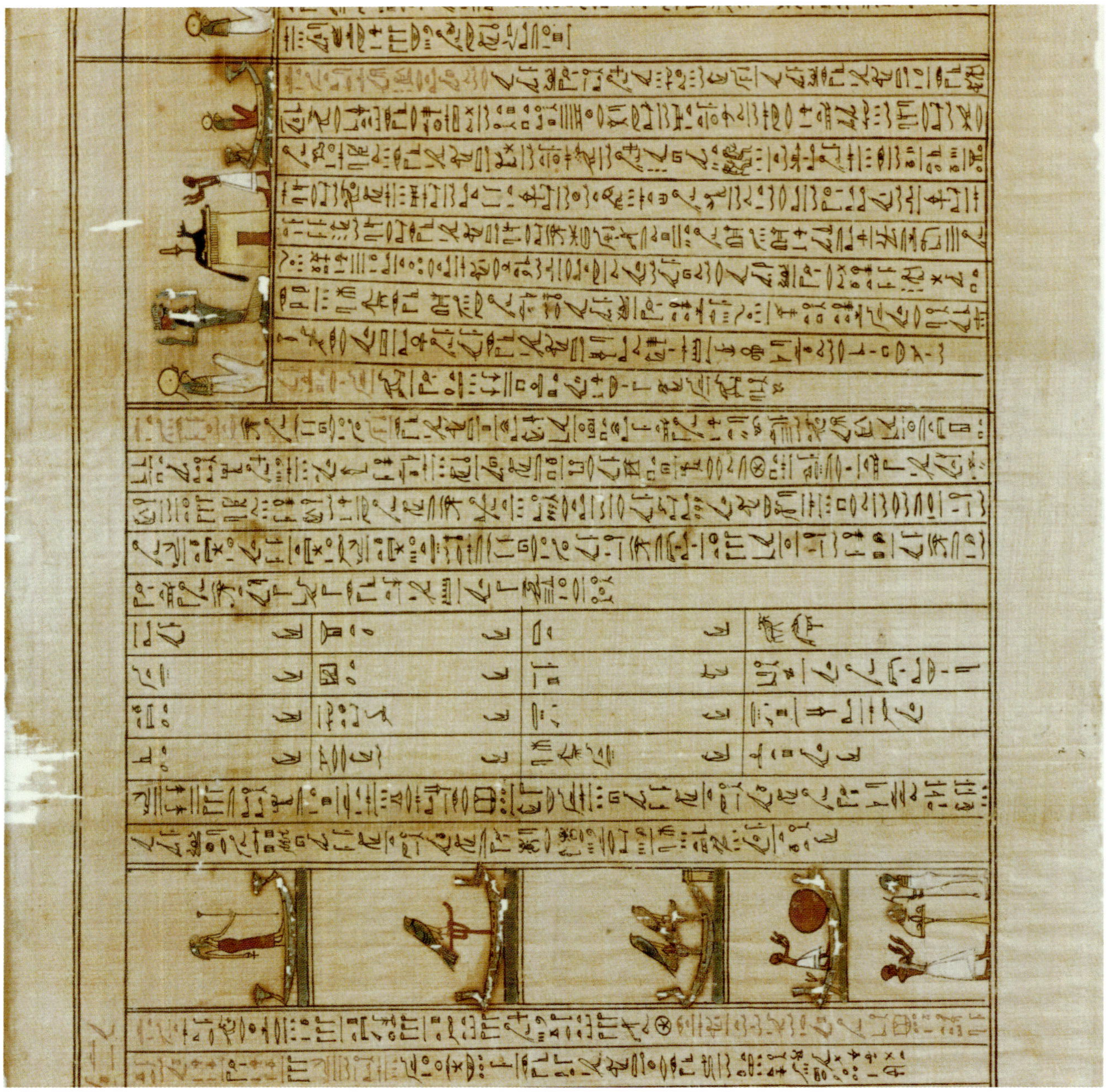

Tb 129

Schreiber 4 (Forts.)

4. Partie, *pCologny* (Forts.)

Tb 140

44. V

V Tb 143

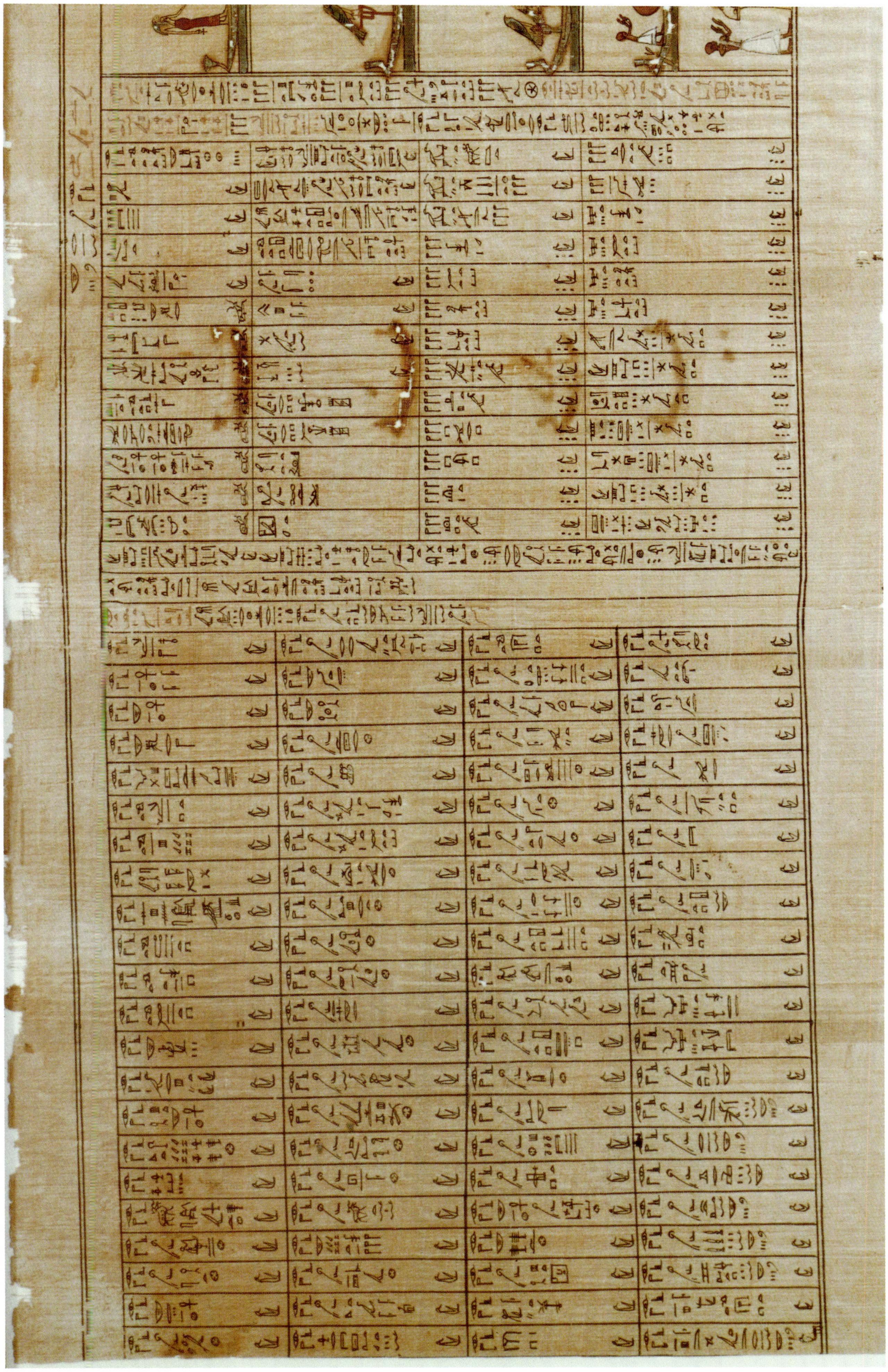

Tb 141
Schreiber 4 (Forts.)
4. Partie, *pCologny* (Forts.)

Tb 142

45.V

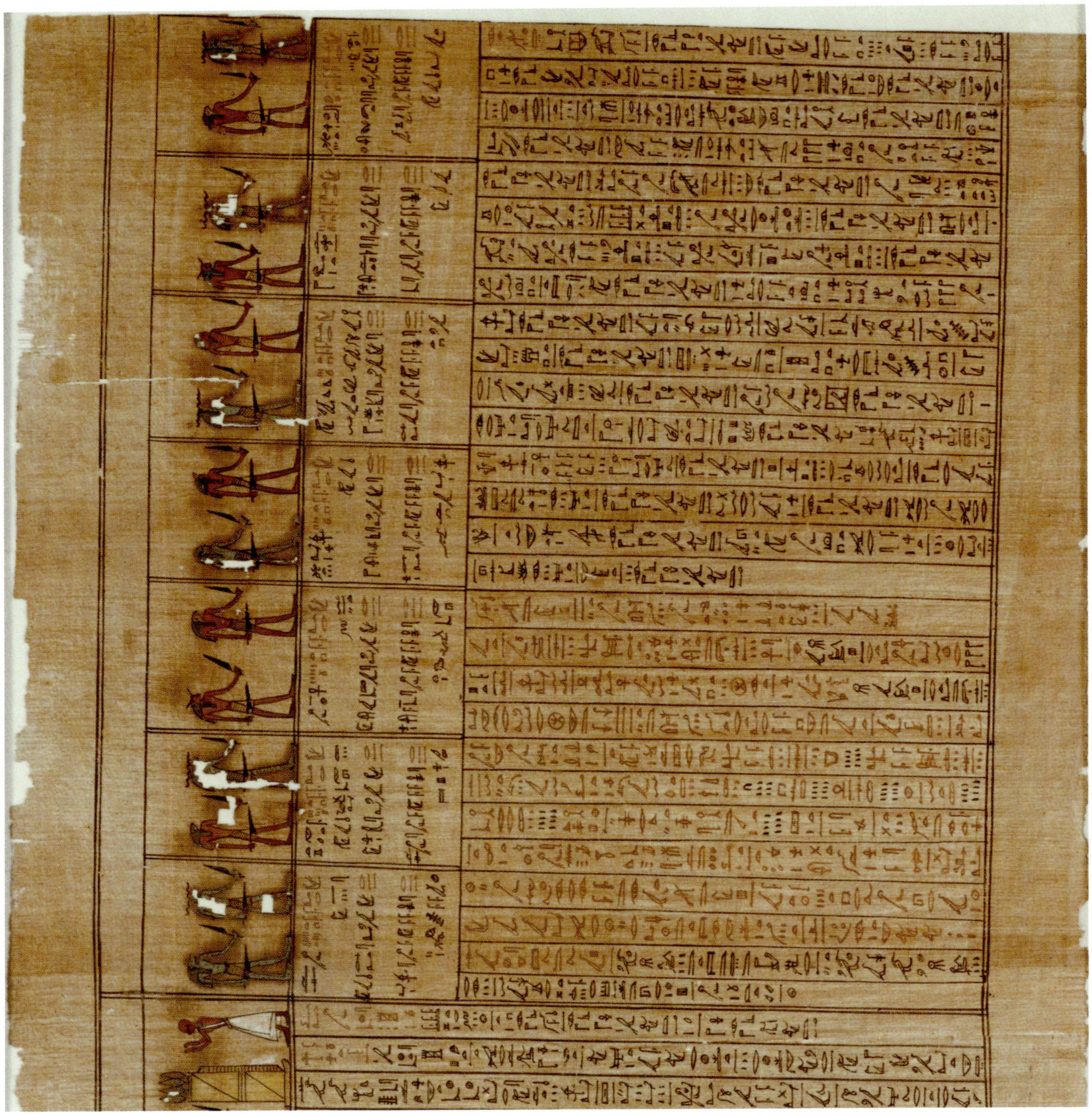

46. V

Tb144
Schreiber 4 (Forts.)
5. Partie, *pCologny* (Forts.)

Tb145

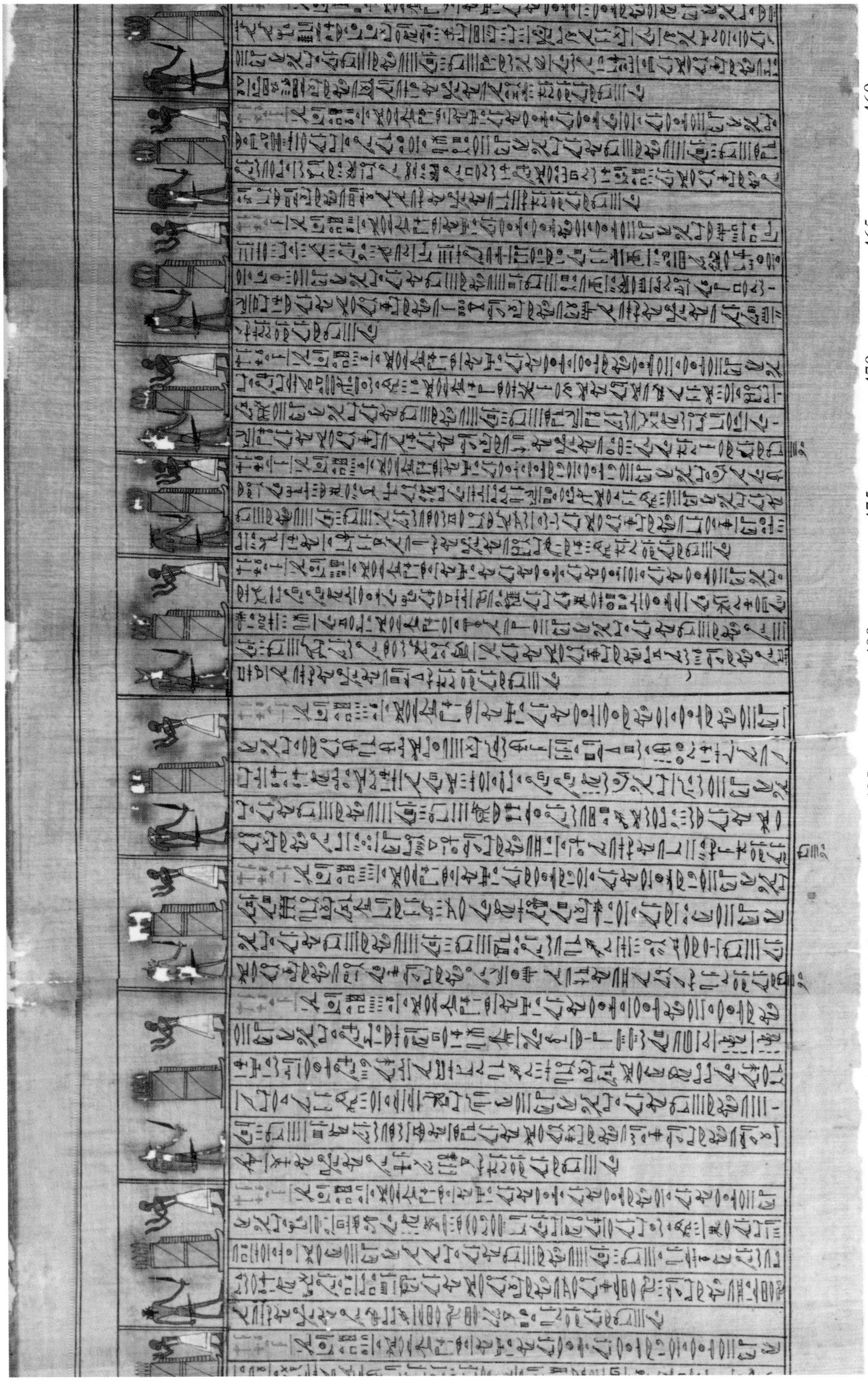

Tb 145 (Forts.)
Schreiber 4 (Forts.)
5. Partie, *pCologny* (Forts.)

46. V (Forts.)

46. V (Forts.)

Tb 145 (Forts.)
Schreiber 4 (Forts.)
5. Partie, *pCologny* (Forts.)

Tb 146
Schreiber 4 (Forts.)
6. Partie, *pCologny* (Forts.)

47.V

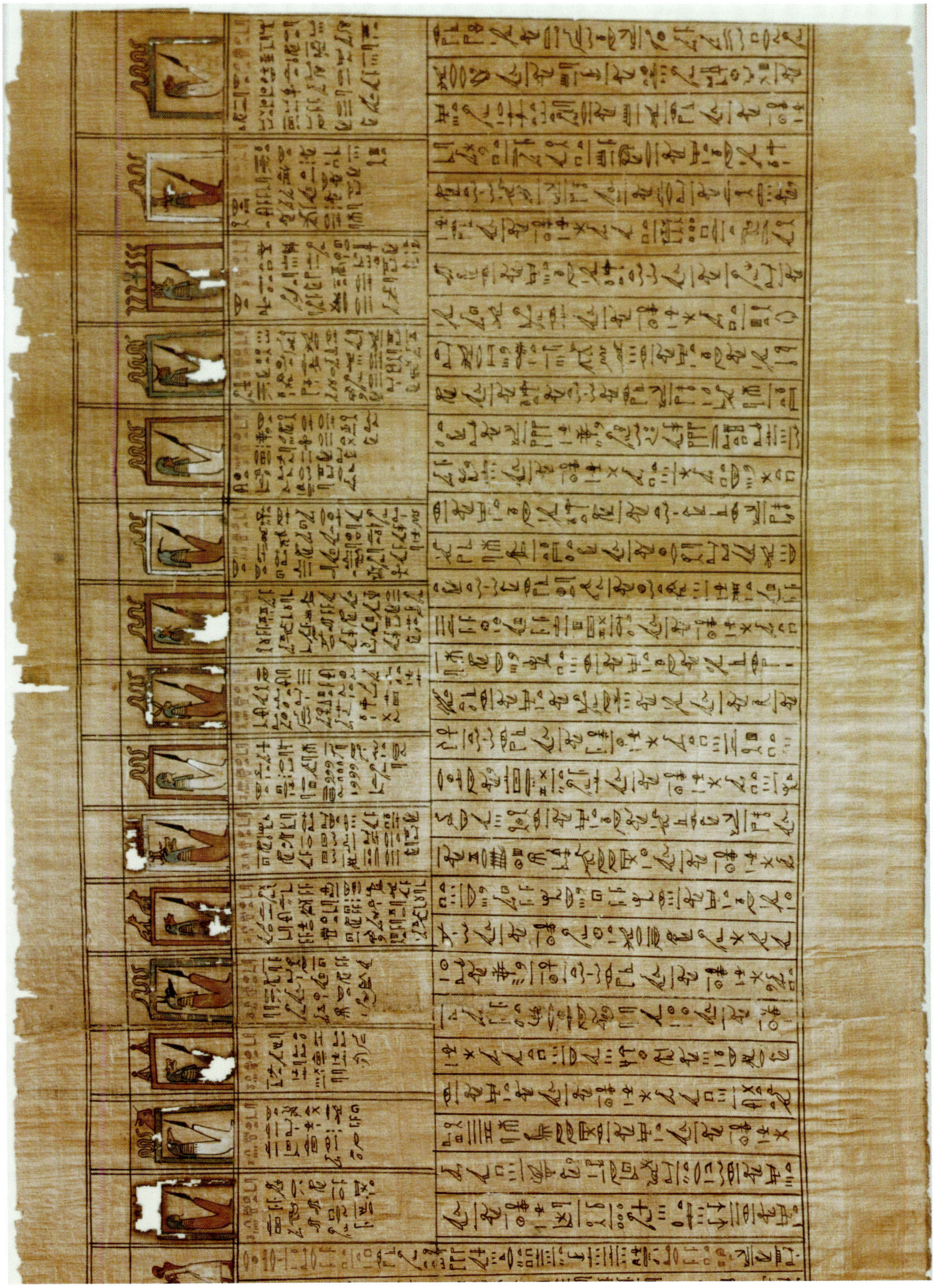

48. V

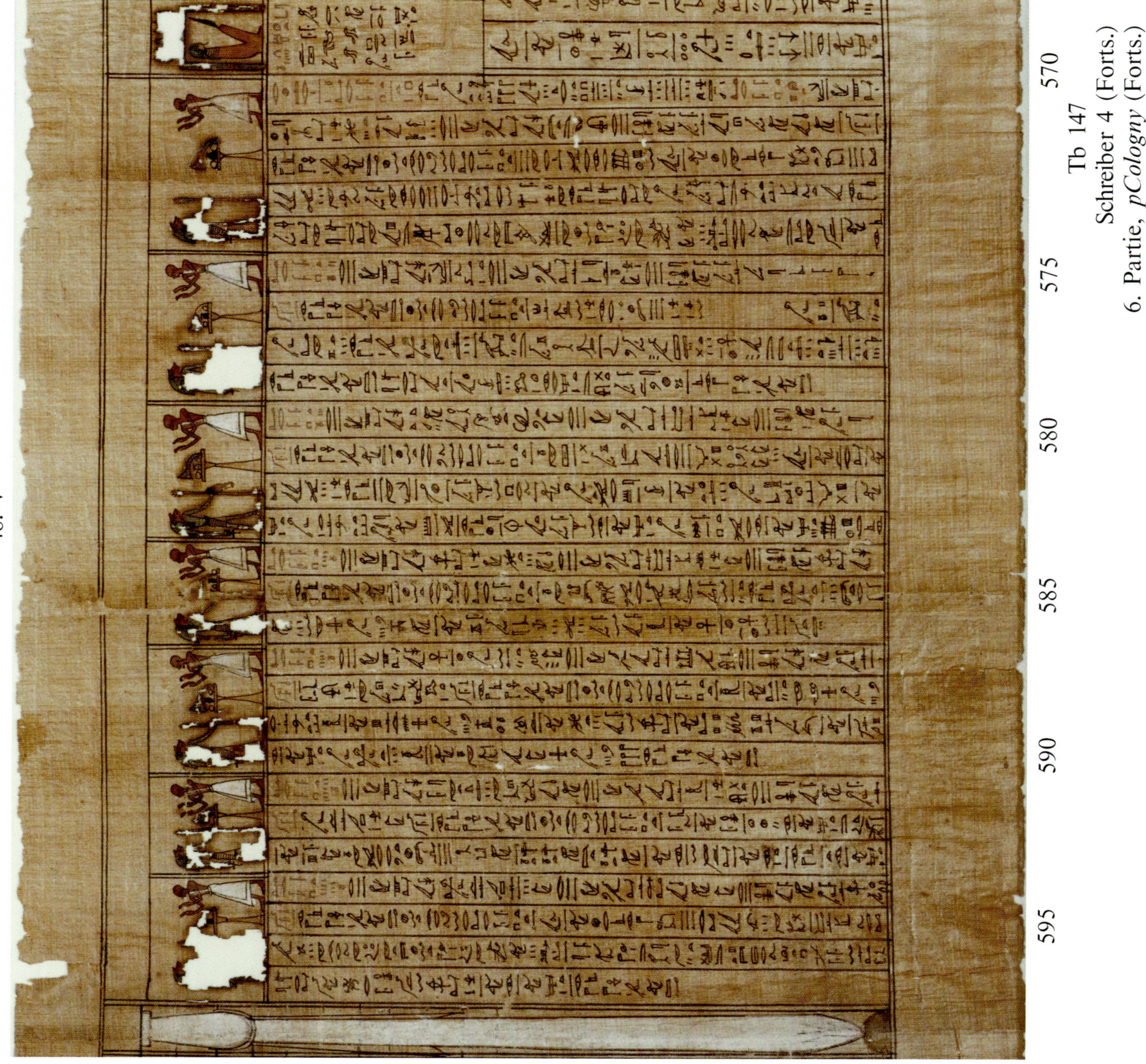

Tb 147
Schreiber 4 (Forts.)
6. Partie, *pCologny* (Forts.)

49.V

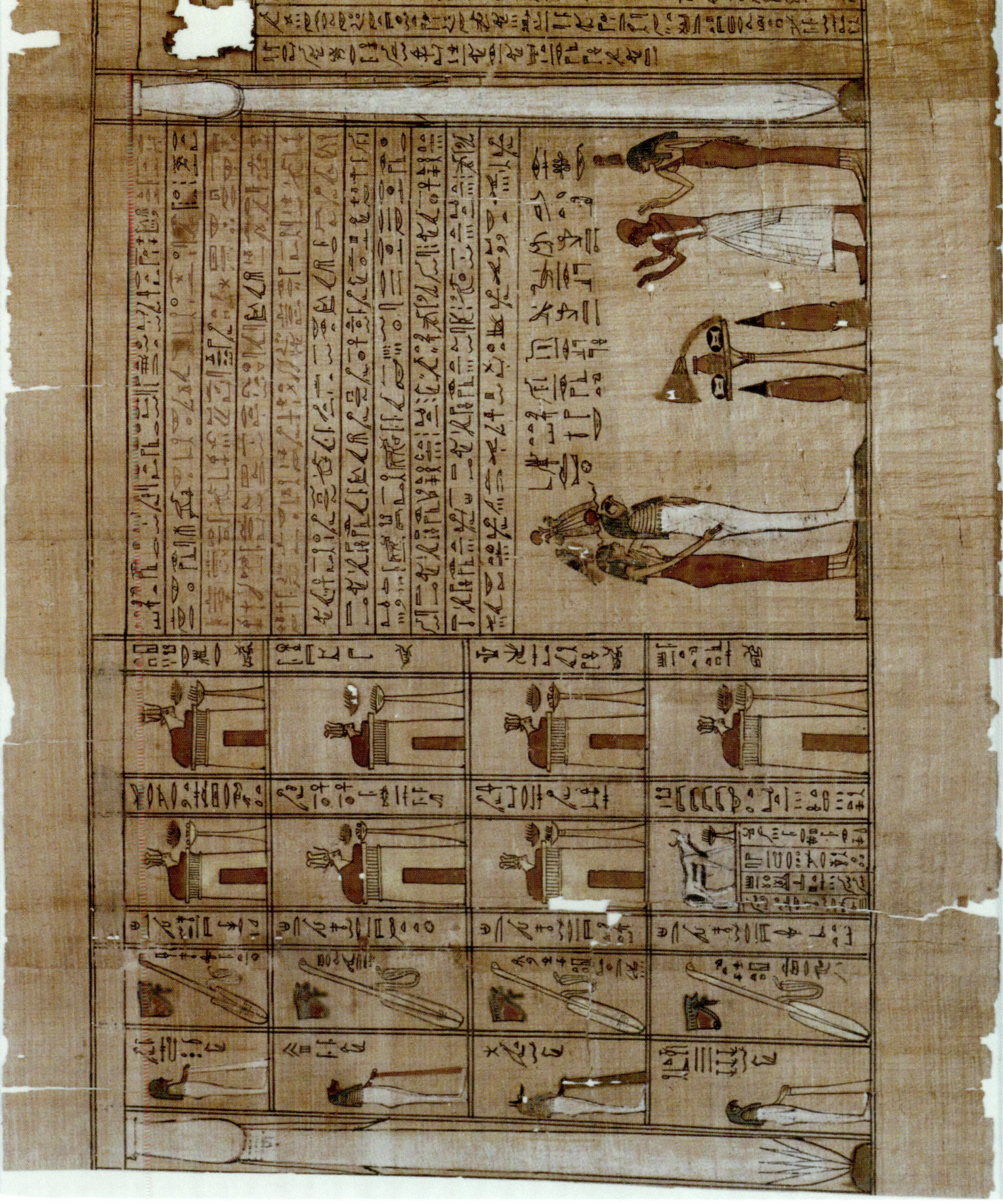

V Tb 148

598 – 608
Tb 148
Schreiber 4 (Forts.)
6. Partie, *pCologny* (Forts.)

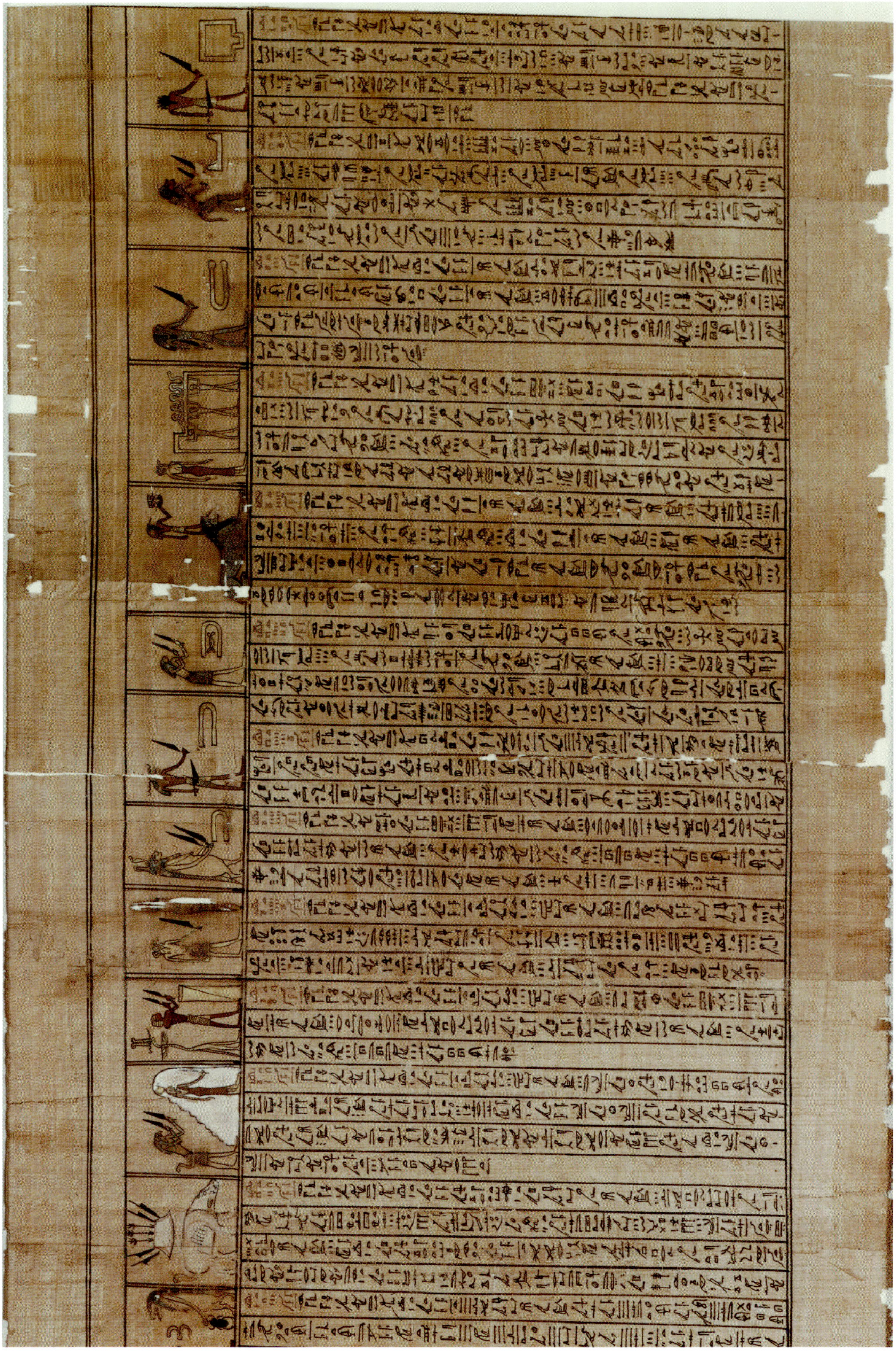

Tb 149
Schreiber 4 (Forts.)
7. Partie, *pCologny* (Forts.)

50.V

55.V 54.V 53.V 52.V 51.V 50.V (Forts.)

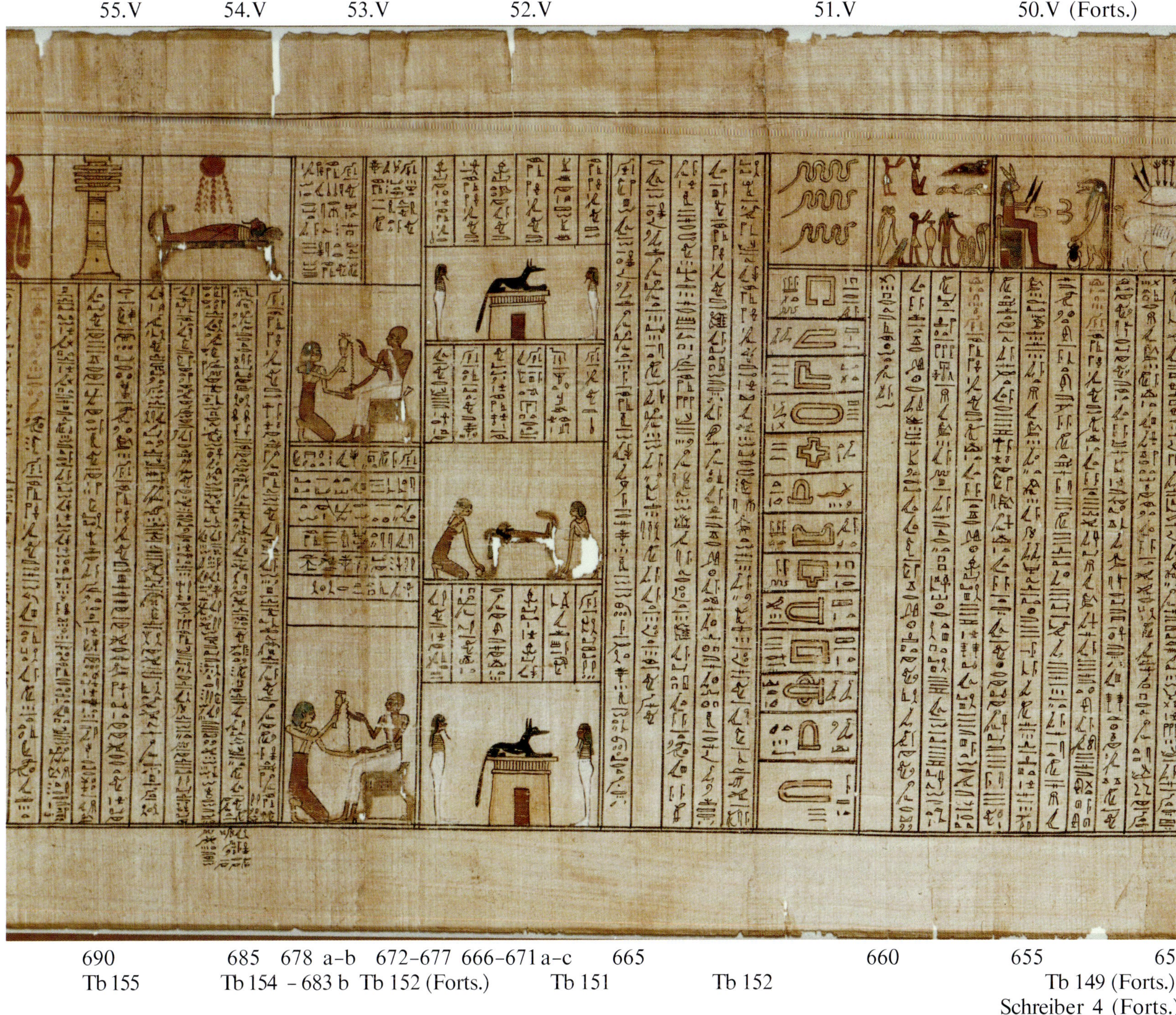

690 Tb 155 | 685 678 a–b Tb 154 – 683 b | 672–677 Tb 152 (Forts.) | 666–671 a–c Tb 151 | 665 | Tb 152 | 660 | 655 | 650 Tb 149 (Forts.)

Schreiber 4 (Forts.)

7. Partie, *pCologny* (Forts.)

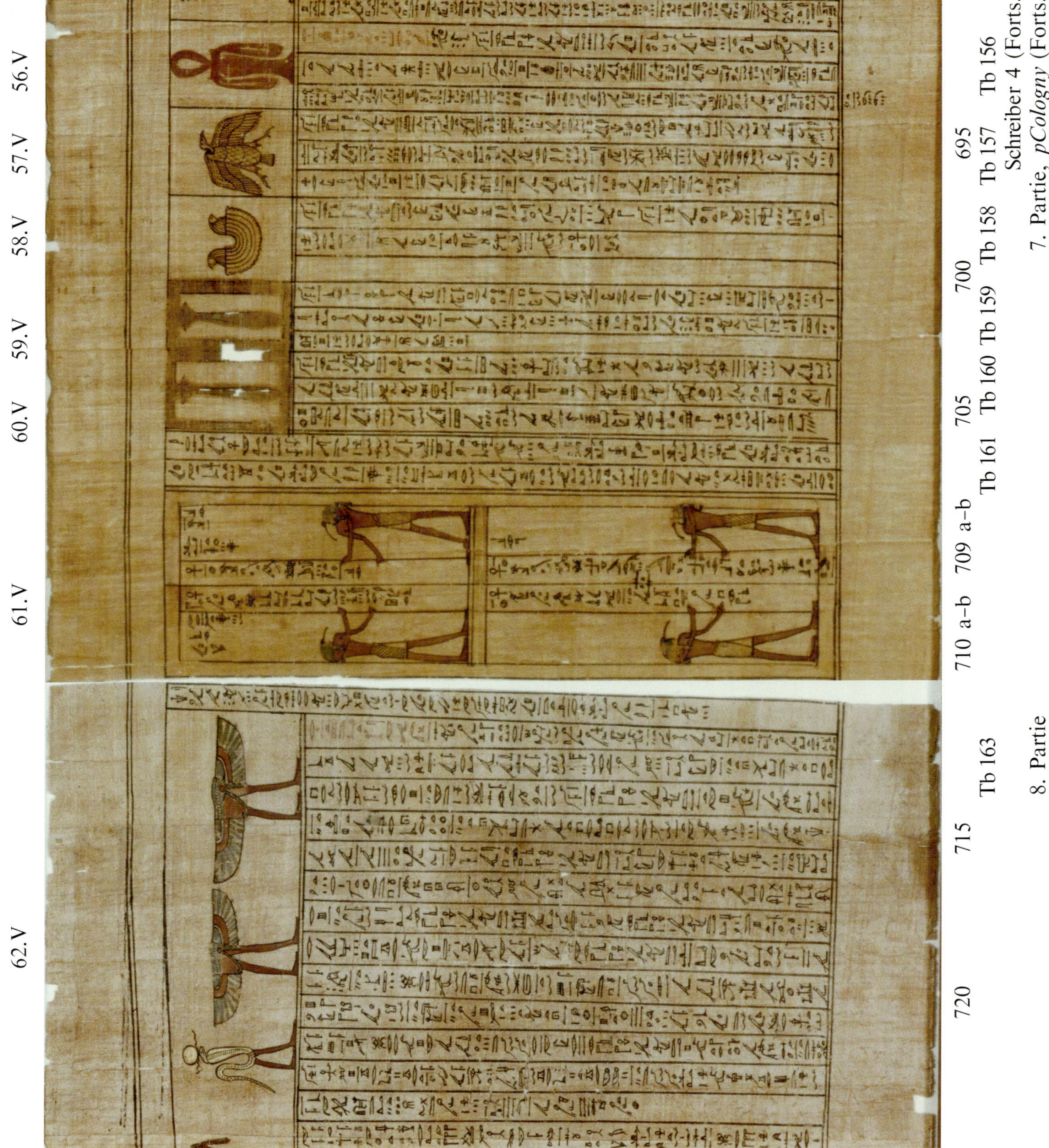

56.V
57.V
58.V
59.V
60.V
61.V
62.V
Tb 156
695
Tb 157
Tb 158
700
Tb 159
Tb 160
705
Tb 161
709 a–b
710 a–b
Tb 163
715
720
Schreiber 4 (Forts.)
7. Partie, *pCologny* (Forts.)
8. Partie

63.V

64.V

65.V

725 Tb164

Schreiber 4 (Forts.)

8. Partie, *pCologny* (Forts.)

730

735

740 Tb165

745

750

755 Tb162

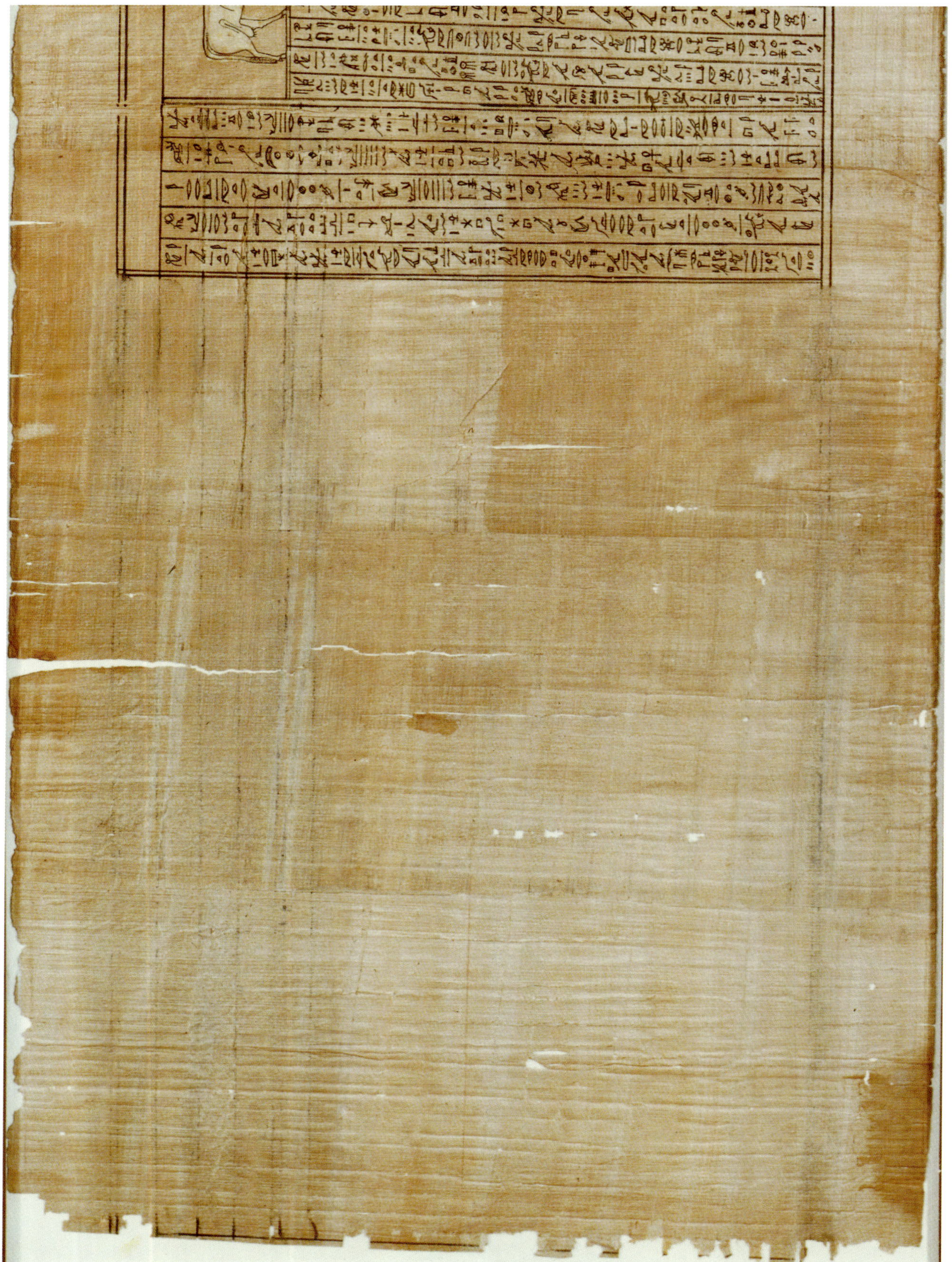

765 760
Tb 162 (Forts.)
Schreiber 4 (Forts.)
8. Partie, *pCologny* (Forts.)

19.V

20.V

Detail

Umschrift-Tafeln

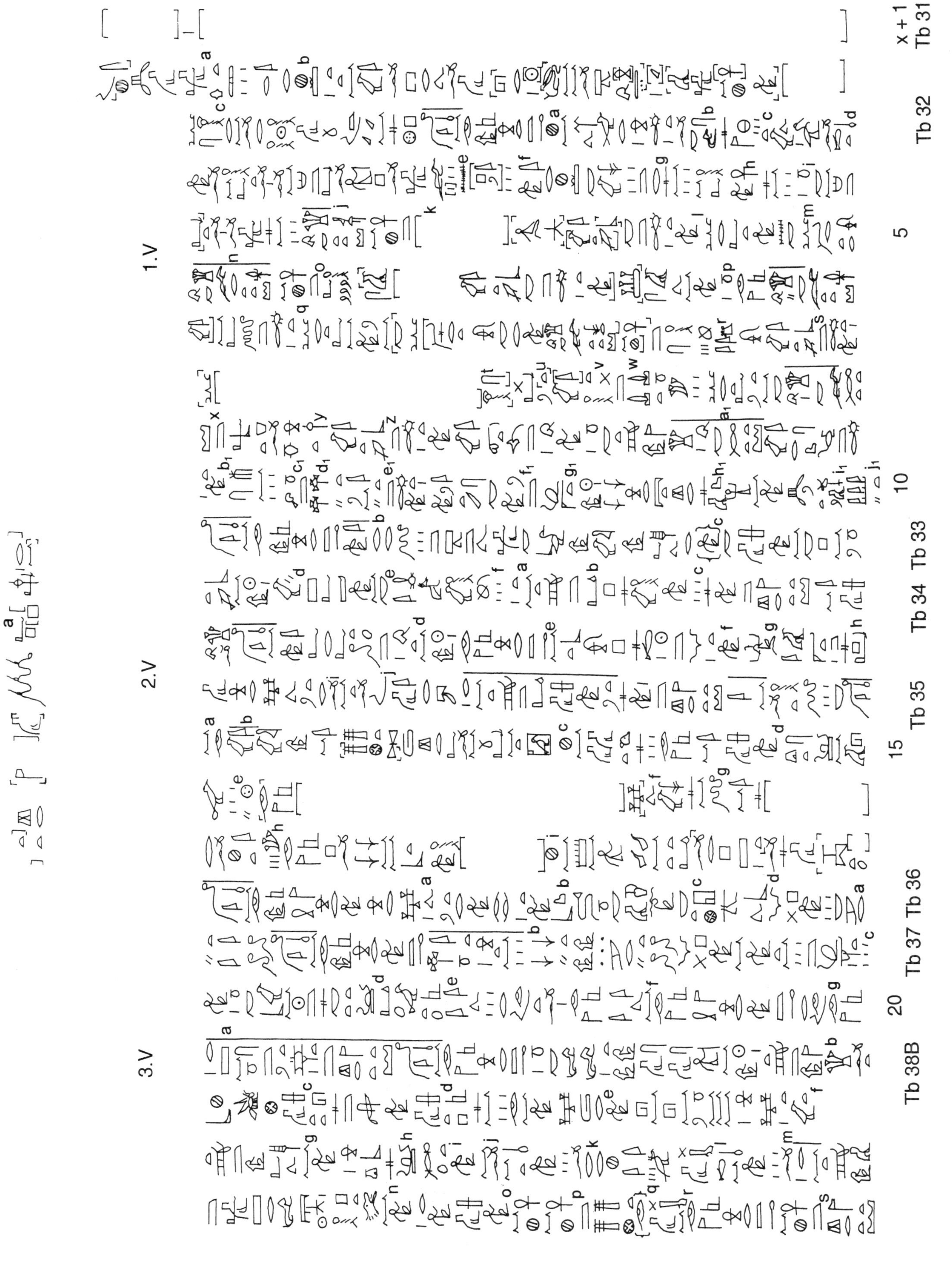

x + 1

Tb 31

Tb 32

1.V

Tb 33

Tb 34

2.V

Tb 35

Tb 36

Tb 37

3.V

Tb 38B

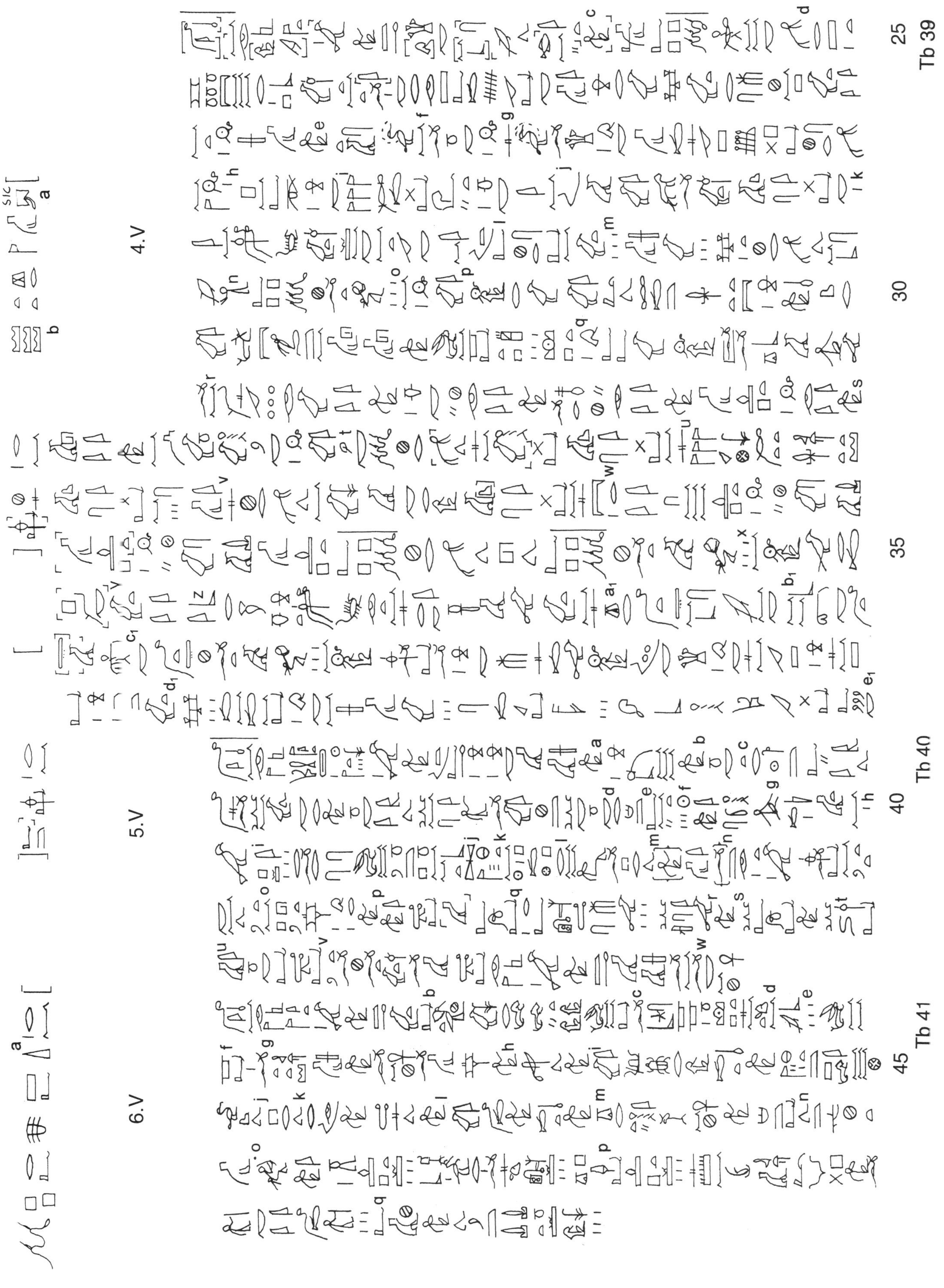

Tb 39

4.V

Tb 40

5.V

Tb 41

6.V

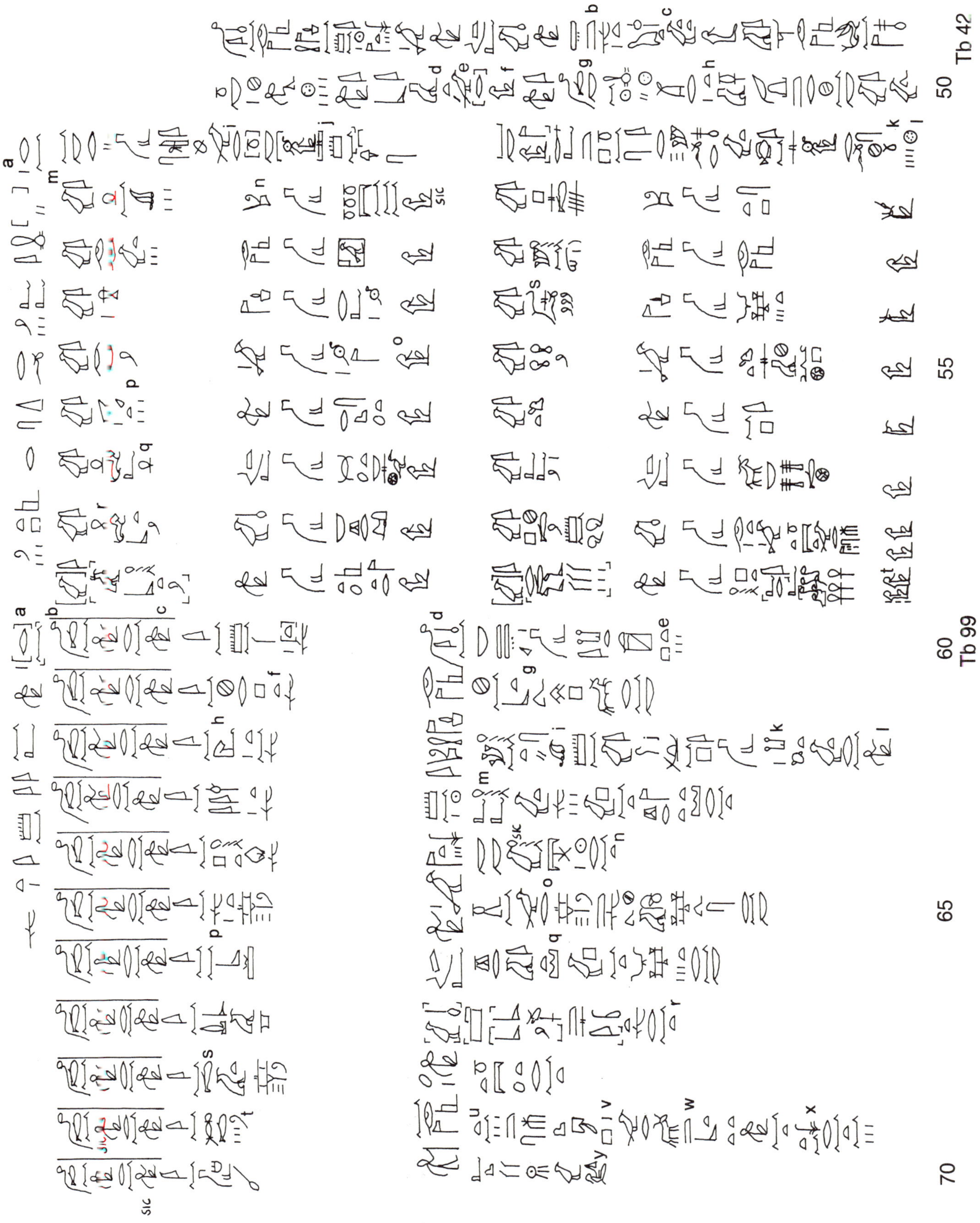

Tb 42

Tb 99

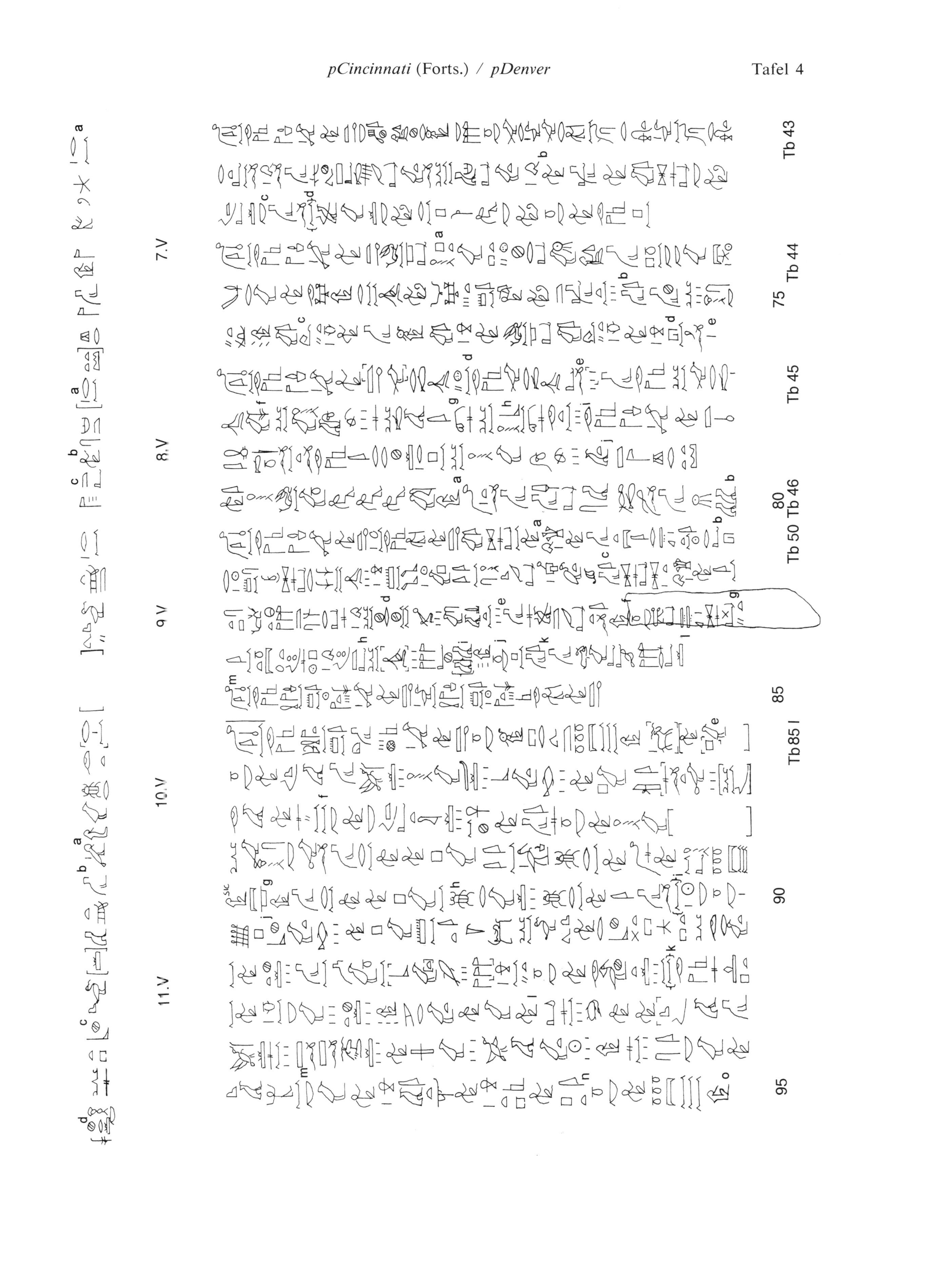

Tb 43

7.V

Tb 44

Tb 45

8.V

Tb 46

Tb 50

9.V

Tb 85 I

10.V

11.V

Tb 59

Tb 60

12.V

Tb 57

13.V

Tb 63A/B

14.V

Tb 85 II

15.V

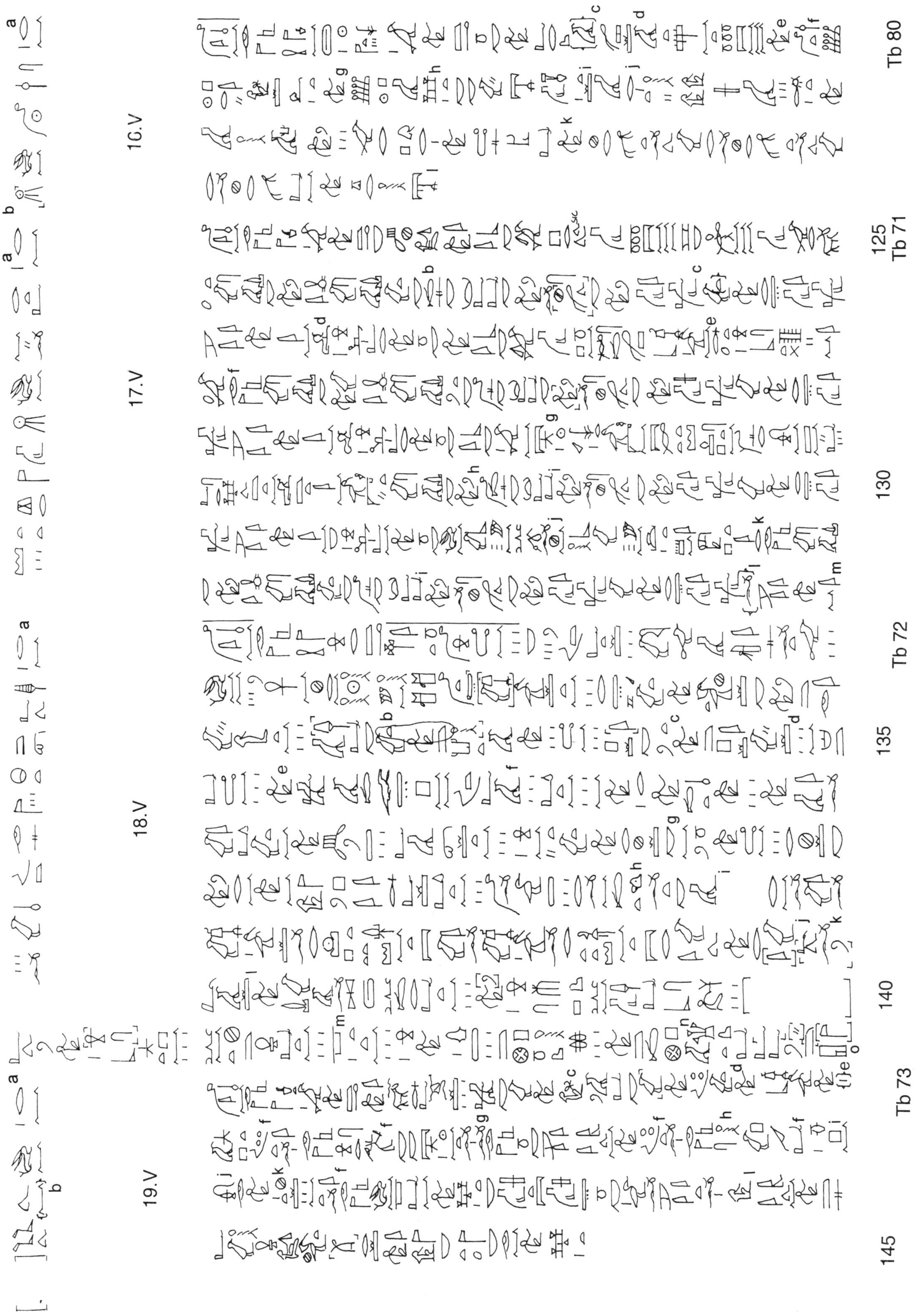

16.V

Tb 80

17.V

125
Tb 71

130

18.V

Tb 72

135

140

19.V

Tb 73

145

Tb 75 I

Tb 75 II

20.V

Tb 77

21.V

Tb 87

22.V

Tb 79

Tb 89

23.V

Tb 86

24.V

25.V

Tb 91

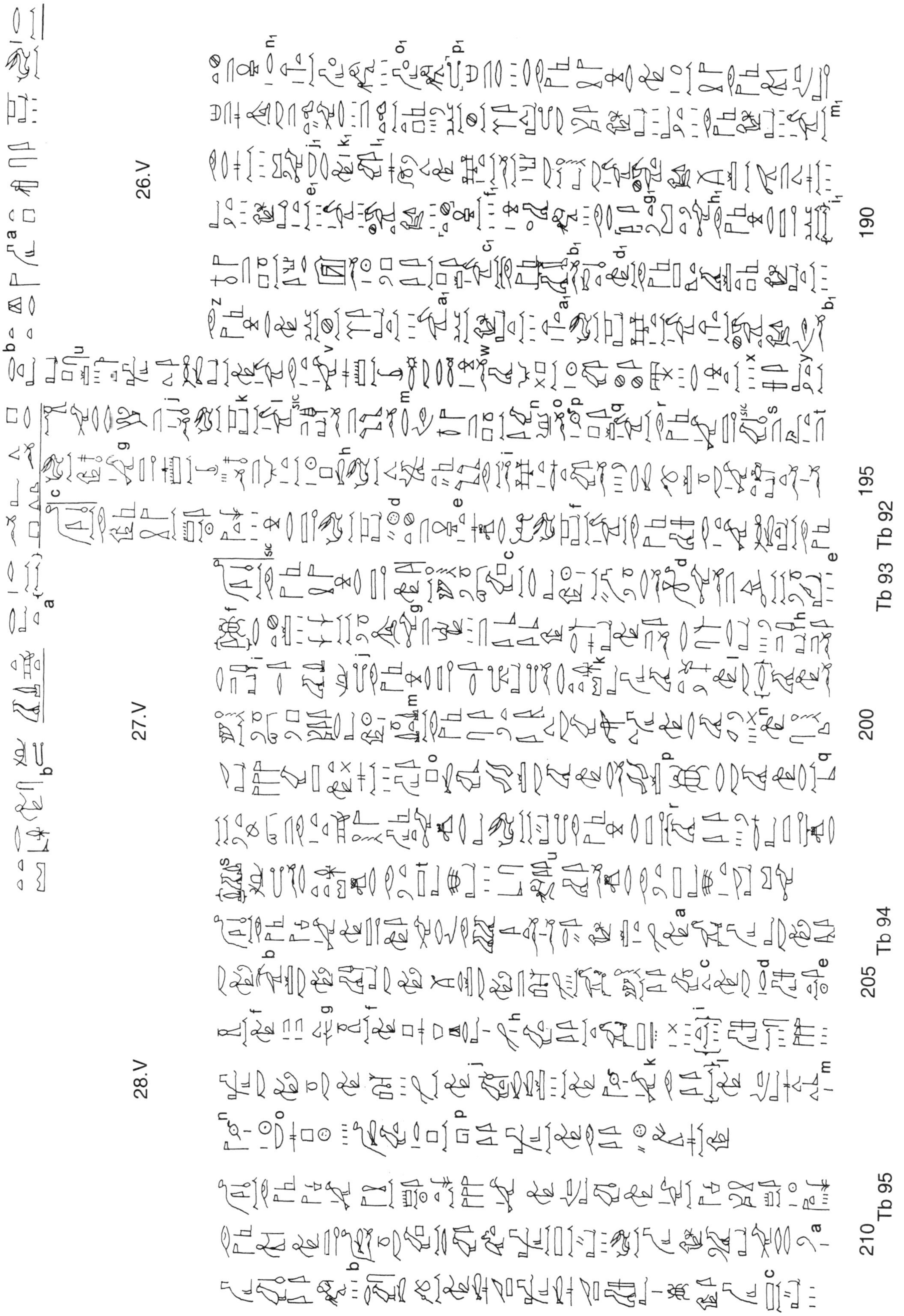

26.V

Tb 92

Tb 93

27.V

Tb 94

28.V

Tb 95

29.V Tb 100

215

30.V 220 Tb 96

31.V Tb 104 I

225

32.V Tb 105 I

230

33.V

34.V

Tb 101

35.V

Tb 102 I

Tb 102 II

36.V

Tb 103

Tb 104 II

37.V

Tb 106 I

Tb 105 II

Tb 105 III

38.V

Tb 106 II

Tb 107

Tb 125A

Tb 125A (Forts.)

Tb 125B

Tb 125B (Forts.)

Tb 125C

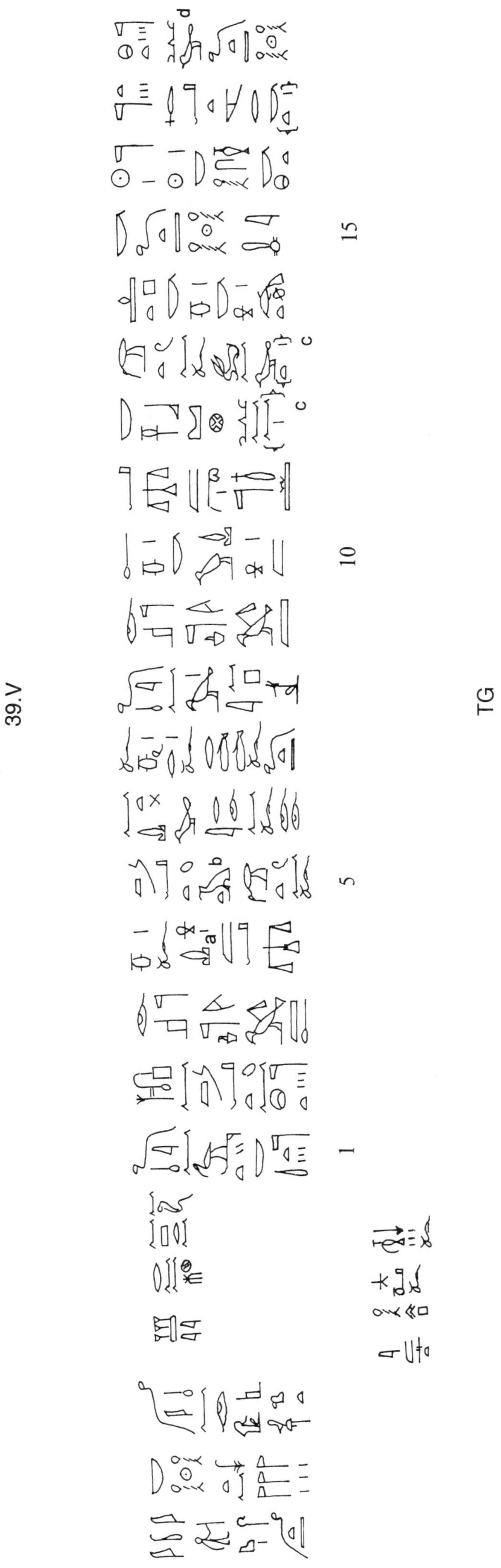

39.V

TG

Tb 126

40.V

Tb 127

41.V

Tb 128

42.V

Tb 129

43.V

Tb 140

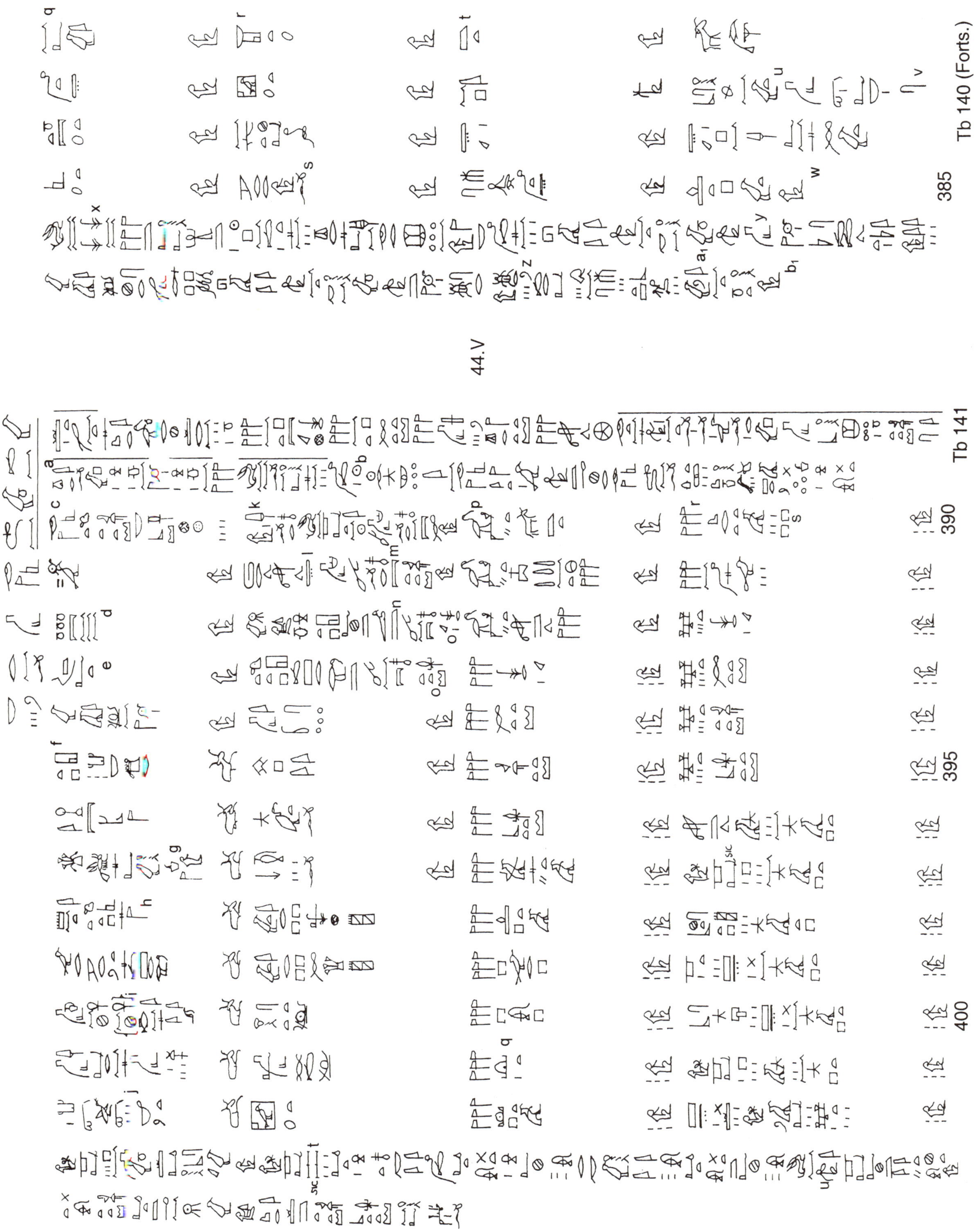

Tb 140 (Forts.)

44.V

Tb 141

Tb 142

45.V

Tb 144

Tb 145

46.V

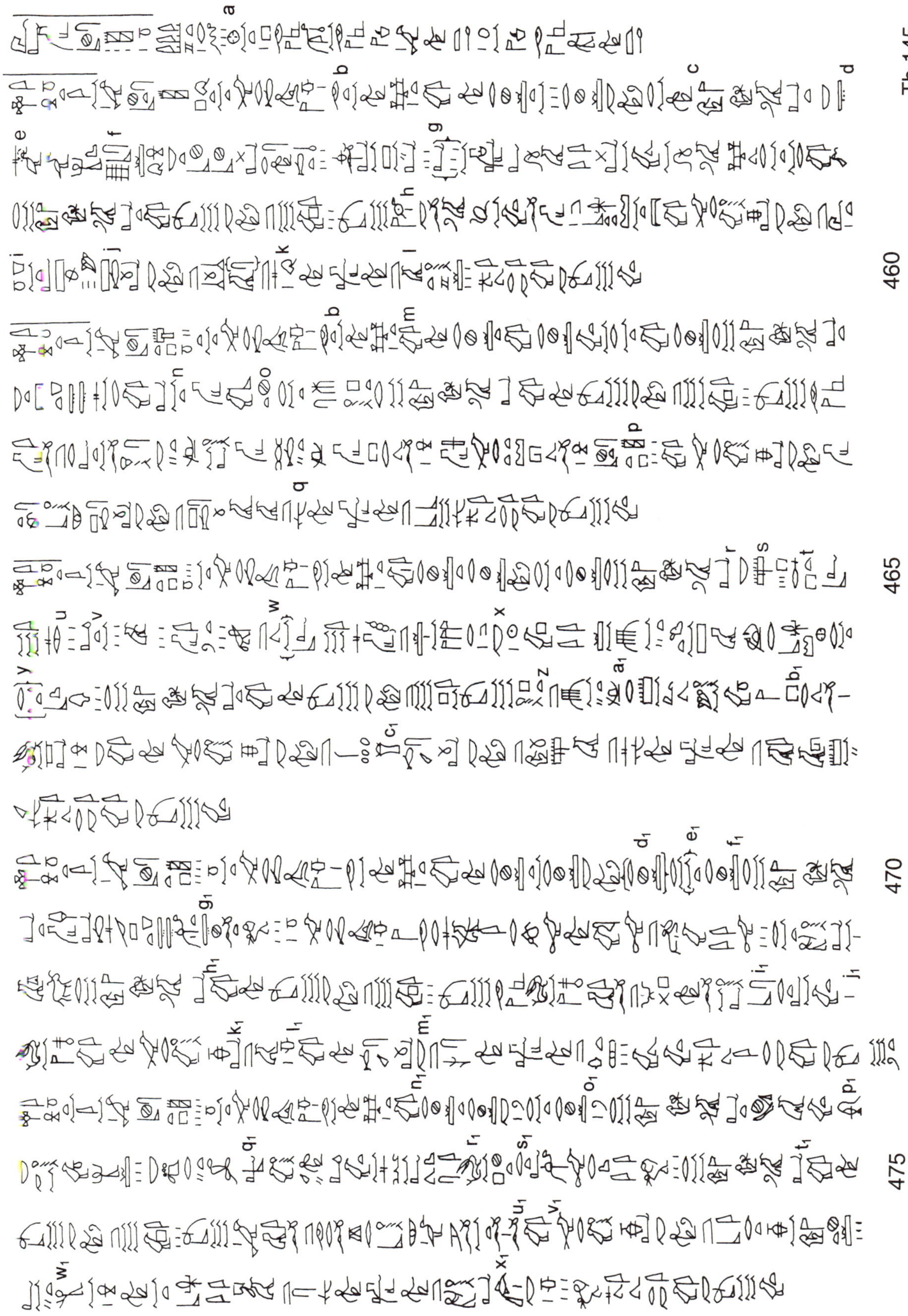

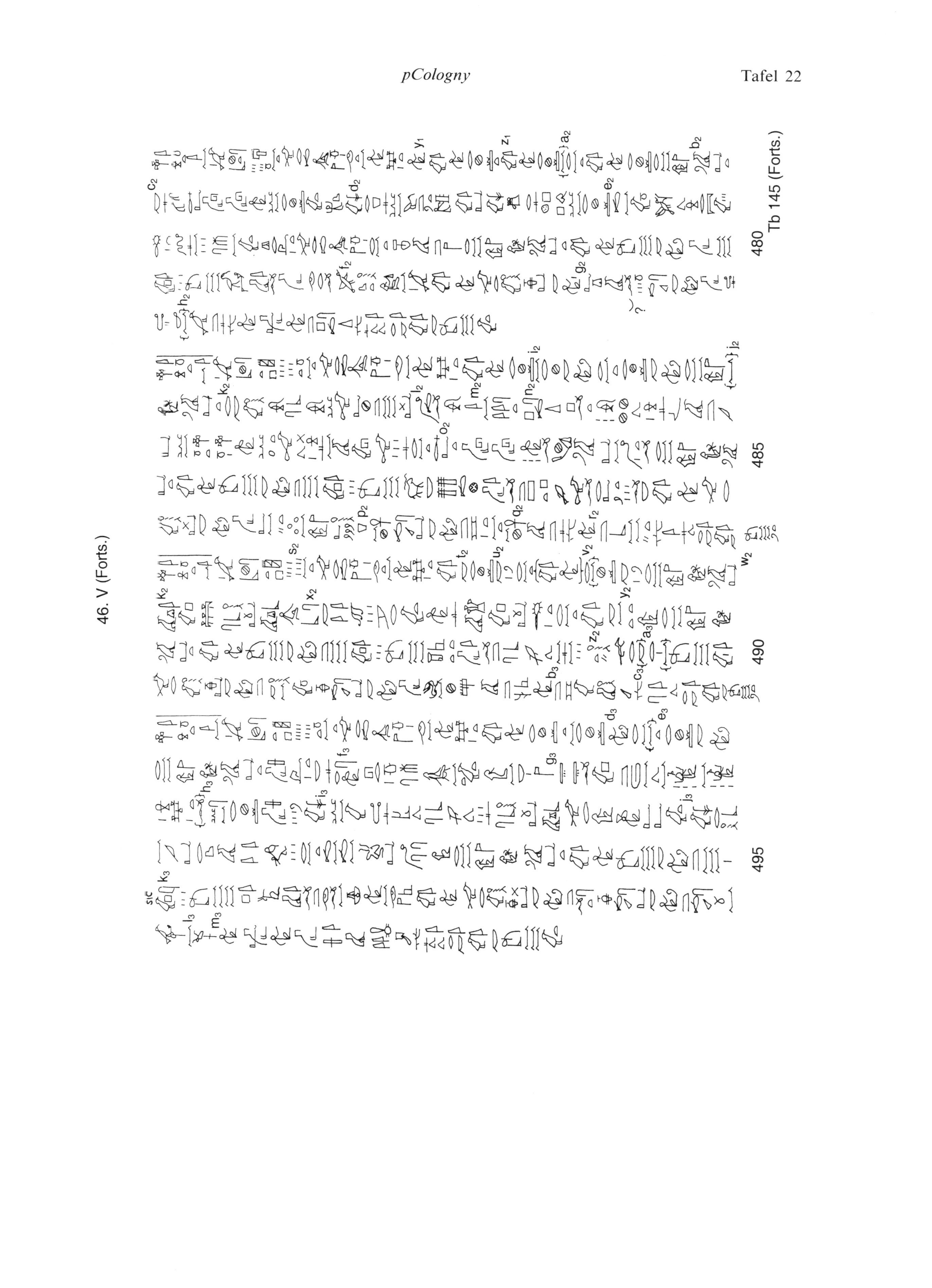

Tb 145 (Forts.)

46. V (Forts.)

Tb 145 (Forts.)

46. V (Forts.)

46. V (Forts.)

Tb 145 (Forts.)

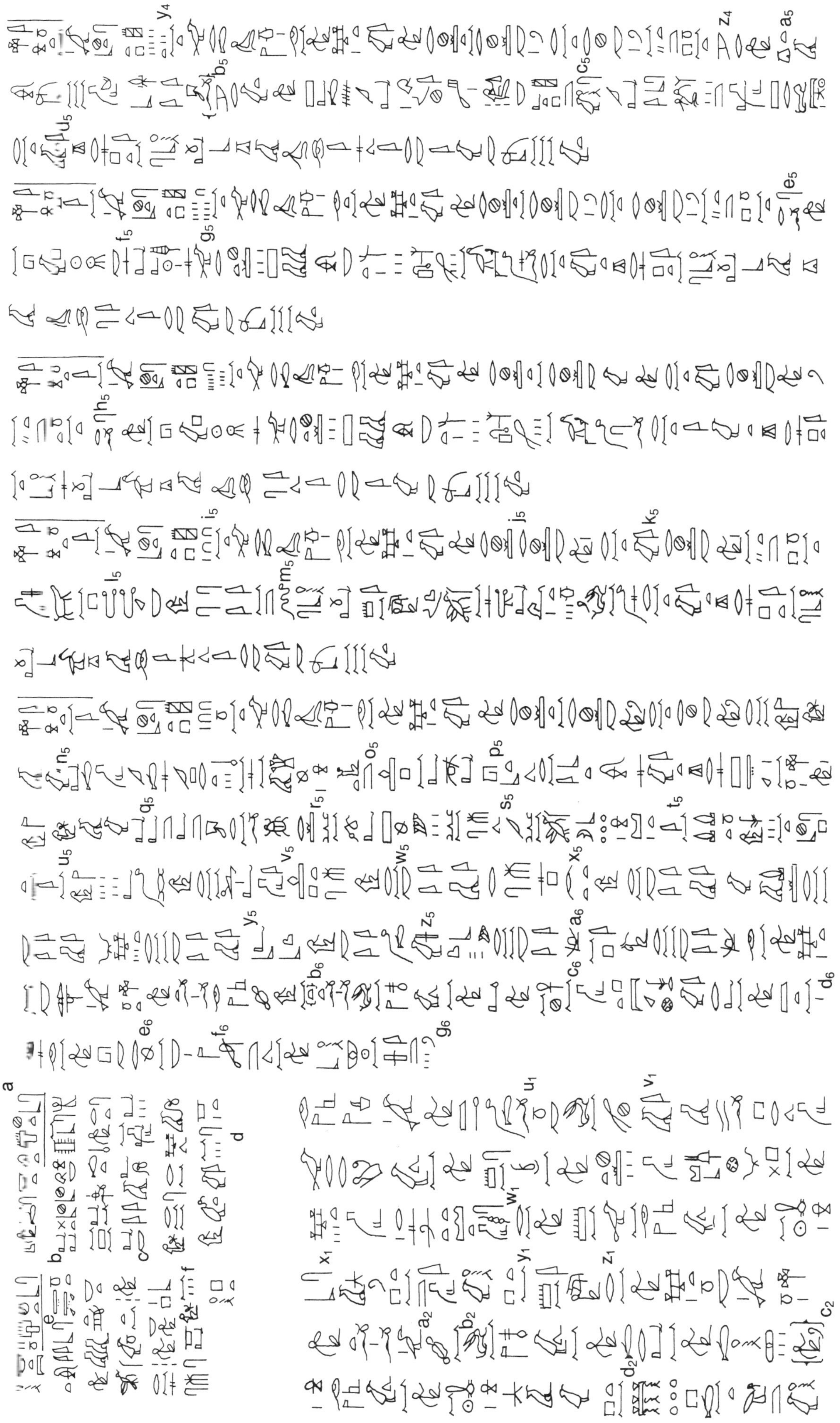

Tb 146

47.V

47. V (Forts.)

Tb 146 (Forts.)

Tb 147

48.V

Tb 148

49.V

49. V (Forts.)

Tb 149

50.V

50. V (Forts.)

Tb 149 (Forts.)

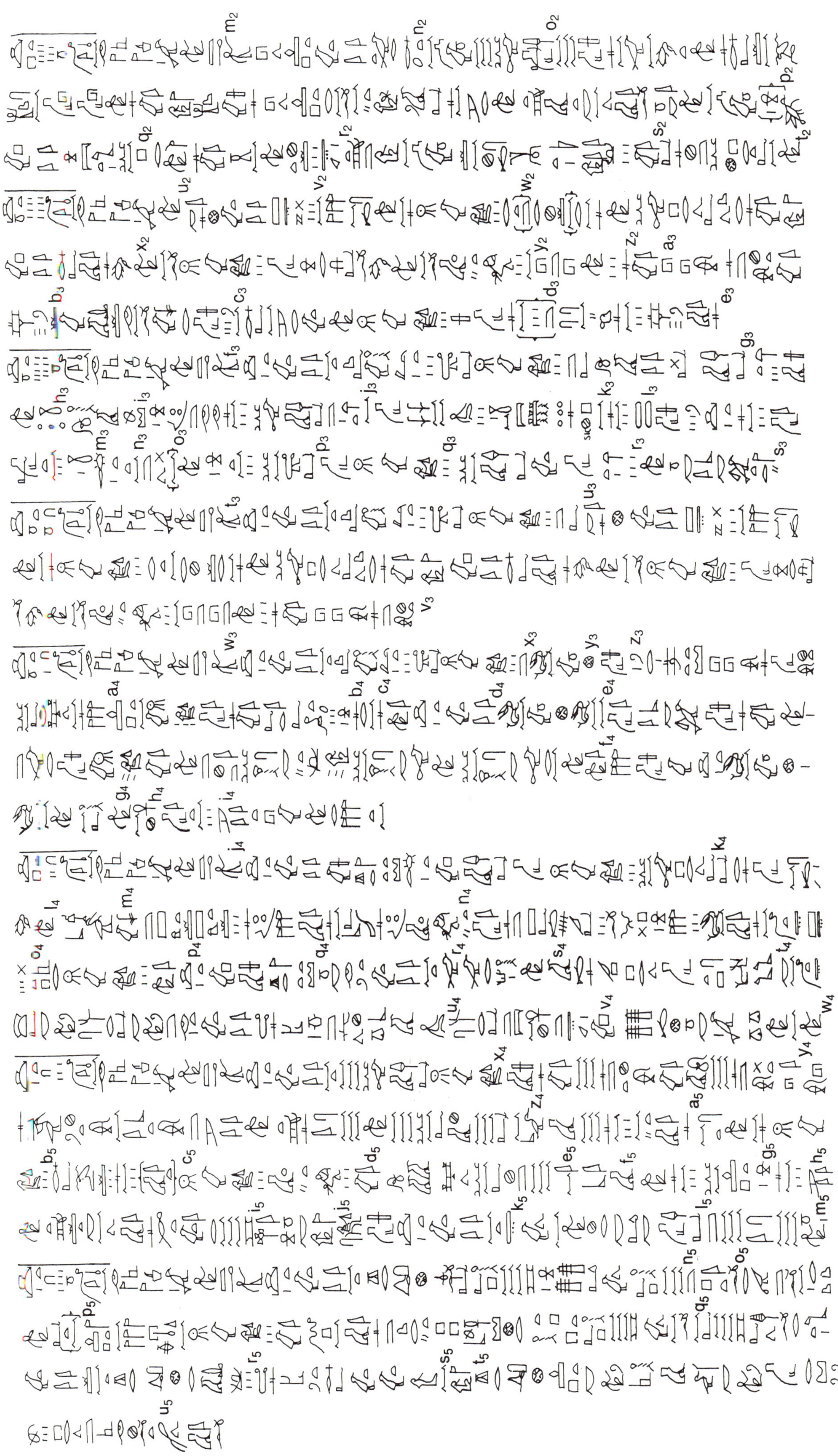

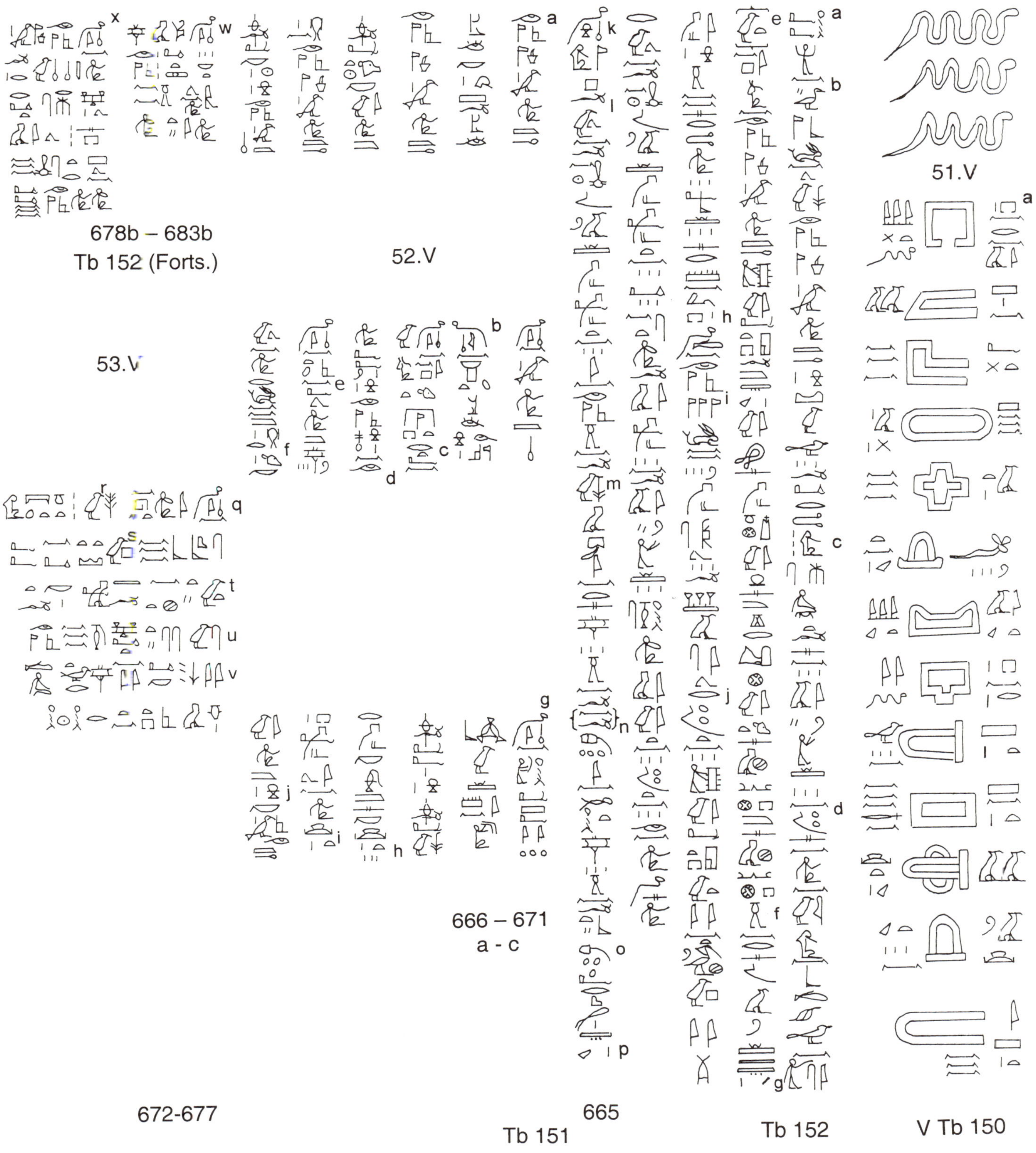

51.V

V Tb 150

Tb 152

665

Tb 151

52.V

678b – 683b
Tb 152 (Forts.)

53.V

666 – 671
a - c

672-677

54.V Tb 154

55.V Tb 155

56.V Tb 156

57.V Tb 157

58.V Tb 158

59.V Tb 159

60.V Tb 160

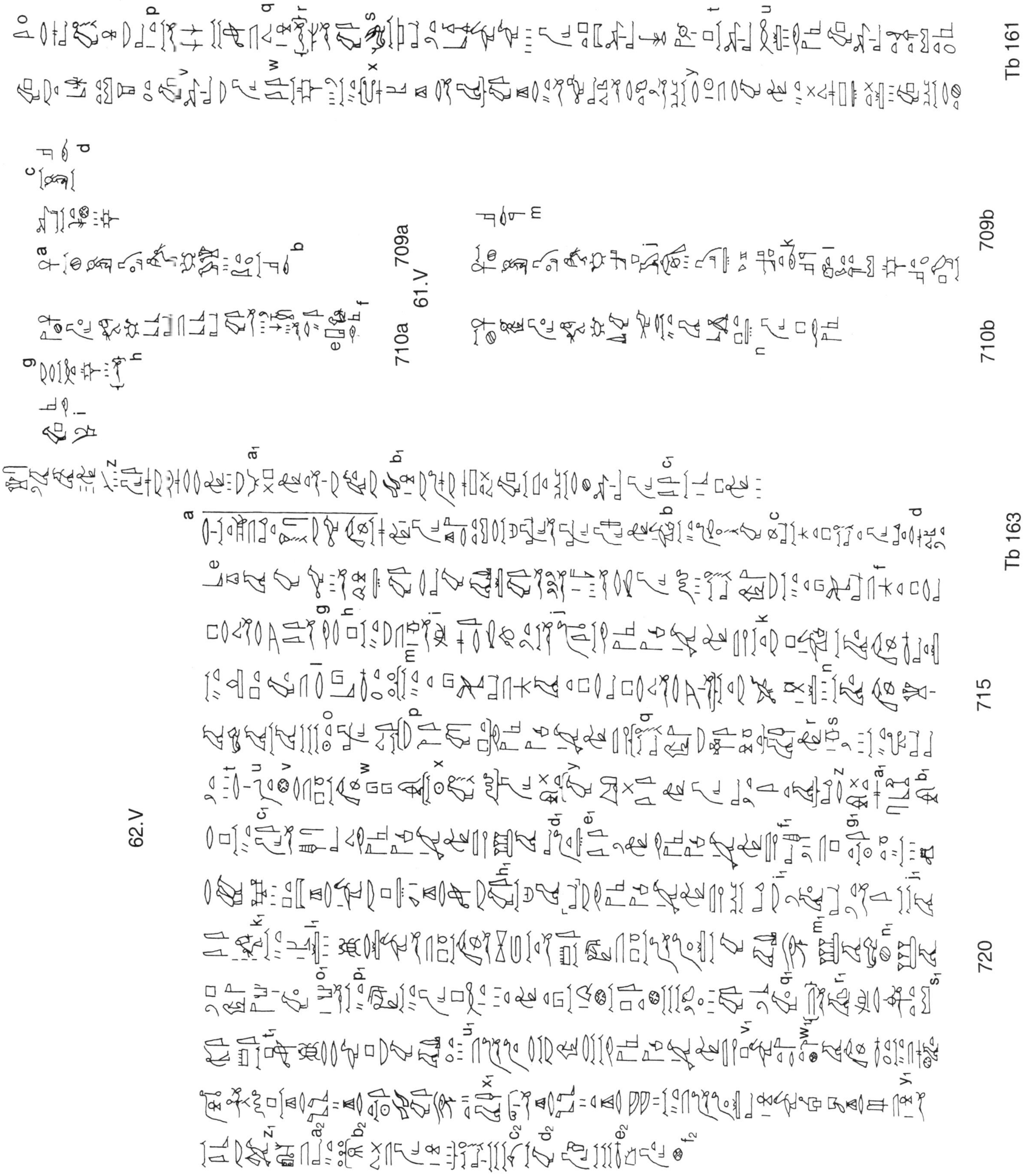

Tb 161

709a

61.V

710a

709b

710b

Tb 163

715

62.V

720

Tb 164

63.V

Tb 165

64.V

Tb 165 (Forts.)

Tb 162

65.V